U0906468

商务馆对外汉语教学专题研究书系

总主编　赵金铭

审　订　世界汉语教学学会

对外汉语听力教学研究

主　编　李晓琪

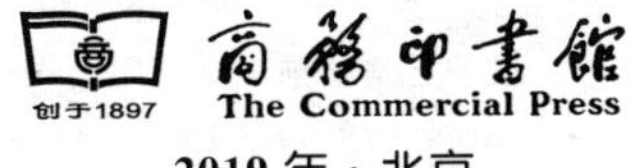

2019 年 · 北京

图书在版编目（CIP）数据

对外汉语听力教学研究/李晓琪主编. —北京：商务印书馆，2006(2019.9 重印)
(商务馆对外汉语教学专题研究书系)
ISBN 978-7-100-04819-4

Ⅰ.对… Ⅱ.李… Ⅲ.汉语—听说教学—对外汉语教学—教学研究 Ⅳ.H195

中国版本图书馆 CIP 数据核字(2005)第 146702 号

DUÌWÀI HÀNYǓ TĪNGLÌ JIÀOXUÉ YÁNJIŪ
对外汉语听力教学研究
主编　李晓琪

商　务　印　书　馆　出　版
（北京王府井大街 36 号　邮政编码 100710）
商　务　印　书　馆　发　行
北京艺辉伊航图文有限公司印刷
ISBN 978-7-100-04819-4

2006 年 7 月第 1 版　　开本 880×1230 1/32
2019 年 9 月北京第 2 次印刷　　印张 11

定价：35.00 元

总主编　赵金铭
主　编　李晓琪
编　者　李晓琪　刘元满
作　者　（按音序排列）
曹　慧　陈　军　陈　莉　浮根成
高　霞　胡　波　李红印　刘　平
刘颂浩　吕必松　马秀丽　马燕华
毛　悦　齐燕荣　任丽丽　沈　燕
孙晓明　谭春健　杨惠元　幺书君
余文青

目　录

从对外汉语教学到汉语国际推广

（代序）

赵 金 铭

新中国的对外汉语教学在经过55年的发展之后，于2005年7月进入了一个新时期。以首届“世界汉语大会”的召开为契机，我国的对外汉语教学在继续深入做好来华留学生汉语教学工作的同时，开始把目光转向汉语国际推广。这在我国对外汉语教学发展史上是一个历史的转捩点，是里程碑式的转变。

语言的传播与国家的发展是相辅相成的，彼此互相推动。世界主要大国无不不遗余力地向世界推广自己的民族语言。我们大力推动汉语的传播不仅是为了满足世界各国对汉语学习的急切需求，也是我国自身发展的需要，是国家软实力建设的一个有机组成部分，是一项国家和民族的事业，其本身就应该成为国家发展的战略目标之一。

回顾历史，对外汉语教学的每一步发展，都跟国家的发展、国际风云的变幻以及我国和世界的交流与合作息息相关。

新中国对外汉语教学肇始于1950年7月，当时清华大学开始筹办“东欧交换生中国语文专修班”，时任该校教务长的著名物理学家周培源先生为班主任;9 月成立外籍留学生管理委员会,前辈著名语言学家吕叔湘先生任主任;同年 12 月第一批东欧学生入校学习。这是新中国对外汉语教学事业的滥觞。那时,全部留学生只有 33 人。十几年之后,到 1964 年也才达到 229 人。1965 年猛增至3 312人。这自然与当时中国的国际地位和世界局势变化密切相关。经“文革”动乱,元气大伤。1973 年恢复对外汉语教学,当时的留学生也只有 383 人。此后数年逐年稍有增长,至 1987 年达到2 044人,还没有恢复到 1965 年的水平。①

改革开放以后,特别是近十几年来,对外汉语教学事业飞速发展。从 20 世纪 90 年代开始,来华留学生数量呈逐年上升趋势,至 2003 年来华留学生已达 8.5 万人次。据不完全统计,目前全球学习汉语的人数已达3 000万。

对外汉语教学事业的蓬勃发展,一直得到国家的高度重视和大力支持。早在 1988 年,国家教委、国家对外汉语教学领导小组在北京召开“全国对外汉语教学工作会议”时,时任国家对外汉语教学领导小组常务副组长、国家教委副主任的滕藤同志在工作报告中,就以政府高级官员的身份第一次提出,要推动对外汉语教学这项国家与民族的崇高事业不断发展。

会议制定了明确的发展目标,即“争取在半个多世纪的时间内做到:在教学规模上能基本满足各国人民来华学习汉语的需求;在教学理论和教学方法上,赶上并在某些方面超过把本民族语作为外语教学的世界先进水平;能根据各国的需要派遣汉语

---

① 参见张亚军《对外汉语教法学》,现代出版社 1990 年版。

教师、提供汉语教材和理论信息;在教学、科研、教材建设及师资培养和教师培训等方面都能很好地发挥我国作为汉语故乡的作用”。①

今天距那时不过十几年时间,对外汉语教学的局面却发生了翻天覆地的变化。对外汉语教学不再仅仅是满足来华留学生汉语学习的需要,汉语正大步走向世界。对外汉语教学的持续、快速发展,以至汉语国际推广的迅猛展开,正是势所必至,理有固然。目前,汉语国际推广正处在全新的、催人奋进的态势之中。

国家在世界范围内推广汉语教学,我们谓之“致广大”;我们在此对对外汉语教学进行全方位的研讨,我们谓之“尽精微”。二者结合,构成我们的总体认识,这里我们希望能“博综约取”,作些回首、检视和瞻念,以寻求符合和平发展时代的汉语国际推广之路。

一 汉语作为第二语言教学的理论研究

对外汉语教学,即汉语作为第二语言教学,作为一个学科,从形成到现在不过几十年,时间不算太长,学科基础还比较薄弱,理论研究也还不够深厚。但汉语作为第二语言教学作为一个学科有它持续的社会需要,有自身的研究方向、目标和学科体系,而且更重要的是它正按照自身发展的需要,不断地从其他的有关学科里吸取新的营养。诚然,要使对外汉语教学形成跨学科的边缘学科,牵涉的领域很广,理论的概括和总结实非易事。

① 参见晓山《中国召开全国对外汉语教学工作会议》,《世界汉语教学》1988年第4期。

综览世界上的第二语言教学,真正把语言教学(在西方,"语言教学"往往是指现代外语教学)作为一门独立学科而建立是在上一个世纪 60 年代中叶。

桂诗春曾引用 Mackey(1973)说过的一句意味深长的话:"(语言教学)要成为独立的学科,就必须像其他科学那样,编织自己的渔网,到人类和自然现象的海洋里捞取所需的东西,摒弃其余的废物;要能像鱼类学家阿瑟·埃丁顿那样说,'我的渔网里捞不到的东西不会是鱼'。"①

应用语言学是一门独立的交叉学科,分广义和狭义两种。狭义的应用语言学研究语言教学。广义的应用语言学指应用于实际领域的语言学,除传统的语言文字教学外,还包括语言规划、语言传播、语言矫治、辞书编纂等。我们这里取狭义的理解,即指语言教学,主要研究汉语作为第二语言教学或外语教学。所以,我们说对外汉语教学是应用语言学,或者说是应用语言学的一个分支学科。我们把对外汉语教学归属于应用语言学,或者说对外汉语教学的上位是应用语言学。

应用语言学作为一门应用型的交叉学科,它的基本特点是在学科中间起中介作用,即把各种与外语教学有关的学科应用到外语教学中去。组织外语教学的许多重要环节(如教育思想、教学管理、教学组织、教学安排、教材、教法、教具、测试、教师培训等等),既有等级的,也有平面的关系。而教学措施上升为理论之后,语言教学就出现了很大的变化。② 那么,这些具有不同

---

① 参见桂诗春《外国语言学及应用语言学研究》第一辑发刊词,首都师范大学外国语学院主办,中央编译出版社 2002 年版。

② 参见桂诗春《外语教学的认知基础》,《外语教学与研究》2005 年第 4 期。

等级的或处于同一平面的各种关系是如何构筑成对外汉语教学的学科理论的呢?

李泉在总结对外汉语教学学科基本理论时,提出应由四部分组成:(1)学科语言理论,包括面向对外汉语教学的语言学及其分支学科理论,面向对外汉语教学的汉语语言学;(2)语言学习理论,包括基本理论研究、对比分析、偏误分析和中介语理论;(3)语言教学理论,包括学科性质理论、教学原则和教学法理论;(4)跨文化交际理论。①

这些理论,在某种意义上都有其自身存在的客观规律,这也是作为学科的对外汉语教学所必须遵循的。我们尤其应该强调的是对语言教学理论的应用,这个应用十分重要,事关教学质量与学习效率,这个应用包括教学设计与技巧、汉语测试的设计与实施。只有应用得当,理论才发生效用,才能在教学和学习过程中起提升与先导作用。

几十年来,我们一直把对外汉语教学作为一个学科来建设,建设中也是从理论与应用两方面来思考的。陆俭明在探讨把汉语作为第二语言教学当作一个独立的学科来建设时,提出了更高的要求,他认为这个学科应有它的哲学基础,有一定的理论支撑,有明确的学科内涵,有与本学科相关的、起辅助作用的学科。② 我们认为,所谓的哲学基础,关涉到对语言本质的认识,反映出不同的语言观。比如语言是一种交际工具,还是一种能

---

① 参见李泉《对外汉语教学的学科基本理论》,《海外华文教育》2002年第3、4期。

② 参见陆俭明《增强学科意识,发展对外汉语教学》,《世界汉语教学》2004年第1期。

力？语言是先天的，还是后得的？这都关系着语言教学的发展，特别是教学法与教学模式的确立。总之，我们应树立明确的学科意识，共同致力于对外汉语教学的学科理论建设。

二　关于学科研究领域

汉语作为第二语言教学，作为一个学科，业内是有共识的，并且希望参照世界上第二语言教学的学科建设，来完善和改进汉语作为第二语言教学的学科体系，不断推进学科建设的开展，其中什么是学科的本体研究，是首先要考虑的问题。

本体的观念是古希腊亚里士多德范畴说的核心。亚里士多德把现实世界分成本体、数量、性质、关系、地点、时间、姿态、状况、动作、遭受等十个范畴。他认为，在这十个范畴中，本体占有第一的、特殊的位置，它是指现实世界不依赖任何其他事物而独立存在的各种实体及其所代表的类。从意义特征上看，本体总是占据一定的时间，是看得见、摸得着的事物。其他范畴则是附庸于本体的，非独立的，是本体的属性，或者说是本体的现象。因此，本体是存在的中心。①

早在上世纪末，对外汉语教学界就有人提出对外汉语教学"本体研究"和"主体研究"的观点。"对外汉语教学学科研究的领域，概而化之，可分为两大板块：一是对汉语言本身，包括汉语语音、词汇、语法和汉字等方面的研究，可谓之学科本体研究；二是对作为第二语言教学的汉语理论与实践体系和学习与习得规

---

① 参见姚振武《论本体名词》，《语文研究》2005年第4期。

律、教学规律、途径与方法论的研究,可谓之学科的主体研究。学科本体研究是学科主体研究的前提与基础,学科主体研究是学科本体研究的目的与延伸。对这种学科本体、主体研究的辩证关系的正确认识与把握,是至关重要的,它关系着对外汉语教学学科发展的方向与前途。否则,在学科理论研究上,就容易偏颇、失衡,甚至造成喧宾夺主。”①

不难看出,这里所说的“本体研究”即为“知本”,它占有第一的、特殊的位置,是存在的中心。这里所说的“主体研究”即为“知通”,是附庸于本体的,本固枝荣,只有把作为第二语言的汉语研究透、研究到家,在此基础上“教”与“学”的研究才会不断提高。

我国对外汉语教学的历史毕竟不长,经验也不足,对于汉语作为第二语言教学之本体研究,也还存在不同的认识。当然,若从研究领域的角度来看,大家是有共识的。只是观察的视角与侧重考虑的方面有所不同。总的说来,对对外汉语教学的基础研究还应进一步地深入思考,以期引起有关方面的足够重视。

对此,陆俭明是这样认识的:“在这世纪之交,有必要在回顾、总结我国对外汉语教学的基础上,认真思考并加强汉语作为第二语言的本体研究,特别是对外汉语教学的基础研究。汉语作为第二语言之本体研究,按我现在的认识和体会,应包括以下五部分内容:第一部分是,根据汉语作为第二语言教学的需要而开展的服务汉语教学的语音、词汇、语法、汉字之研究。第二部分是,根据汉语作为第二语言教学需要而开展的学科建设理论

---

① 参见杨庆华《对外汉语教学研究丛书·序》,北京语言文化大学出版社1997年版。

研究。第三部分是，根据汉语作为第二语言教学需要而开展的教学模式理论研究。第四部分是，根据汉语作为第二语言教学需要而开展的各系列教材编写的理论研究。第五部分是，根据汉语作为第二语言教学需要而开展的汉语水平测试及其评估机制的研究。"①这里既包括理论研究的内容，也包括应用研究的内容，可供参酌。根据第二语言教学的三个组成部分的思想，即"教什么""怎样学""如何教"，上述的观点非常正确地强调了"教什么"和"如何教"的研究，却未包括"怎样学"的研究。

陆先生认为，对外汉语教学学科的本体研究必须紧紧围绕一个总的指导思想来展开，这个总的指导思想是："怎么让一个从未学过汉语的外国留学生在最短的时间内能最快、最好地学习好、掌握好汉语。"②正是基于这样的指导思想，才有上述五个方面的研究。

业内也有人从研究对象的角度出发，认为"教学理论是对外汉语教学的本体理论"。吕必松认为，"每一门学科都有自己特定的研究对象，这种特定的研究对象就是这门学科的本体"。那么，"对外汉语教学的研究对象是作为第二语言的汉语教学，作为第二语言的汉语教学就是对外汉语教学研究的本体"。③

我们认为，几十年来，对外汉语教学这门学科的建设取得了长足的进步与巨大的发展。它由初始阶段探讨学科的命名，学科的性

---

① 参见陆俭明《汉语作为第二语言之本体研究》，载《作为第二语言的汉语本体研究》，外语教学与研究出版社 2005 年版。

② 参见陆俭明《增强学科意识，发展对外汉语教学》，《世界汉语教学》2004 年第 1 期。

③ 参见吕必松《谈谈对外汉语教学的性质与对外汉语教学的本体理论研究》，载《语言教育与对外汉语教学》，外语教学与研究出版社 2005 年版。

质和特点，学科的定位、定性和定向，发展到今天，概括汉语作为第二语言教学需要而开展的服务于汉语教学的汉语本体研究，与教学研究互动结合已成为学科建设的主要内容，教学理论与学习理论研究，形成有力的双翼，加之现代教育技术的应用，从而最终构架并完善了学科体系。对外汉语教学作为第二语言教学或外语教学，经业内同人几代人的苦心孤诣、惨淡经营，目前在世界上汉语作为第二语言教学领域已占主流地位，这是值得欣慰的。

对于学科建设上的不同意见，我们主张强调共识，求大同存小异。面对欣欣向荣、蓬勃发展的“汉语国际推广”的大好局面，共同搞好汉语作为第二语言教学的学科建设，以便为“致广大”的事业尽力，是学界同人的共同愿望。因此，我们赞赏吕必松下面的意见，并希望能切实付诸学术讨论之中：

“我国对外汉语教学界在对外汉语教学的学科性质和特点等问题上一直存在着不同的意见。因为对外汉语教学是一门年轻的学科，学科理论还不太成熟，出现分歧在所难免。就是学科理论成熟之后，也还会出现新的分歧。开展不同意见的讨论和争论，有利于学科理论的发展。”①

三　关于汉语作为第二语言研究

汉语作为第二语言研究，不少人简称为“对外汉语研究”。比如上海师范大学创办的刊物就叫《对外汉语研究》，已由商务

---

① 参见吕必松《语言教育与对外汉语教学·前言》，外语教学与研究出版社2005年版。

印书馆于2005年出版了第一期。

1993年,中共中央和国务院颁布了《中国教育改革和发展纲要》,里面提到要"大力加强对外汉语工作"。此后,在我国的学科目录上"对外汉语"专业作为学科的名称出现。

汉语作为一种语言,自然没有区分为"对外"和"对内"的道理,这是尽人皆知的。我们理解所谓的"对外汉语",其实质为"作为第二语言的汉语",也即"汉语作为第二语言"。它是与汉语作为母语相对而言的。在业内,在"对外汉语"的"名"与"实"的问题上,也存在着不同意见。我们认为,随着"汉语国际推广"大局的推进,"对外汉语教学"无论从内涵还是外延看都不能满足已经变化了的形势。我们主张从实质上去理解,也还因为"名无固宜","约定俗成"。

在这个问题上,我们同意刘珣早在2000年就阐释清楚的观点:"近年来出现了'对外汉语'一词。起初,连本学科的不少同人也觉得这一术语难以接受。汉语只有一个,不存在'对外'或'对内'的不同汉语。但现在'对外汉语'已逐渐为较多的人所认同,而且已成为专业目录上我们专业的名称(专业代码050103)。这一术语的含义也许应理解为'作为第二语言教学与研究的汉语',也就是从一个新的角度来研究汉语。""对外汉语教学是汉语作为第二语言的教学,它与汉语作为母语的教学的巨大差别也体现在教学内容,即所要教的汉语上,这是从对外汉语教学事业初创阶段就为对外汉语教学界所重视的问题。"①

---

① 参见刘珣《近20年来对外汉语教育学科的理论建设》,《世界汉语教学》2000年第1期。

汉语作为第二语言,这是对外汉语教学的主要内容,是要解决“教什么”的问题,故而对外汉语作为第二语言的研究就成为学科建设的极其重要的组成部分,随着国家“汉语国际推广”战略的提出,汉语作为第二语言教学,无论从学术研究上,还是从应用研究上,都会得到极大的提升,名实相副的情况,当会出现。

还有人从另一个新的角度,即世界汉语教育史的研究,阐释了作为第二语言的汉语研究之必要,张西平说:“世界汉语教育史是一个全新的研究领域。这一领域的开拓必将极大地拓宽我们汉语作为第二语言教学的研究范围,使学科有了深厚的历史根基。我们可以从汉语作为第二语言教学的悠久历史中总结、提升出真正属于汉语本身的规律。”①

那么,服务于对外汉语教学的汉语本体研究,或称作作为第二语言的汉语本体研究,其核心是什么呢?潘文国对此作出解释:所谓“对外汉语研究,应该是一种以对比为基础、以教学为目的、以外国人为对象的汉语本体研究”。②

我们认为,“对外汉语”作为一门科学,也是一门学科,首先应从本体上把握,研究它不同于其他学科的本质特点及其成系统、带规律的部分,这也就是“对外汉语研究”,也就是汉语作为第二语言的研究。

这种汉语作为第二语言的研究,以及汉语作为第二语言的教学研究和汉语作为第二语言的学习研究,加之所有这些研究

---

① 参见张西平《简论世界汉语教育史的研究物件和方法》,载李向玉等主编《世界汉语教育史研究》,澳门理工学院 2005 年印制。

② 参见潘文国《论“对外汉语”的科学性》,《世界汉语教学》2004 年第 1 期。

所依托的现代科技手段和现代教育技术,共同构筑了对外汉语教学研究的基本框架。这就是我们所说的本体论、方法论、认识论和工具论。①

从接受留学生最初的年月,对外汉语教学的前辈们就十分注意汉语作为第二语言的研究。这是因为"根本的问题是汉语研究问题,上课许多问题说不清,是因为基础研究不够"。也可以说"离开汉语研究,对外汉语教学就无法前进"。②

我们这里分别对作为第二语言的汉语语音、词汇、语法和汉字的研究与教学略作一番讨论,管中窥豹,明其现状,寻求改进。

(一)作为第二语言的汉语语音

作为第二语言的汉语语音的研究与教学,近年来因诸多原因,重视不够,有滑坡现象,最明显的是语音教学阶段被缩短,以至于不复存在;但是初始阶段语音打不好基础,将会成为顽症,纠正起来难上加难。本来,对外汉语教学界曾有很好的语音教学与研究的传统,有不少至今仍可借鉴的研究成果,包括对汉语语音系统的研究和对《汉语拼音方案》的理解与应用,遗憾的是,近来的教材都对此重视不够。

比如赵元任先生那本《国语入门》,大部分是语音教学,然后慢慢地才转入其他。面对目前语音教学的局面,著名语音学家、对外汉语教学的前辈林焘先生发出了感慨:"发展到今天,语音

① 参见赵金铭《对外汉语研究的基本框架》,《世界汉语教学》2001年第3期。

② 参见朱德熙《在纪念〈语言教学与研究〉创刊10周年座谈会上的发言》,《语言教学与研究》1989年第3期。

已经一天一天被压缩,现在已经产生危机了。我们搞了 52 年,外国人说他们学语音还不如在国外。这说明我们在这方面也是太放松了,过于急于求成了,就把基础忘掉了。语音和文字是两个基础,起步我们靠这个起步;过于草率了,那么基础一没打稳,后边整个全过程都会受影响。"①加强语音教学是保证汉语教学质量的重要一环,无论是教材还是课堂教学,语音都不应被忽视。

(二) 作为第二语言的汉语词汇

长期以来,在汉语作为第二语言教学中,比较重视语法教学,而在某种程度上却忽视了词汇教学的重要性,使得词汇研究和教学成为整个教学过程中的薄弱环节。

其实,在掌握了汉语的基本语法规则之后,还应有大量的词汇作基础,尤其应该掌握常用词的不同义项及其功能和用法,唯其如此,才能真正学会汉语,语法也才管用,这是因为词汇是语言的唯一实体,语法也只有依托词汇才得以存在。学过汉语的外国人都有这样的体会,汉语要一个词一个词地学,要掌握每一个词的用法,日积月累,最终才能掌握汉语。近年来,我们十分注意汉语词汇及其教学的研讨,尤其注重词汇的用法研究。

有两件标志性的事可资记载:

一是注重对外汉语学习词典的编纂研究。2005 年在香港

---

① 参见林焘(2002)的座谈会发言,载《继往开来——新中国对外汉语教学 52 周年座谈会纪实》,北京语言大学内部资料。

城市大学召开了“对外汉语学习词典国际研讨会”,其特色是强调计算语言学家和词典学家密切合作,依据语料库语言学编纂学习词典的思路,为对外汉语教学的词汇教学与学习服务,有力地推动了汉语的词汇研究与教学。

二是针对汉语词汇教学中的重点,特别是中、高级阶段,词义辨析及用法差异是教学之重点,学界努力打造一批近义词辨析词典,从释义、功能、用法方面详加讨论。例如《汉英双语常用近义词用法词典》《对外汉语常用词语对比例释》《汉语近义词词典》《1700对近义词语用法对比》。①

这些词典各有千秋,在释文、例证、用法、英译等方面各有特色,能在一定程度上满足汉语教学和学习者的需要。

(三)作为第二语言的汉语语法

作为第二语言教学的汉语语法研究与语法教学研究,如果从数量上看一直占有最大的分量,这当然与它受到重视有关。近年来,汉语语法研究范围更加广泛,内容也更加细致、深入,结合教学的程度也更加紧密,达到了前所未有的高度。

首先,理清了理论语法与教学语法之关系,为汉语作为第二语言教学语法的研究理清了思路。理论语法是教学语法的来源与依据,教学语法的体系可灵活变通,以便于教学为准。目前,

---

① 参见邓守信主编《汉英双语常用近义词用法词典》,北京语言学院出版社1996年版;卢福波编著《对外汉语常用词语对比例释》,北京语言文化大学出版社2000年版;马燕华、庄莹编著《汉语近义词词典》,北京大学出版社2002年版;王还主编《汉语近义词词典》,北京语言大学出版社2005年版;杨寄洲、贾永芬编著《1700对近义词语用法对比》,北京语言大学出版社2005年版。

教学语法虽更多地吸收传统语法的研究成果,而一切科学的语法都会对汉语作为第二语言教学语法有帮助。教学语法是在不断地吸收各种语法研究成果中迈步、发展和不断完善的。

其次,对汉语作为第二语言的教学语法进行了科学的界定,即:第二语言的教学目的决定了教学语法的特点,它主要侧重于对语言现象的描写和对规律、用法的说明,以方便教学为主,也应具有规范性。

再次,学界认为应建立一部汉语作为第二语言教学的汉语教学参考语法,无论是编写教材,还是从事课堂教学,或是备课、批改作业,都应有一部详细描写汉语语法规则和用法的教学参考语法作为依据。其中应体现汉语作为第二语言教学的自己的语法体系,应有语法条目的确定与教学顺序的排序。

最后,应针对不同母语背景的教学对象,排列出不同的语法点及其教学顺序。事实证明,很难排出适用于各种母语学习者的共同的语法要点及其顺序表。

对欧美学生来说,受事主语句、存现句、主谓谓语句,以及时间、地点状语的位置,始终是学习的难点,同时也体现汉语语法特点。而带有普遍性的语法难点,则是“把”字句、各类补语以及时态助词“了”“着”等。至于我们所认为的特殊句式,其实并非学习的难点,比如连动句、兼语句、“是”字句、“有”字句以及名词谓语句、形容词谓语句。这也是从多年教学中体味出的。

(四)汉字研究与教学

汉字教学是对外汉语教学的重要组成部分。然而,与其他汉语要素相比,汉字教学从研究到教学一直处于滞后状态。为了改变这一局面,除了加强对汉字教学的各个环节的研究之外,要突破汉字教学的瓶颈,首先应澄清对汉字的误解,建立起科学的汉字观。汉字本身是一个系统,字母本身也是一个系统。字母属于字母文字阶段,汉字属于古典文字阶段,它们是一个系统的两个阶段。这个概念的改变影响很大,这是科学的新认识。① 当我们把汉字作为一个科学系统进行研究与教学时,要清醒地认识到汉字是汉语作为第二语言教学与其他第二语言教学的重要区别之一。在对外汉语教学中,究竟采用笔画、笔顺教学,还是以部件教学为主,或是注重部首教学,抑或是从独体到合体的整字教学,都有待于通过教学试验,取得相应的数据,寻求理论支撑,编出适用的教材,寻求汉字教学的突破口,从而使汉语书面语教学质量大幅度提高。与汉字教学相关的还应注意"语"与"文"的关系之探讨,字与词的关系的研究,以及汉语教材与汉字教材的配套,听说与读写之关系等问题的研究。

四 关于汉语作为第二语言教学研究

我们所说的教学研究,包括以下五个部分:课程教学设计、教学方法与教学技巧、教材编写理论与实践、语言测试理论与汉语考试、跨学科研究之一——现代教育技术在教学中的应用。

(一) 关于教学模式研究

近年来,对外汉语教学界尤其注重教学模式的研究,寻求教

① 参见周有光《百岁老人周有光答客问》,《中华读书报》2005 年 1 月 22 日。

学模式的创新。什么是教学模式?教学模式是指具有典型意义的、标准化的教学或学习范式。

具体地说,教学模式是在一定的教学理论和教学思想指导下,将教学诸要素科学地组成稳固的教学程序,运用恰当的教学策略,在特定的学习环境中,规范教学课程中的种种活动,使学习得以产生。① 更加概括简洁的说法则为:教学模式,指课程的设计方式和教学的基本方法。②

教学模式具有不同的类型。我们所说的对外汉语教学模式,就是从汉语和汉字的特点及汉语应用的特点出发,结合汉语作为第二语言的教学理论,遵循大纲的要求,提出一个全面的教学规划和实施方案,使教学得到最优化的组合,产生最好的教学效果。这是一种把汉语作为第二语言教学的特定的教学模式。

教学模式研究表现在课程设计上,业内主要围绕着"语"和"文"的分合问题而展开,由来已久,且持续至今。

早在1965年,由钟梫执笔整理成文的《十五年汉语教学总结》就对"语"与"文"的分合及汉字问题进行了讨论。③ 当时提出三个问题:

1. 有没有学生根本不必接触汉字,完全用拼音字母学汉语?即学生只学口语,不学汉字。当时普遍认为,这种学生根本不必接触汉字。

---

① 参见周淑清《初中英语教学模式研究》,北京语言大学出版社2004年版。

② 参见崔永华《基础汉语教学模式的改革》,《世界汉语教学》1999年第1期。

③ 参见钟梫(1965)《十五年汉语教学总结》,载《语言教学与研究》(试刊,第4期,1977年内部印刷),又收入盛炎、沙砾编《对外汉语教学论文选评》,北京语言学院出版社1993年版。

2. 需要认汉字的学生是否一定要写汉字？即“认”与“写”的关系。一种意见认为不写汉字势必难以记住，“写”是必要的；另一种意见认为，“认离不开写”这一论点根本上不能成立，即不能说非动笔写而后才能认，也就是说“认”和“写”可以分离。

3. 需要认(或认、写)汉字的学生是不是可以先学“语”后学“文”呢？后人的结论是否定了“先语后文”，采用了“语文并进”。而“认汉字”与“写汉字”也一直是同步进行的。

这种“语文并进”“认写同步”的教学模式，从上世纪50年代起一直是占主流的教学模式，延续至今。80年代以后，大多沿用以下三种传统教学模式：“讲练—复练”模式，“讲练—复练+小四门(说话、听力、阅读、写作)”模式，“分技能教学”模式。

目前，对外汉语教学界广泛使用的是一种分技能教学模式，以结构—功能的框架安排教学内容，采用交际法和听说法相结合的综合教学法。这种教学模式大约在80年代定型。

总的看来，对外汉语教学界所采用的教学模式略显单调，似嫌陈旧。崔永华认为：“从总体上看，这种模式反映的是60年代至70年代国际语言教学的认识水平。30年来，国内外在语言学、第二语言教学、语言心理学、语言习得研究、语言认知研究等跟语言教学相关的领域中都取得了巨大的进步，研究和实验成果不可计数。但是由于种种原因，目前的教学模式对此吸收甚少。”①

这种局面应该改变，今后，应在寻求反映汉语和汉字特点的教学模式的创新上下功夫，特别要提升汉字教学的地位，特别要

---

① 参见崔永华《基础汉语教学模式的改革》，《世界汉语教学》1999年第1期。

注意语言技能之间的平衡,大力加强书面语教学,着力编写与之相匹配、相适应的教材,进行新的教学实验,切实提高汉语的教学质量。

(二)教学法研究

教学方法研究至关重要。“用不同的方法教外语,收效可以悬殊。”①对外汉语教学界历来十分注重教学方法的探讨。早在1965年之前,对外汉语教学界就创造了“相对的直接法”的教学方法,强调精讲多练,加强学生的实践活动。同时,通过大量的练习,画龙点睛式地归纳语法。②

但是,对外汉语教学还是一个年轻的学科,教学法的研究多借鉴国内外语教学法的研究,这也是很自然的事情。而国内外语教学法的研究,又是跟着国外英语教学法的发展亦步亦趋。有人这样描述:

“纵观20世纪国外英语教学法历史,对比当前主宰中国英语教学的各种模式,不难发现很多早被国外唾弃的做法或理念,却仍然被我们的英语老师墨守成规地紧追不放。”③

对外汉语教学界也有类似情况。在上个世纪70年代,当我们大力推广“听说法”,强调对外汉语教学应“听说领先”时,这个产生于40年代末的教学法,已并非一家独尊。潮流所向,人们

---

① 参见吕叔湘《语言与语言研究》,载《语文近著》,上海教育出版社1987年版。

② 参见钟梫(1965)《十五年汉语教学总结》,载《语言教学与研究》(试刊,第4期,1977年内部印刷),又收入盛炎、沙砾编《对外汉语教学论文选评》,北京语言学院出版社1993年版。

③ 参见丁杰《英语到底如何教》,《光明日报》2005年9月14日。

已不再追求最佳教学法，而转向探讨各种有效的教学法路子。70 年代至 80 年代，当我们在教学中引进行为主义，致力于推行“结构法”和“句型操练”之时，实际上行为主义在国际上已逐渐式微，而代之以基于认知心理学的“以学生为中心”的认知法。

在国际外语教学界，以结构为主的传统教学法与以交际为目的的功能教学法交替主宰语言教学领域之后，80 年代末至 90 年代初，在英语教学领域“互动性综合教学法”便应运而生，盛行一时。所谓综合，偏重的是内容；所谓互动，强调的是方法。①

90 年代末，体现这种互动关系的任务式语言教学模式在欧美逐渐兴盛起来。这种教学方法的基本理论可概括为：通过“任务”这一教学手段，让学习者在实际交际中学会表达思想，在过程中不断接触新的语言形式并发展自己的语言系统。

任务法是交际教学法中提倡学生“通过运用语言来学习语言”，这一强势交际理论的体现，突出之处是“用中学”，而不是以往交际法所强调的“学以致用”。

这种通过让学生完成语言任务来习得语言的模式，既符合语言习得规律，又极大地调动了学习者学习的积极性，本身也具有极强的实践操作性。因此，很受教师和学生的欢迎。以至于“20 世纪末、21 世纪初在应用语言学上可被称为任务时代”。②

在我国英语教学界，人民教育出版社于 2001 年遵循任务型教学理念编写并出版了初中英语新教材《新目标英语》，并在若干中学进行教学模式试验，取得了可喜的成绩。在对外汉语教

---

① 参见王晓钧《互动性教学策略及教材编写》，《世界汉语教学》2005 年第 3 期。

② 参见周淑清《初中英语教学模式研究》，北京语言大学出版社 2004 年版。

学界，马箭飞基于任务式大纲从交际范畴、交际话题和任务特性三个层次对汉语交际任务项目进行分类，提出建立以汉语交际任务为教学组织单位的新教学模式的设想，并编有教材《汉语口语速成》(共五册)。①

这种交际教学理论在教学中被不断应用，影响所及，所谓“过程写作”教学即其一。“写”是重要的语言技能之一，“过程写作法”认为：写作是一个循环式的心理认知过程、思维创作过程和社会交互过程。写作者必须通过写作过程的一系列认知、交互活动来提高自己的认知能力、交互能力和书面表达能力。②

过程写作的宗旨是：任何写作学习都是一个渐进的过程。这个过程需要教师的监督指导，更需要通过学生自身在这个过程中对文章立意、结构及语言的有意学习。由过程写作引发而建立起来的过程教学法理论，也对第二语言教学的大纲设计、语法教学、篇章分析等产生了深刻的影响。③

交际语言教学理论的另一个发展，是近几年来在西方渐渐兴起的体验式教学。这种教学法的特点是把文化行为训练纳入对外汉语教学之中，而不主张单纯从语言交际角度看待外语教学。在整个教学过程中，自始至终贯穿着“角色”和“情景”的观念。2005 年，我国高等教育出版社出版有陈作宏、田艳编写的《体验汉语》系列教材，是这种理念的一次尝试。

---

① 参见马箭飞《任务式大纲与汉语交际任务》，《语言教学与研究》2002 年第 4 期。

② 参见陈玫《教学模式与写作水平的相互作用——英语写作“结果法”与“过程法”对比实验研究》，《外语教学与研究》2005 年第 6 期。

③ 参见杨俐《过程写作的实践与理论》，《世界汉语教学》2004 年第 1 期。

今天,在教学法研究中人们更注重过程,外语教学是个过程,汉语作为第二语言教学也是一个过程。过程是组织外语教学不可忽视的因素。桂诗春说:“在70年代之前,人们认为提高外语教学质量的关键是教学方法,后来才发现教学方法只是起局部的作用。”①我们已经认识到并接受了这样的观点。

现在我们可以说,汉语作为第二语言教学在教学法研究方面,我们已经同世界上同类学科的研究相同步。

(三)教材研究与创新

教材的创新已经提出多年,教材也已编出上千种,但无论是数量还是质量均不能完全满足世界上学习汉语的热切需求。今后的教材编写,依然应该遵循过去总结出来的几项原则:(1)要讲求科学性。教材应充分体现汉语和汉字的特点,突破汉字教学的瓶颈,要符合语言学习规律和语言教学规律。体系科学,体例新颖。(2)要讲求针对性。教材要适应不同国家(地区)学习者的特点,特别要注意语言与文化两方面的对应性。不同的国家(地区)有不同的文化、不同的国情与地方色彩,要特别加强教材的文化适应性。因为“语言是文化的符号,文化是语言的管轨”②,二者相辅相成。因此,编写国别教材与地区教材,采取中外合编的方式,是今后的发展方向。(3)要讲求趣味性。我们主张教材的内容驱动的魅力,即进一步提升教材内容对学习者的驱动魅力。有吸引力的语言材料可以引起学习者浓厚的学习兴

---

① 参见桂诗春《外国语言学及应用语言学研究》第一辑发刊词,首都师范大学外国语学院主办,中央编译出版社2002年版。

② 参见邢福义《文化语言学·序》,湖北教育出版社2000年版。

趣。要靠教材语言内容的深厚内涵,使人增长知识,启迪学习;要靠教材的兴味,使人愉悦,从而乐于学下去。(4)要注重泛读教材的编写。要保证书面语教学质量的提高,必须编有大量的、适合各学习阶段的泛读教材。远在1956年以前就曾有人提出“学习任何一种外语都离不开泛读”。认为“精读给最必需的、要求掌握得比较牢固的东西,泛读则可以让学生扩大接触面,通过大量、反复阅读,也可以巩固基本熟巧”。[①] 遗憾的是,长期以来,我们忽视了泛读教材的建设。

(四)汉语测试研究

语言测试应包括语言学习能力测试、语言学习成绩测试和语言水平测试。前两种测试的研究相对薄弱。学能测试多用于分班,成绩测试多由教师自行实施。而汉语水平考试(HSK)取得了可观的成绩,让世界瞩目。HSK是一项科学化程度很高的标准化考试。评价一个考试的科学化程度,最关键的是看它的信度和效度。所谓信度,就是考试的可靠性。一个考生在一定的时段内无论参加几次HSK考试,成绩都是稳定的,这就是信度高。所谓效度,就是能有效地测出考生真实的语言能力。HSK信守每一道题都必须经过预测,然后依照区分度选取合适的题目,从而保证了试卷的科学水准。目前,国家汉办又开发研制了四项专项考试:HSK(少儿)、HSK(商务)、HSK(文秘)、HSK(旅游)。这些考试将类似国外的

---

① 参见钟梫(1965)《十五年汉语教学总结》,载《语言教学与研究》(试刊,第4期,1977年内部印刷),又收入盛炎、沙砾编《对外汉语教学论文选评》,北京语言学院出版社1993年版。

TOEIC。HSK作为主干考试，测出考生汉语水平，可作为入学考试的依据。而四个分支考试，是一种语言能力考试，它将测出外国人在特殊职业环境中运用语言的能力。主干考试与分支考试形成科学的十字结构。目前，HSK正致力于改革，在保证科学性的前提下，考虑学习者的广泛需求，鼓励更多的人参加考试，努力提高汉语学习者的兴趣，吸引更多的人学习汉语，以适应汉语国际推广的需要。与此同时，“汉语水平计算机辅助自适应考试”正在研制中。

(五) 跨学科研究

近十几年来，对外汉语教学界的跨学科研究意识越来越强烈，集中表现在两个方面。一方面是与心理学、教育学等相结合进行的学习研究。另一方面便是与信息科学和现代教育技术的结合，突出体现在对外汉语计算机辅助教学的研究与开发上。

对外汉语计算机辅助教学是个大概念。我们可以从三个不同的角度来观察。

一是中文信息处理与对外汉语教学。研究重点是以计算语言学和语料库语言学为指导，研究并开发与对外汉语教学相关的语料库，如汉语中介语语料库、对外汉语多媒体素材库和资源库，以及汉语测试题库等。这些库的建成，有力地推动了教学与研究的开展。

二是计算机辅助汉语教学，包括在多媒体条件下，对学习过程和教学资源进行设计、开发、运用、管理和评估的理论与实践，比如多媒体课堂教学的理论与实践，多媒体教材的编写与制作，多媒体汉语课件的开发与运用。这一切给传统的教学与学习带来一场革命,运用得当,师生互动互利,教学效果会明显提高。目前国家对外汉语教学领导小组办公室正陆续推出的重大项目《长城汉语》,就是一种立体化的多媒体系列教材。

三是对外汉语教学网站的建立和网络教学的研究与开发。诸如远程教学课件的设计、网络教学中师生的交互作用等,都是研究的课题。中美网络语言教学项目所研制的《乘风汉语》是目前网络教材的代表作。

所有这一切都离不开对现代教育技术的依托。诸如影视技术、多媒体技术、网络技术以及虚拟现实技术等在教学与研究中都有广泛应用。

放眼未来,人们越来越认识到计算机辅助教学的作用与前景。当然,与此同时,仍然应当注重面授的优势与不可替代性。教师的素质、教师的水平、教师的指导作用仍然不容忽视,并有待不断提高。

五　关于汉语作为第二语言的学习研究

20 世纪 90 年代,对外汉语教学学科理论研究的一个重要进展是开拓了语言习得理论的研究。① 近年来汉语习得研究更显上升趋势。

中国的对外汉语教学中的学习研究,因诸多因素,起步较晚。80 年代初期,国外有关第二语言习得理论开始逐渐被引

① 参见李泉《对外汉语教学学科理论研究概述》,载《对外汉语教学理论思考》,教育科学出版社 2005 年版。

进，对外汉语教学研究的重心也逐步从重视“教”转向对“学”的研究。回顾近20年来对外汉语教学领域的第二语言习得研究，主要集中于四个方面：汉语偏误分析、汉语中介语研究、汉语作为第二语言的习得过程研究、汉语习得的认知研究。而从学习者的外部因素、内部因素以及学习者的个体差异三个侧面对学习者进行研究，还略嫌薄弱。

学习研究是逐步发展起来的，徐子亮将20年的对外汉语学习理论研究历史划分为三个阶段：1992年以前，在语言对比分析的基础上，致力于外国人学汉语的偏误分析；1992—1997年，基于中介语理论研究的偏误分析成为热点，并开始转向语言习得过程的研究；1998—2002年，在原有基础上研究深化、角度拓展，出现了学习策略和学习心理等研究成果。研究方法向多样化和科学化方向发展。①

汉语认知研究与汉语习得研究是两个并不相同的研究领域。对外汉语教学的汉语认知研究是对把汉语作为第二语言的学习者的汉语认知研究(或简称非母语的汉语认知研究)。国内此类研究始于20世纪90年代后期，20世纪90年代末和本世纪初是一个成果比较集中的时期。因其使用严格的心理实验方法，研究范围包括：学习策略的研究、认知语言学基本理论的研究、汉语隐喻现象研究、认知域的研究、认知图式的研究、语境和语言理解的研究等。② 我国心理学界做了不少母

---

① 参见徐子亮《对外汉语学习理论研究二十年》，《世界汉语教学》2004年第4期。

② 参见崔永华《二十年来对外汉语教学研究热点回顾》，《语言文字应用》2005年第1期。

语为汉语者的汉语认知研究，英语教学界也做了一些外语的认知研究，而汉语作为第二语言的学习者的汉语认知研究，还有待深入。

语言学习理论的研究方法是跨学科的。彭聃龄认为："语言学习是一个极其复杂的过程，其自变量、因变量的关系必须通过实验法和测验法相结合来求得。实验可求得因果，测验能求得相关，两者结合才能得出可靠的结论。"①

汉语作为第二语言的习得与认知研究，以理论为导向的实验研究已初见成果。与国外同类研究相比，我们的研究领域还不够宽，研究的深度也有待提高。在研究方法上，经验式的研究还比较多，理论研究比较少；举例式研究比较多，定量统计分析少；归纳式研究多，实验研究少。总之，与国外第二语言习得与认知研究相比，我们还有许多工作要做。②

今后，对外汉语学习理论研究作为一个可持续发展的领域，还必须在下列方面进行努力：(1) 突出汉语特点的语言学习理论研究；(2)加强跨学科研究；(3)研究视角的多维度、内容的丰富与深化；(4)研究方法改进与完善；(5)理论研究成果在教学实践中的应用。③

这五个方面的努力，会使学习理论研究这个很有发展前景

---

① 参见《语言学习理论座谈会纪要》，载《世界汉语教学》编辑部、《语言文字应用》编辑部、《语言教学与研究》编辑部合编《语言学习理论研究》，北京语言学院出版社 1994 年版。

② 参见王建勤《汉语作为第二语言的习得研究·前言》，北京语言文化大学出版社 1997 年版。

③ 参见徐子亮《对外汉语学习理论研究二十年》，《世界汉语教学》2004 年第 4 期。

的领域，为进一步丰富学科基础理论发挥重要作用。

六　回首·检视·瞻念

(一) 回首

回首近十几年来，正是对外汉语教学如火如荼蓬勃发展的时期，学科建设取得了令人瞩目的成绩。赅括言之如下：

1. 明确了对外汉语教学的学科定位，对外汉语教学在国内是汉语作为第二语言教学，在国外(境外)是汉语作为外语教学。目前，汉语国际推广的大旗已经揭起，作为国家战略发展的软实力建设之一，随着国际汉语学习需求的激增，原有的对外汉语教学的理念、教材、教法以及师资队伍等，都将面临新的挑战，自然也是难得之机遇。我们经过几十年的努力所建立起的汉语作为第二语言教学学科的覆盖面会更宽，对学科理论体系的研究更加自觉，学科意识更加强烈。

2. 对外汉语教学开辟了新的研究领域。重要的进展就是开拓了语言习得与认知理论的研究，确立了对外汉语研究的基本框架，即：作为第二语言教学的汉语本体研究(本体论)、作为第二语言的汉语认知与习得研究(认识论)、作为第二语言教学的教学理论和教学法研究(方法论)、现代科技手段与现代教育技术在教学与研究中的应用(工具论)，在此基础上规划了学科建设的基本任务。

3. 更加清醒地认识到要不断更新教学理念，特别是教材编写、教学法以及汉语测试要有新的突破。要深化汉语作为第二语言教学的教学模式与教学方法的探索，加强教学实验，以满足世界上广泛、多样的学习需求。更加强教材的国别(地区)性、适应性与可接受性研究,不断创新,以适应汉语国际推广的各种模式。要加强语言测试研究,结合世界上汉语学习的多元化需求,努力开发目的明确、针对性强、适合考生心理、设计原理和方法科学、符合现代语言教学和语言测试发展趋势的多类型、多层次的考试。

4. 跨学科意识明显加强,汉语作为第二语言教学与相关学科的结合更加密切,不同类型语言教育的对比与综合研究开始引起注意,在共性研究中发展个性研究。跨学科研究特别表现在现代教育技术与多媒体技术在教学中的广泛应用,以及心理学研究与汉语作为第二语言教学研究的联手,共同研究汉语作为第二语言的认知与习得过程、习得顺序、习得规律。

5. 不断吸收世界第二语言教学的研究成果,与国外第二语言教学理论的结合更加密切,"新世纪对外汉语教学——海内外的互动与互补"学术演讲讨论会的召开即是标志①,"互动互补"既非一方"接轨"于另一方,亦非一方"适应"另一方,而是互相借鉴、相互启发,但各有特色,各自"适应"。就国内汉语教学来说,今后还应不断借鉴国内外语言教学与研究的先进成果,充分结合汉语的特点,为我所用。

(二) 检视

在充分肯定汉语作为第二语言学科建设突出发展的同时,

① 北京语言大学科研处《"新世纪对外汉语教学——海内外的互动与互补"学术演讲讨论会举行》,《世界汉语教学》2005 年第 1 期。

检视学科建设之不足，我们发现在学科理论、学科建设、教材建设、课堂教学与师资队伍建设上均存在尚待解决的问题。从目前汉语国际推广的迅猛态势出发，教学问题与师资问题是为当务之急。

1. 关于教学。

目前，汉语作为第二语言的课堂教学依然是以面授为主，绝大多数学习者还是通过课堂学会汉语。检视多年来的课堂教学，总体看来，教学方法过于陈旧，以传统教法为主，多倾向于以教师为主，缺乏灵活多变的教学路数与教学技巧。我们虽不乏优秀的对外汉语教师以及堪称范式的课堂教学，但值得改进的地方依然不少。李泉在经过详细地调查后发现的问题，值得我们深思。他归结为四点：(1)教学方式上普遍存在“以讲解为主”的现象；(2)教学原则上对“精讲多练”有片面理解现象；(3)课程设置上存在“重视精读，轻视泛读”现象；(4)教学内容上仍存在“以文学作品为主”现象。①

改进之方法，归结为一点，就是加强“教学意识”。我们赞成这样的观点：

“对外汉语是门跨文化的学科，不同专业的教师只要提高教学意识，包括学科意识、学习和研究意识、自尊自重的意识，就一定能把课上好。”②

2. 关于师资。

---

① 参见李泉《对外汉语教学理论和实践的若干问题》，载赵金铭主编《对外汉语教学研究的跨学科探索》，北京语言大学出版社 2003 年版。

② 参见陆俭明《汉语作为第二语言之本体研究》，载《作为第二语言的汉语本体研究》，外语教学与研究出版社 2005 年版。

对外汉语教学事业发展至今,已形成跨学科、多层次、多类型的教学活动,因之要求对外汉语教师也应该是多面手,在研究领域和研究内容上也应该是宽阔而深入的。

据国家汉办统计,目前中国获得对外汉语教师资格证书的共3 690人,国内从事对外汉语教学的专职、兼职教师共计约6 000人。其中不少人未经严格训练,仓促上阵者不在少数。以至外界这样认为:"很多高校留学生部的教师都是非专业的,没有受过专业训练,更没有搞过语言教学,其教学效果可想而知。"①而在国际上,情况更为不堪,简直是汉语教师奇缺,于是人们感叹,汉语教学落后于"汉语热"的发展,全球中文热引起了"中文教师荒",成为汉语国际推广的瓶颈。

据调查,我们认为,在教学实践中带有普遍性的问题,还是教师没能充分了解并掌握汉语作为第二语言教学的特点和规律,或缺乏作为一名语言教师的基本素质,没有掌握汉语作为第二语言教学的方法与技巧。其具体表现正如李泉在作了充分的观察与了解之后所描述的现象,诸如:忽视学习者的主体地位,忽视对学习者的了解,忽视教学语言的可接受性,忽视教学活动的可预知性,缺乏平等观念和包容意识。②

什么是合格的对外汉语教师,已经有很多讨论。国外也同样注重语言教师的素质问题,如,2002 年美国国会通过了 No Child Left Behind(《没有一个孩子掉队》)的新联邦法。于是,

---

① 参见许光华《"汉语热"的冷思考——兼谈对外汉语教学》,《学术界》2005年第 4 期。

② 参见李泉《对外汉语教学理论和实践的若干问题》,载赵金铭主编《对外汉语教学研究的跨学科探索》,北京语言大学出版社 2003 年版。

各州都以此制订教师培训计划,举国上下都讨论什么样的教师是合格、称职的教师。①

我们可以说,教好汉语,不让一个学习汉语的学生掉队,这是对教师的最高要求。

(三)瞻念

当今訇訇盛世,汉语国际推广的前景已经显露出曙光,我们充满信心,也深感历史责任的重大。汉语国际推广作为国家和民族的一项事业,是国家的战略决策,是国家的大政方针。而汉语作为第二语言教学,或汉语作为外语教学,则是一门学科。作为学科,它是一门科学,它是一项复杂的系统工程,要进行跨学科的、全方位的研究。在不断引进国外先进的教学理念的同时,努力挖掘汉语和汉字的特点,创新我们自己的汉语作为第二语言的教学模式和教学法。我们要以自己的研究,向世人显示出汉语作为世界上使用人口最多的一种古老的语言,像世界上任何一种语言一样,可以教好,可以学好,汉语并不难学。我们认为,要达此目的,重要的是要转变观念,善于换位思考,让不同的思维方式互相渗透和交融,共同建设好学科,做好推广。

1. 开阔视野,放眼世界学习汉语的广大人群。

多年来,我们的对外汉语教学是面向来华留学生的。今后,随着国家汉语国际推广的展开,在做好来华留学生汉语教学的同时,我们要放眼全球,更加关注世界各地的3 000万汉语学习者,要真正地走出去,走到世界上要求学习汉语的人们中去,带

① 参见丁杰《英语到底如何教》,《光明日报》2005年9月14日。

着他们认同的教材，以适应他们的教学法，去满足他们多样化的学习需求。这是一种观念的转变。

与此同时，我们应建立一种“大华语”的概念。比如我国台湾地区人们所说的国语，新加坡的官方语言之一华语，以及世界各地华人社区所说的带有方言味道的汉语，统统归入大华语的范畴。这样做的好处首先在于有助于增强世界华人的凝聚力和认同感；其次更有助于推进世界范围的汉语教学。我们的研究范围大为拓展，不仅是国内的汉语作为第二语言教学，还包括世界各地的汉语作为外语教学。

2. 关注学习对象的更迭。

对外汉语教学的对象是来华留学生，他们是心智成熟、有文化、母语非汉语的成年人。当汉语走向世界，面向世界各地的汉语学习者，他们的构成成分可能十分繁杂。其中可能有心智正处于发育之中的青少年，可能有文化程度不甚高的市民，也可能有家庭主妇，当然更不乏各种希望了解中国或谋求职业的学习者。我们不仅面向大学，更要面向中、小学，甚至是学龄前的儿童。从学习目的上看，未来的汉语学习者中，为研究目的而学习汉语的应该是少数，绝大多数的汉语学习者都抱有实用的目的。

3. 注意学习环境的变化。

外国人在中国学习汉语，是处在一个目的语的环境之中，耳濡目染，朝夕相处，具有良好的交际环境。世界各地的汉语学习者在自己的国家学习汉语是母语环境，需要设置场景，才能贯彻“学以致用”或“用中学”。学习环境对一个人的语言学习会产生重大影响，比如关涉到口语的水平、词汇量的多寡、所见语言现象的丰富与否、学习兴趣的激发与保持等。特别是不同的学习环境会在文化距离、民族心理、传统习惯等方面显示更大的差距,这又会对学习者的心理产生巨大的影响。于是,这就涉及教材内容的针对性问题。我们所主张的编写国别(地区)教材,可能某些教材使用的人数不一定多,但作为一个泱泱大国,向世界推广自己的民族语言时,应关注各种不同国家(地区)的汉语学习者的心态。

4. 教学理念的更新与教学法的适应性。

对国内来华留学生的汉语教学,囿于国内的语言环境及所受传统语言教学法的影响,课堂上常以教师为主,过多地依赖教材,课堂教学模式僵化,教学方法放不开,不够灵活多变。在国外,外语教学历史较长,理论纷呈,教学法流派众多,教学中多以学生为主,不十分拘泥教材,强调师生互动,教师要能随机应变。

一般说来,在东方的一些汉字文化圈国家如东北亚的日、韩等国,以及海外华人社区或以华人为主的教学单位,我们的教学理念与教学方法基本上可以适应,变化不甚明显。在西方,在欧美,特别是在北美地区,因语言和文化传统差异较大,我们在国内采用的教学方法在那里很难适应,必须做相应的改变,入乡随俗,以适应那里的汉语教学。

5. 汉语国际推广:普及为主兼及提高。

新中国的对外汉语教学已经走过55个春秋。多年来,我们一直竭力致力于汉语作为第二语言教学的学科建设,重视学科基础理论的扎实稳妥,扩大、拓宽学科的研究领域,搭建对外汉语教学的基本框架,探讨教学理论和学习理论,这一切都在改变社会上认为对外汉语教学“凡会说汉语都能教”以及对外汉语教学是“小儿科”等错误看法。而今,汉语作为第二语言教学已经成为一门新兴的、边缘性的、跨学科的科学，研究日益精深，已成“显学”。今天，我们已经可以与国际上第二语言教学界的同行对话，在世界上成为汉语作为第二语言教学的主流。目前，随着国家发展战略目标的建设，汉语正加速走向世界，我们要面向世界各地的3000万汉语学习者。这将不仅仅是从事国内对外汉语教学的几千名教师的责任与义务，更是全民的事业，是民族的大业，故而需要千军万马，官民并举，千方百计，全力推进。面对这种局面，首先是普及性的教学，也就是首先需要的是“下里巴人”，而不是“阳春白雪”。我们要在过去反复强调并身体力行地注重对外汉语教学的科学性、系统性、完整性的同时，更加注重世界各地汉语教学的大众化、普及性与可接受性。因此，无论是教材、教学大纲还是汉语考试大纲，首先要考虑的是普及，是面向大众，因为事实上，目前我们仍然是汉语教学市场的培育阶段，要想尽办法让世界上更多的人接触汉语、学习汉语，在此基础上，才能培养出更多的高水平的国际汉语人才，也只有在此基础上才能“尽精微”，加深研究，不断提高。

七 关于研究书系

恰是香港回归祖国那一年，当时的北京语言文化大学编辑、出版了一套《对外汉语教学研究丛书》，凡九册。总结、归纳了该校对外汉语教师在这块难以垦殖的处女地上，几十年风风雨雨，辛勤耕耘所取得的成果。这是一定范围内一个历史阶段的成果，不是结论，更不是终结。至今，八易春秋，世界发生了巨大的变化，祖国更加繁荣、富强，对外汉语教学，正向汉语国际推广转变,这项国家和民族的事业获得了空前的大发展,也面临着重大的机遇与挑战。

目前,多元文化架构下的"大华语"教学的新格局正逐渐形成,汉语国际推广正全面铺开。欣逢其时,具有百年历史的商务印书馆以其远见卓识,组织编纂"对外汉语教学专题研究书系",计七个系列,22 种书,涵盖对外汉语教学研究的方方面面。所涉研究成果虽以近十年来为主,亦不排斥前此有代表性的、具有影响的论文。该书系可谓对外汉语教学成果 50 年来的大检阅。从中不难看出,对外汉语教学作为一个学科,内涵更加丰富,体系更加完备,视野更加开阔,范围更加广泛,研究理念更加先进,研究成果更加丰厚。汉语作为第二语言教学作为一门科学,已跻身于世界第二语言教学之林,或曰已取得与世界第二语言教学同行对话的话语权。

"对外汉语教学专题研究书系"的七个系列及其主编如下:

1. 对外汉语教学学科理论研究

主编:中国人民大学　李泉

《对外汉语教学学科理论研究》

《对外汉语教学理论研究》

《对外汉语教材研究》

《对外汉语课程、大纲与教学模式研究》

2. 对外汉语课程教学研究

主编:北京大学　李晓琪

《对外汉语听力教学研究》

《对外汉语口语教学研究》

《对外汉语阅读与写作教学研究》

《对外汉语综合课教学研究》

《对外汉语文化教学研究》

3. 对外汉语语言要素及其教学研究

主编:北京语言大学　孙德金

《对外汉语语音及语音教学研究》

《对外汉语词汇及词汇教学研究》

《对外汉语语法及语法教学研究》

《对外汉字教学研究》

4. 汉语作为第二语言的学习者习得与认知研究

主编:北京语言大学　王建勤

《汉语作为第二语言的学习者语言系统研究》

《汉语作为第二语言的学习者习得过程研究》

《汉语作为第二语言的学习者与汉语认知研究》

5. 语言测试理论及汉语测试研究

主编:北京语言大学　张凯

《汉语水平考试(HSK)研究》

《语言测试理论及汉语测试研究》

6. 对外汉语教师素质与教学技能研究

主编:北京师范大学　张和生

《对外汉语教师素质与教师培训研究》

《对外汉语课堂教学技巧研究》

7. 对外汉语计算机辅助教学研究

主编:北京语言大学　郑艳群

《对外汉语计算机辅助教学的理论研究》

《对外汉语计算机辅助教学的实践研究》

这套研究书系由北京语言大学、北京大学、北京师范大学和中国人民大学的对外汉语教师共同协作完成,赵金铭任总主编。各系列的主编都是我国对外汉语教学界的教授,他们春秋鼎盛,既有丰富的教学经验,又有个人的独特的研究成果。他们几乎是穷尽性地搜集各自研究系列的研究成果,涉于繁,出以简,中正筛选,认真梳理,以成系统。可以说从传统的研究,到改进后的研究,再到创新性的研究,一路走来,约略窥测出本领域的研究脉络。从研究理念,到研究方法,再到研究手段,层层展开,如剥春笋。诸位主编殚精竭虑,革故鼎新,无非想"囊括大典,网罗众家",把最好的研究成果遴选出来,奉献给读者。为了出好这套书系,世界汉语教学学会陆俭明会长负责审订了全书。在此,向他们谨致谢忱。

我们要特别感谢商务印书馆对这套书系的大力支持,从总经理杨德炎先生到总经理助理周洪波先生,对书系给予了极大的关怀和帮助。诸位责编更是日夜操劳,付出了极大的辛苦,我们全体编者向他们致以深深的谢意。

书中自有取舍失当或疏漏、错误之处,敬请读者不吝指正。

2005 年 12 月 20 日

综　述

李 晓 琪

20 世纪 70 年代末期，由于受到国外功能教学法流派的影响，国内对外汉语课堂教学发生了一些相应的变化，技能训练受到重视，听力和说话训练得到加强，并开始出现专门针对听力教学的研究。80 年代初期，分技能教学进一步发展，听力教学逐渐独立为专门课程，在一些学校还将其列为必修课。

经过 20 多年的发展，听力教学研究已经构建了一个相对完整的系统，在课程设置理论、教学的性质与模式、听力训练技巧探索以及教材建设等方面都取得了一定的开创性成绩。对听力教学研究成果进行梳理和总结，无疑将进一步发挥已有成果的作用，进一步拓展研究空间，把听力教学研究推向深入。

本书汇集的是近 10 年的研究成果，分为五个章节编辑成书。下面进行简要评介。

一　听力教学理论研究新进展

在第二语言教学中，分技能设置课程已成为一种趋势。听力课作为一门独立的课程，也已是大势所趋。从汉语听力教学发展轨迹看,走的是一条实践先于理论研究的路子。近 10 年来,在实践的推动下,相关理论研究逐渐开展起来,主要进展有以下几方面。

1.听力训练的理论依据

较早研究听力教学的杨惠元(1996)①对听力训练的基础理论进行了较为全面的论述,指出听力理解的本质是人们利用听觉器官对言语信号进行接收和解码。接收、解码过程跟言语信息的清晰度有关,跟听觉器官的灵敏度有关,跟已经储存在大脑中的经验成分的数量有关,还跟解码操作的熟练程度有关。杨文同时指出,听力训练的主要原则是给学生可懂输入,重点是提高学生的听力微技能,并列举了八种微技能训练方法。这是国内学者对听力理解本质的明确阐释,也是对与接收、解码过程有关因素的全面分析,为听力训练寻求了理论依据。这对后来的听力理解理论研究起到了引导作用。

高霞(2003)②从另一个角度——图式理论,探讨了该理论与听力理解的关系。图式作为一个心理学术语是英国心理学家 F.Barlett 首先提出的。他认为记忆不是死记硬背的心理过程,而是一个保留事件主题,再根据总印象重建细节的过程。现代心理学家在此基础上进一步研究图式在语篇理解和记忆中的作用,发现图式在人们听懂和记忆语言材料中的作用表现在多方面(预测、补充、对信息的选择性加工)。图式现象体现了人类已有的认知结构在理解输入信息时的主动作用。听者头脑中是否存在可用来对篇章内容预测的相应图式,是影响信息接收的关

---

① 见本书第一章第一节。
② 见本书第一章第二节。

键因素，因此教师应该帮助学生建立并逐步丰富理解目的语的图式。齐燕荣(1996)[①]根据话语分析中有关语段的理论，指出生产语篇与接受语篇都必须遵循一系列的条件与规则，应该在一定的理论指导下进行语段听力训练。

上述研究角度各不相同，其共同点是都注意从理论上探讨听力理解的特点，为一门特殊技能课程的设立及定性提供不同侧面的理论依据。

2.听力训练的性质和任务

听力是指听别人说话的能力，也可以说是一种话语理解能力。从语言学习过程的角度说，“听”总是先于“说”；从语言交际的角度说，“听”是输入，“说”是输出(吕必松 1995)[②]。有了输入才有输出。因此，听力的重要性是显而易见的。只有充分认识了听力的重要性才能恰如其分地认识听力训练的性质和任务。

关于听力训练的性质和任务的研究，成果不是很丰富，主要观点有[③]：

专门的听力训练不同于一般的“听话”，它的特殊作用在于它是实现课堂外“听话”的基础，没有课堂内的听力训练，不可能实现课堂外的“听话”；其次，训练专门的听的技巧也是听力训练必须承担的任务，通过专门方法的训练，可以使得听话人能快速抓住主要信息，快速跳跃障碍(胡波 2004)。因此，在听力训练课上教师的任务是使词语和新语法点的语音形式对学生的听觉形成刺激，达到在语流中正确地分辨出语义的效果。还有学者

---

① 见本书第一章第三节。

② 见本书第二章第一节壹。

③ 见本书第二章第一节贰、叁。

指出，听力课的任务不能只局限在“听”上，听懂了的语言，只有说出来才能加深理解。从语言学习过程的角度看，输出与输入同样重要，因此，要给学生创造说的机会。上述意见可以概括为两点：听力训练的基本任务是训练专门的听的技能，同时不要忽略“输出”在加深理解“输入”内容上的作用。

关于训练专门的听的技能，杨惠元曾描述为听力微技能，并认为训练各种听力微技能是听力训练的重要任务。对此，有学者提出不同看法。李红印指出要做到听力训练圆满实现预期目的，单纯地研究听力微技能是不够的，还应该注意对学习环境的研究。课堂教学是重要的学习环境，应该进入研究视野，应分析听力课诸种构成因素之间的相互关系与相互矛盾，如技能训练与听力课的联系与区别，教师在听力训练中的行为和作用，学习者的疲劳度与反复听、大量听的可能性，以及听力课的课时、教材、教学设备等因素对教学效果的影响等。李文突破听力训练自身的局限，在更大的范围内探讨听力训练的效果，这种思路和研究方法是值得肯定的。其特点在于不是孤立地就某一问题研究某一问题，而是把此问题融入与此相关的大环境中进行综合考察，视野更开阔，角度更多样，增加了研究结果的可信度。

3.听力教学模式探讨

教学模式，直接关系到教学效果，是一个很具研究空间的领域，也是近年来听力训练理论研究的一个新视角。从总体上看，本领域的研究还处于起步阶段，研究成果还不是很丰富。本书收集了两篇这方面的文章①。

---

① 见本书第二章第二节。

自上而下模型和自下而上模型是美国心理学家提出的两种阅读模型，孙晓明(2004)从这两种理论出发，探讨它在听力教学中的应用，得出应将两种模型同时也应用于听力教学的结论。孙文的特点是既有理论分析，同时也有实验数据报告，对读者有启发。

传统的听力教学模式是“听后理解”。谭春健(2004)对此表示质疑，他提出了一种相反的教学模式“理解后听”，并具体阐述了这种教学模式的理论依据和实施步骤，还通过实验对该方法的有效性进行了论证。这种模式的提出对传统教学模式提出了挑战，也为听力教材编写开辟了新思路。

从宏观上、理论上探讨听力教学模式的优劣是这一时期的一个特点；采取实验的方法，针对不同教学模式进行对比研究，通过数据和实证性考察来阐明观点，是另一个特点。我们相信，这两个特点将对今后听力教学模式的探讨起到积极引导作用，不同听力教学模式的研究，以及对各种教学模式进行量化对比研究都将继续深入下去。

二 听力教学实践研究新进展

1.课程设置

听力课设置是第二语言课程设置中的一环，听力教学也是教学总体设计中的一部分，因此听力教学不是孤立存在的：横向与综合课、口语课存在配合问题，纵向与初、中、高级也存在配和问题。听力课的定位同样存在着研究空间。

近 10 年中，有学者在调查问卷的基础上，对现有听力课程设置提出了改革方案①。方案分为两种——不改变课型和改变课型。前者认为，保持原有听力课，进行适度改革是最现实可行的方案。改革内容包括：加强与综合课和口语课的配合，重点在各课型教学内容相关、教学进度合拍；此外还要注意课堂教学气氛的调节。后者是打破单纯的听力课设课模式，方案有几种：①和口语课合并，设立"听说"课；②和综合课合并，以读带听；③变单纯的听力课为"视听说"课。

上述讨论具有现实意义，在对外汉语教学大发展的背景下，在技能训练受到重视的今天，听力教学的课程设置处于百花齐放的局面，听力课、听说课、视听说课都得到长足的发展，并且可以预见在今后的一段时间内将处于并存的状态。随着听力训练课程多样化的发展，对不同类型听力课程设置的对比研究也会随之发展。

2.听力难点

研究学习者的听力理解障碍，明确听力难点所在，并找到有效的教学对策，是任何类型的听力教学课程都必须面对的课题。10年来，此方面的研究出现了很活跃的局面，从一个侧面表明，听力教学研究已经从表层向深层迈进。

研究听力难点有多种渠道：可以从学习者角度，研究不同国别学生之间存在的差异；可以从不同学习层次（初级、中级、高级），发现听力难点所在；也可以从语言要素角度，分析听力障碍的不同表现形式；还可以超越语言本身，从语料的输入方式、课堂的互动形式等角度进行探讨②。

---

① 见本书第四章第一节。

② 见本书第三章第一节。

毛悦(1996)通过对欧美与日韩不同国别的中级阶段的学生进行语音、句子、对话不同层面的测试,发现日韩学生的听力明显高于欧美学生,并认为欧美学生听力理解能力较弱的原因与东西方思维差异有关。毛文还指出,除了客观因素干扰外,影响留学生听力理解的主观障碍体现在 4 个方面(听觉器官灵敏度差,造成辨音辨调误差大;对重音、语气等的不理解造成语义内容接受障碍;母语思维的干扰,解码速度减慢;不能有效地把接收到的信息与头脑中的已有信息发生联想)。马燕华(1999)认为,中级阶段听力的最大障碍是生词,根据语境猜测语义以跳跃生词障碍是中高级听力教学的重要任务。她通过对 15 名留学生在听力课上猜测词义、语义的调查,发现了听力跳跃障碍的实现条件和干扰因素,并在此基础上提出中级汉语听力教学的思考。幺书君(2004)从练习题的题型、语料的类型、练习题的提问方式、提问角度等方面研究它们与听力难度的关系,认为这些因素不但都直接影响到听力难度,并且存在着难度差别。幺文还将构成听力难度的这些因素及其难度差别列出表格,为关心听力难度的读者提供参考。

听是交际的基础,听懂以后才能回答和发问,专门研究听力难点是很有必要的。上述研究是近 10 年来听力研究的一个亮点,为听力教学研究拓展了一个空间,虽说还处于开创阶段,但已有研究的思路和方法值得肯定,对读者有启示作用。

3.训练方法

对听力训练方法,最早进行全面研究和总结的是杨惠元(1988)的《听力训练 81 法》。学界对此书评价不一,褒奖与批评共存,但此书的开创性作用有目共睹。在此书基础上,杨惠元

(1996)又出版了《汉语听力说话教学法》一书，进一步系统地阐述了有关听力教学方法的一些问题。这是上个世纪末期有较大影响的两本汉语听力教学文献。此外，在听力课大发展的基础上，一线任教老师八仙过海，各显其能，发表了许多研究心得，大致可以分为两类：一是针对听力难点，研究相应的教学对策；二是在一定理论指导下探讨有效的听力训练方法。

有关听力难点教学对策①研究主要是以下一些。曹慧(2002)在对现行听力教材的7类语料(关键词、语法点、语境、主要信息、概括能力、文化差异和语音)进行分析的基础上，指出教材中影响听懂的各类因素分布不均衡，文化因素和语音因素体现较弱，因此课堂上不必平均使用力量；某些题型应做分解和调整，使语料本身和提问都更加合理。曹文同时指出，不同因素对听懂存在着交叉影响，而这些交叉影响有待于进一步深入分析和研究。余文青(1999)通过对30名学生的测试调查发现：在初级阶段，无论是日韩学生还是欧美学生，听读能力的相关系数都很高；到了中级阶段，欧美学生和日韩学生在听觉记忆和视觉记忆方面都有明显的进步和变化；不过日韩学生由于听力能力有了突飞猛进的提高，他们的阅读和听力理解能力都要明显强于欧美学生。欧美学生的难点在于词汇量不够丰富，因此在教学中要注意二者的相互影响，对日韩学生和欧美学生采取不同的教学对策。

上述研究的特点是目的性明确，把听力难点研究与教学对策密切地结合在一起，使得研究向纵深发展，具有理论研究意

---

① 见本书第三章第二节。

义,也对一线教师有直接的帮助,同时还为听力教材编写人员提供参考。相信这一具有特色的研究今后还将得到进一步发展。

关于在一定理论指导下听力训练方法的探讨也有一些成果①。

认知心理学认为元认知能力是指主体对自身认知活动的认知,其中包括对当前正在发生的认知过程(动态)和自我认知能力(静态)以及两者相互作用的认知。元认知的实质是人的自我意识、自我控制和自我调节,即自我监控。毛悦、任丽丽(2004)从元认知理论出发,利用实验的方法,探讨了提高中高级阶段留学生汉语听力能力的方法,认为要克服此阶段学生高原期出现的情况,采用监控训练是可行性方法,此种训练方法针对性强,学习效率高,学习效果明显。

此外,认知心理学对认知结构在语言理解中的重要性也很强调。听力理解作为语言理解的一部分,是语言的认知活动,其中认知结构担当了重要的角色。所谓认知结构是指一个人过去的认知经验。陈军(2004)讨论了如何利用听力课程的特点,按照听前、听时、听后三个阶段,引导学生调动和利用已有的认知结构,参与听力理解,以此来培养、提高学生的听力理解能力,发挥听力课的特点和优势,促进听力教学。

听力水平不是一项简单技能,还包括学生储存记忆能力、概括总结能力和语言表达能力的提高。因此听力能力的培养只依赖课堂教学远远不够,还要学生课后有事做。根据这一观点,浮根成(1997)的研究跳出了课堂,指出有声作业在听力教学系统

---

① 见本书第四章第二节。

中有举足轻重的地位，是课堂练习与课后练习相互连接的纽带，是沟通教师与学生的桥梁，是学生在一个新的层次上再学习的前提。教师引导学生完成有声作业的方法包括：单项式命题、双项式命题和无主题等。

以上是众多听力训练方法中的几种。无论是关于听力难点教学对策的研究，还是理论指导下的教学方法探讨，都将对提高听力教学的针对性和教学效果起到推动作用。当然，由于此领域的研究处于初始阶段，因此研究的系统性，以及广度和深度还都有待进一步加强。

4.教材建设

听力训练方法与教材密切相关。目前听力教材有两种主要形式——专门的听力教材和包含在其他课程中的听力训练部分。与精读教材、口语教材相比，专门的听力教材建设起步晚，成果也较少，运用新的听力教学模式编写的教材以及针对不同国别，消除听力难点的教材还未见到。从总体上看听力教材还处于探索阶段。

尽管如此，现有的听力教材已经取得初步成绩，已经覆盖到初、中、高不同阶段，也讨论到不同阶段听力教材的编写原则①。

杨惠元（2000）在《速成汉语初级听力教程》的前言中指出，训练速成听力理解能力必须实行“强化＋科学化”的训练。“强化”就是进行大运动量的训练，“科学化”就是训练要恰到好处，不做无用功，要贯彻可懂输入和从分到合的原则。最近出版的中级听力教材《新中级汉语听力》的作者刘颂浩、马秀丽

---

① 见本书第五章第二节。

(2005)指出，编写听力教材，最重要的原则是难度合适，最常用的做法是控制词汇和语言点。他们所编的中级听力教程贯穿了六个结合——课内与课外结合，精听与泛听结合，中速与快速结合，语言学习与内容理解结合，吸收与创新结合，主观题与客观题结合。幺书君(2001)针对一般院校高级阶段不设听力课的现状，根据HSK(高等)听力考试大纲所涉及的内容，在探讨高级阶段学生的实际汉语水平的基础上，得出高级听力训练是必要的看法，并进一步阐述了开设听力课与最终达到培养学生听说读写四项技能全面发展的目标的关系。她还尝试编写了高级听力教材。

此外，对已经出版的听力教材进行优劣比较，也是这一时期的特点。胡波(2000)①从听力教材的基本要素：语料的选择和长度、生词量的多少、练习体例的形式以及录音顺序的科学性等方面对3套已经出版的听力教材进行了分析，指出如果能对上述几个方面中存在的不足进行改进的话，将会更好地体现听力理解的独特性，编写出适应新时代需要的听力教材。

三　听力教学研究回顾与展望

从1977年石佩雯、李继禹②发表第一篇专门讨论听力教学的文章以来，听力教学研究已经走过了近30个年头，有关听力

① 见本书第五章第一节。

② 参见石佩雯、李继禹《听力训练在语言教学中的作用》，《语言教学与研究》试刊1977年第1期。

教学研究得到了长足的发展。

在近10年中，有两篇比较系统地对听力教学进行综述性研究的文章[①]。杨惠元(1997)对1996年之前的研究情况进行了综述，认为听力教学研究经历了起步、教学经验的总结、初步的理论研究以及理论研究的深入四个阶段。杨文同时指出，应该加强跟听力相关的其他理论研究，听力理解的微技能研究，以及从学生学习的角度研究听力训练技巧。刘颂浩(2001)对2000年以前的研究情况进行了梳理，涉及论文70余篇，对听力理解的本质与影响听力理解的因素，听力难点，听力微技能，听力训练方法，教材建设，听力测试等10个方面做了总结和评述，认为听力教学研究在许多问题上都取得了不小进步，但总的特点是紧密结合教学，而不是建立理论模型，因此不能不看到，“研究都还是非常初步的，有待于进一步深化”。

在此基础上，本文进行简单的总结和展望。

1.主要进展

(1)听力训练的理论研究取得了一定发展

理论研究是课程教学研究的基础。近10年来，听力训练的理论研究在原有基础上得到了一定的加强，并且逐步深入，从零星、分散的讨论向比较系统的方向发展。对听力理解本质的认识，从人类已有的认知结构在理解输入信息时的作用方面，从话语分析理论的角度探讨语段听力理解方面，都有一些研究，并有一些成果发表。关于理论研究还值得说明的是，对听力教学实践的研究、听力教材的研究等也从经验总结型向理论指导下的

---

① 见本书第一章第四、五节。

理论与实践结合型发展，标志着对外汉语听力训练的理论研究进入了一个新阶段。

(2)对听力课堂教学的研究更加深入

听力课堂教学研究离不开对听力理解微技能的探讨。例如，如何训练学习者跳跃生词障碍，最佳方法是什么；如何训练学习者能快速抓住输入的主要信息，包括一句话的信息，一段话的信息，以至语篇的信息；如何调动和控制学习者的情绪，使他们始终保持最佳学习状态。这些问题已经被涉及，而且研究得也比较细致。

对听力课堂教学的研究更加深入的另一个表现是对听力难点的研究。如前所述，近年来，听力难点研究已经讨论到将构成听力难度的因素及其难度差别列出表格，量化显示，有比较强的可读性和参考意义。这将对提高听力课堂教学效果起到积极作用。

(3)听力教材建设初呈系统

虽然听力教材起步较晚，但已经初呈系统，初、中、高级听力教材都已经出版，其中以初级听力课本为多，中级次之，高级较少。这些教材为不同的需求者提供了方便。不同层次的听力教材各呈特色，突出的特点是注意针对不同学习阶段的特点采用不同的教材编写理论，其次在语料的选择和练习的安排上也有各自的特色。

(4)小结

回顾近 10 年听力教学研究，可以说进步很大，也很快。理论研究走向成熟；教学实践研究正沿着理论与实践相结合的路子迈进；实证性研究手段的尝试与运用，提高了听力教学研究的可信度；教材的编写与出版为不同层次的听力课堂教学提供了食粮。

2.展望

认识是无止境的，对于刚刚走向理性研究的一门专项技能训练来说，今后要走的路还很长，任务也十分艰巨，只有继续深入研究下去，才能使听力训练更加科学，更加规范，更加显示出成效。

(1)听力训练的理论研究还需进一步深化

听是一种典型的语音输入。深化听力理论研究包括若干内容：对听力输入本质的进一步认识；对影响学习者听力理解因素的深入研究；对各种微技能的细化探讨；对在理论指导下的课堂教学的实证性考察等。此外，听力与口语关系极为密切，研究跟听力理解相关的其他理论问题，研究不同教法对教学效果的影响，都将是今后听力训练理论研究会涉及的。

(2)课程定位

听力教学作为一项专门的技能课程开设已成为学界的共识，但是对听力课程定位的讨论还在继续。是在初级、中级、高级阶段都应该开设听力课？还是只在初中级阶段设听力课？新闻听力课是听力技能训练的需要，还是报刊课程的一种补充？如果需要设立新闻听力，应该设在哪一个学习阶段？此外，听力训练与其他技能课如何配合？是开设单独的“听力课”，还是“听说课”，还是“视听说课”？对这些问题从理论上进行研究，从实证上进行分析说明，也将是今后一个时期的研究课题。

(3)教材编写

听力教材的编写也是一个广阔的空间，特别是中高级阶段的听力教材。研究将涉及:听力教材的基本编写原则、不同层次教材的特殊性、教材语料的选择、每一课所提供的语言信息量、教材练习项目的设立、练习难易程度的掌握、课后作业的作用等。此外,不同教学模式对教材有特殊的要求,这也将是今后的一个发展方向。

(4)研究手段进一步更新,更加科学化和规范化

在一定理论指导下,进行经验总结、归纳观点式的听力研究取得了一定的成果,是听力教学研究的财富,同时,也有一些实证考察、数据统计的论文发表。但就研究方法而言,实证性的、基于教学实验的有数据统计的定量研究将是今后的一个发展方向。研究者必须明确,采取科学有效的方法设计研究方案,收集数据,进行统计、比较和分析,将成为今后各种课程教学研究的手段。这些手段和方法的运用将有效地提升听力教学研究的信度与效度。

2006 年春

第一章

听力训练基础理论研究

第一节　听力训练的理论依据[①]

在第二语言教学中，分技能设课教学已成为一种趋势。所谓分技能设课教学是按照听、说、读、写分别设课型进行语言技能训练。实践证明，分技能设课教学是符合语言教学规律的，分技能设课教学的效果优于综合型的教学效果。

分技能设课教学以后，听力课作为一个独立的课型被认为是比较难上的课。这首先是因为“听”基本上是被动的行为，学生的积极性、主动性难以发挥，课堂气氛不易活跃，师生提不起精神，往往上得枯燥乏味。另外，听力的提高不如说、读、写那样明显。举例来说，一个学生原来的语音声调不好，经过老师纠正，通过大量有效的练习，语音声调正确了，这种提高是有形的；对一个词语，原来不懂意思、不会念、不会用、不会写，经过老师的说明和讲解，通过练习，意思懂了，会念了、会用了、会写了，这样的提高也是有形的。而听力的提高是缓慢的无形的，往往不易觉察。这对教师和学生

---

① 本节摘自杨惠元《汉语听力说话教学法》，北京语言学院出版社 1996 年版，第 24—38 页。

的心理承受能力有较大的影响，同时也是一些教师和学生不喜欢听力课的原因之一。

经过多年的教学实践，我总结了以听为主，听说结合，听读结合，听写结合，听做结合的听力训练方法。让学生在课堂上既动耳，又动脑动口，还动手，对提高学生的听力技能，活跃课堂气氛，激发学生兴趣有一定的效果。下面谈谈我总结听力训练方法的理论基础。

一 听力理解的本质

听力理解的本质是人们利用听觉器官对言语信号接收、解码的过程。

言语信号指的是一个一个的音义结合体——词汇和由这些词汇排列组合成的语流。

所谓接收、解码的过程就是对听觉器官收到的言语信号进行分析、辨别、归类，同时和已经储存在大脑中的老的言语信号（即经验成分）建立起联系，从而在语音、语法、语义三个层面上进行新的感知，理解言语信号所表示的意义，并且还要把新感知的言语信号存入记忆库变为经验成分，以便感知更新的言语信号，服务于听力理解的循环过程。

语言的主要功能是交际。在真实自然的交际中，言语信号是快速连续呈现的，是转瞬即逝的。这就要求接收、解码高速进行。速度问题是至关重要的问题。那么，接收、解码的速度跟哪些因素有关呢？

（一）跟言语信号的清晰度有关。言语信号的清晰度包括信号的音位是否正确规范，语速是否正常，音量是否达到一定指数，有无外界杂音干扰等等。这些是外在因素。清晰的言语信号易于接收和解码，反之则难于接收和解码。但是同样不清晰的言语信号（这种不清晰是有一定限度的），由于听者感知目的语的辨析能力不同，接收理解的深度广度就不一样。这说明人的听觉器官是可以适应不清晰的言语信号的，关键是提高感知目的语的辨析能力。

（二）跟听觉器官的灵敏度有关。由于接收的声音信号是快速连续的，一闪即逝的，所以在听的过程中思维活动必须是高速的，反应必须是敏捷的。听觉器官越灵敏，对收到的言语信号就分析得越快，辨别得越准，归类越恰当。反之，灵敏度越差，就分析得越慢，辨别越不准确，归类越不恰当。学习外语的人听目的语时都有同感，语速慢容易懂，语速快不易听懂。在听不懂时往往抱怨别人语速快。实际上并不是言者的语速快，而是听者的反应慢。如果听者到讲目的语的国家生活一段时间或者经过一段时间的科学训练，言者用同样速度甚至更快的语速，听者也不会觉得快了。听觉器官的灵敏度是内在因素，跟先天有关，但是就一般人来说，这种灵敏度取决于后天的训练。

（三）跟已经储存在大脑中的经验成分的数量有关。经验成分主要包括三种。(1)一定数量的具有可感应性的词汇；(2)一定数量的具有可使用性的语法规则；(3)跟目的语有关的社会文化知识。储存在大脑中的词汇、语法规则和社会文化知识越多，越便于加快解码的速度。储存一定量的经验成分不仅是解码（理解）的先决条件，而且也是编码（表达）的先决条件。经验成分储存的数量是内在因素，取决于后天的习得。

（四）跟解码操作的熟练程度有关。在大脑中储存一定数量的经验成分只是有了先决条件，具备灵敏的听觉器官只是有了物质基础，要正确理解言语信号所表示的意义，关键在于解码操作的熟练程度。而先决条件和物质基础的获得以及熟练地进行解码操作全靠科学的训练。从以上对听力理解本质的分析我们可以看出，听力理解的过程是一种相当艰巨的高级神经活动。听力训练的效果是优是劣在很大程度上取决于训练方法是否科学，是否顺应了高级神经活动的规律，是否有意识地针对影响听力理解的要素来设计和安排听力练习。

成年人学习第二语言之前，都已经牢固地建立了一套包括语音、语法、语义的母语的言语系统。在学习第二语言的初期，人们往往要借助于母语的言语系统感知目的语的语音、语法和语义，而不是直接把接收的言语信号跟目的语建立联系。这种借助母语的联系速度是相当慢的，而且容易造成理解上的失误。我们在教学中都有这样的体会，有时学生听到一些学过的音节而不能迅速反应出词义，有时听懂了一些词而不能理解整个句子，有时听懂了一个一个单句而不能理解整段或全篇的主要意思。出现这些问题，根本原因是学生还没有建立起目的语的语言系统，不能直接用目的语进行思维。而教学的根本目的就是通过一定的练习和刺激，通过可懂输入增强储存在大脑中的词汇的可感应性，增强使用语法规则的熟练程度，建立目的语的言语系统，摆脱对母语的依赖性。也就是说，必须经过科学的训练，培养目的语的语感，听力理解的能力才能真正提高。

二 听力训练的原则

听力训练的一个重要原则是给学生以可懂输入。

美国心理语言学家斯蒂芬·克拉申(Stephen Krashen)认为教授第二语言最好的办法是给学习者以可懂输入。他提出可懂输入的模式是i+1。i是学习者现有的语言水平。i+1是在学习者现有的语言水平的基础上再提高一步的输入。这种输入必须使学习者能够听懂,可以理解。

我认为斯蒂芬·克拉申的这个观点是符合第二语言教学规律的。(1)他强调了语言输入先于语言输出的观点。(2)他强调了从学生的实际语言水平出发,首先让学生听懂和理解的观点。学生懂了,理解了,他才会有所得,输入才能不断积累,这是学习的根本规律。如果你教的语言学生听不懂、理解不了,无异于对牛弹琴,不用说社会交际,连课堂交际也无法进行。(3)他强调了循序渐进的观点。教学就好像带领学生上楼梯一样,要一个台阶一个台阶地上,既不能总停留在一个水平上,也不能一下子跃过几个台阶。实际上我们的教学也是这样做的。比如第一课教学生"你好"。一定是教师先说几遍让学生听,然后用各种办法使学生理解"你好"的意思。最后才领读、领说,让学生说"你好"。学生学会了"你好",接着让他们听"你们好"、"老师好"、"同学们好"等等。绝对不会一上课,教师什么也不说,什么也不讲,跳过听的环节,直接让学生说"你好"。另外,再蠢笨的教师也不会停在这个水平上总是让学生听"你好",或是让学生听"小王问你昨天下午你干什么去了"这样复杂的句子。我认为我们的教学已经自觉不自觉地贯彻了可懂输入的原则。语言教师的作用就是在学生和语言材料之间架起一座桥梁，帮助学生克服听不懂的困难，使学生理解并掌握语言材料中的信息，进而作为经验成分储存在大脑的记忆库中。

可懂输入是听力训练的一条原则。教师为学生提供的语言材料，学生只有听懂了，才能变成经验成分储存在大脑中；学生也只有听懂了，才能增强学习的信心和动力。

可懂输入可以有两种要求：一种是要求听懂全部内容，从整体到细节，包括每个词语。教师在选择这样的语言材料时应该特别慎重，生词不能太多，没有新的语法点，篇幅不可太长。另一种要求是只需听懂主要意思，不要求听懂所有的细节和所有的词语。选择这样的语言材料，条件可以放宽。这两种要求应该以前者为主，后者为辅。学生听懂的越多，训练效果越好。

三　听力教学的重点

听力教学的重点是提高学生的听力微技能。即：提高辨别分析能力、记忆储存能力、联想猜测能力、快速反应能力、边听边记能力、听后模仿能力、检索监听能力和概括总结能力。

（一）听力课本给教学提供了大量的语言材料。教师和学生往往认为，听懂了这些语言材料就达到了教学目的，完成了教学任务。其实这是一种误解。听懂课本提供的语料，是每一节课的具体目的，而每一节课的具体目的应该是为提高听力技能这一总的教学目的服务的。我们知道，再好的听力课本、再丰富的听力材料，也不可能把现实生活中的全部活生生的语言都编进去。如果学生只能听懂课本提供的材料，稍加变化就听不懂，那么这样的教学就没有达到提高听力技能这一总的教学目的。

前文谈到人们利用听觉器官对言语信号接收解码,首先是对收到的言语信号进行分析、辨别、归类。根据马克思主义对立统一的理论,分析事物要注意到矛盾的普遍性,即共性。但是更重要的是辨别矛盾的特殊性,即特性。因为特性决定一事物区别于他事物的本质,是我们认识不同事物的基础。

因此,提高听力首先是提高处理声音信号的能力,即辨别分析能力。

通过听觉器官收到的言语信号,是语音形式的排列组合,包括声韵调、停顿、重音、语气等等。一般来说,相同语音的排列组合表示相同的意思,而不同语音的排列组合和语音不同的排列组合则表示不同的意思。只有在连串的语流中准确地分析辨别语音形式排列组合的异同,才能正确理解言语的意义。分析辨别语音形式的排列组合,首先是分析辨别单词,其次是句子,最后是整段话语。这是因为,听者理解语言的逻辑顺序是从感知单词开始,然后感知整个句子,最后感知成段话语。举例来说。

王力的马真棒。

王林的妈真胖。

这两个句子是两个不同语音的排列组合,听者首先应该分辨出“王力”和“王林”的“力”和“林”韵母不同,这是两个人的名字;“马”和“妈”声调不同,前者是动物,后者是人;“棒”和“胖”声母不同,前者意思是“好”,指马又高又大,跑得很快,后者指人长得富态,跟“瘦”相对。这是对单词的感知。当然,这种感知是通过神经系统的高速活动,在极短暂的时间里完成的。这个过程完成了,才能进而感知句子的意思。第一句是说王力有一匹马,这匹马又高又大，跑得非常快。第二句是说王林的妈妈非常富态，是个胖妇人。这种感知也是在极短的时间内完成的。每个句子的意思都理解了，才能感知整段话语。

在实际语境中，人们通过听觉器官接收的声音信号包括言语信号和非言语信号。诸如嘈杂噪音、机器轰鸣、汽车喇叭声、风声雨声、乐声歌声等等都属于非言语信号，这些非言语信号常常伴随言语信号被听觉器官接收，使言语信号的清晰度受到影响。为此，听觉器官必须能够分析辨别，具有把非言语信号滤去的能力，并通过高速的思维活动迅速抓住言语信号呈示的信息点。这种能力只有通过大量反复的训练才能逐渐形成。

对所收到的言语信号辨别分析，还应当包括辨别分析言语信息的真实性和可靠性，听到正反两方面的意见、办法，必须识别优劣，去伪存真，作出自己的判断，得出正确的认识。

下面这段话就有不少漏洞，要训练学生根据自己的生活经验，指出其中的错误。

> 除夕的晚上，我和小王来到中山公园。一对对青年男女在月光下散步，他们一边唱歌一边跳舞。不少年轻姑娘穿着漂亮的花裙子在鲜花前边照相。

当然，这种练习要在听力训练的高级阶段进行。初期听的内容应该以正面为主。

（二）在以往的听力教学中，有的教师过分强调了理解能力的训练而忽视了记忆能力的训练，甚至有人反对练习中出现检查记忆的内容。这是对提高听力理解能力的误解，我同意美国教学法专家琼·莫莉（Joan Morley）的观点。她把“听力理解”

解释为"听加理解"。她认为,"听"要求接受信息,"接受"要求思考,"思考"要求记忆,不能把"听"、"思考"、"记忆"三者分割开来。其实理解和记忆是对立统一的辩证关系,在理解的基础上记忆可以提高记忆的效果,而记忆储存在大脑中的信息越多,越能加快理解的速度,增强理解的深度和广度。俄国生理学家谢切诺夫说过:"一切智慧的根源都在于记忆。"可见记忆多么重要。前文说过,对言语信号接收解码的速度跟已经储存在大脑中的经验成分的数量有关。可想而知,如果人的大脑中目的语的经验成分等于零,那么他就无法解码,听力理解的能力也就无从谈起。所以我认为,训练学生的记忆储存能力是听力教学的第二个重点。

英国专家亚历山大教授在我院讲学中谈到:"不要在教会话或课文之前把生词挑出来,写在黑板上集中学习,要在会话和课文中学习生词,因为,当一个人在街上跟另外一个人谈话时,不可能说你说的话有几个生词,我先把它们挑出来。"(路易·G.亚历山大:《语言教学法十讲》)我不同意亚历山大教授这个观点。这里他混淆了语言教学和语言交际两个概念。课堂教学和日常交际是两回事。在日常交往中,人们当然无法先挑出生词,用规定的词语谈话,但是大家都有这样的常识,谈话双方如果有一方语言水平十分低,你说什么他都不懂,你怎么解释他也不懂,那是无法交际的,除非借助翻译。在课堂教学中应该给学生以可懂输入,绝对不能出现老师和学生互相听不懂的情况。在语言教学中我们的传统做法是,学生课前必须预习好生词,做到会念、会写、懂意思,甚至会造句。学生预习得越好,课堂教学越顺利。尤其是听力教学,课前预习生词,听课文前讲练生词是十分必要的教学环节。这是因为，词语教学是帮助学生把一个一个的音义结合体（词汇）输入大脑，成为经验成分，并且通过大量反复练习，使这些词语具有可感应性，达到呼之即出的熟练程度。如果缺少这一环节，就会出现学生什么也听不懂的情况，教学就无法进行。

除了词语以外，一定数量的语法规则和有关目的语的社会文化知识也是解码必备的经验成分。这些经验成分的储存和积累，光靠听力课是远远不够的。各种课型必须配合起来，共同参与这项活动。尤其是精读课，词语教学和语法教学占的比重更大。因此我主张，听力教学的内容和进度宜在精读课之后。对于词语、语法规则和有关的社会文化知识，精读课的训练基本属于感觉记忆和短时记忆阶段，而听力课的训练，则是通过再现和重复，把感觉记忆和短时记忆的信息转入长时记忆，储存在大脑中，以便在需要时迅速准确地提取有用的信息，参与解码和重新编码的活动。

（三）听力教学的第三个重点是训练学生的联想猜测能力。正如美国教学法专家王士元先生说的："理解语言的过程是一种猜测、估计、预想、想象的积极相互作用的过程。"

联想和猜测是人类共有的心理活动。联想是指接收到一个信号以后，马上跟其他相关的信号建立起联系的心理活动。猜测是指根据现实的感知和以往的经验凭想象对将产生的新形象作出推测、估计和预想的心理过程。我们的听力教学就是通过一定质与量的训练、启迪、诱导，使学生的联想猜测能力得到充分发挥，以提高理解言语信号的速度。联想猜测可分为两种：一是内容方面，包括主题、观点、情节等等；二是词语方面，包括人名、地名、方言、术语等非关键性生词。

在交际中常有这种情况，由于对话双方处于同一交际环境中，使用共同的代码，他们只使用极简单的句子，甚至个别单词表达思想。这时候言语的语法结构和逻辑关系可能不完善不严谨，但是不妨碍互相理解，也不妨碍交际的正常进行。有时言者话未说完，也就是编码表达的过程尚未结束，听者已经理解了他的意思，并能把句子的下半段补出来。这些都说明交际双方共同参与了编码解码的活动，听者不是完全消极被动的，可以一边听一边积极主动地思维。水平高的听者能够预测出言者下边要讲的内容，然后把注意力集中在主要信息点上，再根据实际接收到的信息，或巩固或抛弃原来的预测，使自己的思维与言者保持同步。

学习第二语言的外国人在听目的语时，都会遇到听不懂的词语。没有经验的听者遇到生词往往很急躁，一着急就听不进下文。而有经验的听者能够从容处理，他们根据上下文猜测生词的大概意思，猜不出来也不着急，继续往下听，有时听到后边对前边的词语自然而然地就理解了。本族人在听母语时也会遇到生词或不熟悉的内容，有时受到环境噪音的影响个别词或句子也可能没听清，但一般不妨碍理解。这说明他具有跳跃生词障碍的能力。我们的听力教学也要训练学生学会跳跃障碍。学生学会了根据上下文跳跃生词障碍，听力的提高就可以来个飞跃。教师要不断总结规律，并且要教给学生掌握这些规律，使学生跳跃生词障碍跳得准，跳得巧。

（四）前边谈到，在真实自然的交际中，言语信号是快速连续呈现的，是转瞬即逝的。这就要求接收解码高速进行。为此，必须提高听觉器官的灵敏度，提高解码操作的熟练程度，即提高快速反应的能力。这是听力教学的第四个重点。

语言教师的一个职业习惯是语速太慢。为了课堂交际顺利进行，教师适当放慢语速是允许的，有时也是必须的。但是我主张教师的语速（包括录音材料的语速）该慢则慢，该快则快，尽量使用自然、正常的语速。而不能一味迁就学生，不敢加快语速。否则，“学生只能听懂本班教师说话，听不懂其他人说话”的情况永远解决不了，对提高学生的听力无益。

要提高学生的快速反应能力，除了改变教师的职业习惯以外，主要是设计练习，让学生多听正常语速的听力材料，然后进行快速回答，快速判别正误，快速选择正确答案，听指令做动作等等，通过大量、有效的练习来提高快速反应能力。让学生“多听”有两个意思：一是听的机会多，每一节听力课都要设计、安排提高快速反应能力的练习，而且这种练习要贯彻听力教学的始终；二是让学生听的语言材料量要多。学过的词语、语法规则和文化背景知识在这些听力材料中大量重现，反复重现，就会对大脑大量刺激，反复刺激。刺激的过程就是反复提取，反复使用，反复储存的过程，可以大大提高解码操作的熟练程度。这种练习做得越多，学生快速反应的能力提高得越快。

（五）听力教学的第五个重点是提高边听边记的能力。听力理解不仅要求学生听懂，而且要求记忆。记忆包括三个阶段：感觉记忆——短时记忆——长时记忆。听懂只是达到感觉记忆阶段。如果不能把感觉记忆的信息及时转入短时记忆，进而转入长时记忆，这些信息就会被遗忘，不能作为经验成分储存在大脑中。为了克服遗忘，对听到的言语信息要用笔记下来，把声音信号变为文字符号，以便复习和查阅。俗话说："好记性不如烂笔头。"边听边记是学习的需要，也是实际工作的需要。

在听力课上教师要训练学生养成边听边记的习惯，而且要教学生记什么和怎样记。在听对话的时候一般要记时间、地点、人物、话题。在听故事的时候要记时间、地点、人物、情节。在听报告的时候要记主要观点和说明观点的资料。在听介绍的时候要记关系、特点、性能、价格等主要的内容。特别是听到数字，一定要让学生养成用笔记（记阿拉伯数字）的习惯，否则过后都忘了。记的时候可以用汉字，也可以用汉语拼音，还可以用外文，一个原则是使用自己最熟悉的文字，减少书写的困难。即便如此，一个句子也只能记主要部分，不可能把每个词都记下来。所以我主张每个句子记一行，这样便于听后整理笔记。那么，一个句子的主要部分是什么呢？一是根据语法结构确定，即句子的主要成分——主语、谓语和宾语；二是根据重音、停顿、语气、语调确定，即说话人强调的部分。

训练学生边听边记的能力，重要的是设计好练习，突出重点，从单项到多项，比如：第一个课文练习记人名和数字；第二个课文练习记地名和数字；第三个课文练习记时间和数字；第四个课文练习记话题和数字；第五个课文练习记观点和数字，……以后的课文要全面记人名、地名、时间、话题、情节、观点和数字。每个练习的最后一部分都是学生整理笔记，教师要认真检查指导。这样从简单到复杂，日积月累，持之以恒，学生一定会提高边听边记的能力。

（六）听力教学的第六个重点是提高听后模仿能力。听后模仿是一种把感觉记忆转入短时记忆的能力。不断地听后模仿就可以完成感觉记忆——短时记忆——长时记忆的转化过程。在实际交际中，学生会遇到一些生词、听不懂的词组或句子。有听后模仿能力的人可以询问对方，增加无数个学习的机会，没有听后模仿能力的人不会询问对方，就失去了无数个学习的机会。比如，甲说："这本书是在琉璃厂买的。"其中"琉璃厂"是生词，乙可以问："琉璃厂是什么？"或"琉璃厂在哪儿？"甲解释以后乙就学习了一个生词。这样的人是会学习的人，语言能力、交际能力的提高当然很快。

提高听的能力需要听后模仿，提高说的能力也需要听后模仿，大量的听后模仿是提高听说能力的必由之路。听后模仿首先是听准，其次是说对。听后模仿的练习宜从音节开始，包括声母、韵母和声调，既要辨别音调，又要发好音调，这是基础的基础。然后是听后模仿词语，在语流中只有辨别出词语，才能理解句子的意思，否则就不能理解整个句子。再后是听后模仿句子，如果听后能够模仿整个句子，就可以增加这个句子在大脑中停留的时间，也就是延长解码操作的时间，从而提高理解的深度和广度。最后是听后模仿重音、停顿、语气、语调，听和模仿都是处理语言的声音信号，声音信号包括重音、停顿、语气、语调，它们具有区别意思的作用，不管是准确地理解，还是准确地表达，重音、停顿、语气、语调都起着重要作用。

（七）听力教学的第七个重点是提高检索监听能力。什么是检索监听呢？检索监听具有明确的目的性，在听大段话语的时候带着问题听，要集中注意力选听跟自己的问题有关的内容，听懂并且记住。例如，你明天去上海，今天晚上听全国气象预报时，你关心的是上海的天气情况，播音员说其他城市时你可以不注意，但是播音员刚一说出“上海”，你就要特别注意地听了，并且努力记住天气、风向、温度等等。再如，坐火车去旅行，在火车站听广播时，广播员说到你乘坐的车次时，要注意听发车时间，火车停在几号站台，检票的时间和地点等等，对无关的情况可以漫不经心。

检索监听是一种重要的能力，必须经过专门的训练才能提高，实际上很多听力教师已经自觉或不自觉地进行了这种训练。比如，在听课文之前老师提出问题，让学生一边听一边寻求问题的答案。只不过大多数人没有认识到检索监听是一种听力微技能，没有把它作为听力教学的重点。

我认为训练检索监听能力，关键是训练集中注意力，养成良好的听话习惯。教学生善于抓住关键词语，把注意力集中在一个方向上，克服影响注意力的消极因素。影响注意力的因素一个是联想失去控制，另一个是视觉形象的干扰，第三是兴趣点转移。联想本来是一种正常现象，但是如果联想离开了所听话语的中心，越想越远，就会分散注意力，使该听的没听到。在听话的环境中除了声音信号以外，还有视觉形象。有的视觉形象能起到助听的作用，但大部分不能。大家知道，盲人没有视觉干扰，所以听力普遍比正常人好。如果把注意集中在视觉形象上，就会分散听的注意力。产生突发情况会使兴趣点转移。例如，当你在火车站听广播时突然发现一个久别的老朋友走过来，这时你的兴趣点会从听广播转移到跟老朋友打招呼，注意力当然也转移了。在训练检索监听能力的时候，教师要有意识地帮助学生克服消极因素，控制联想，防止视觉形象干扰和兴趣点转移。这样才能集中注意力，养成良好的听话习惯。

（八）听力理解和阅读理解有一个共同的教学目的，就是培养学生的概括总结能力，训练学生感知语言材料的主旨，捕捉言者谈话的主题。这是听力技能训练的第八个重点。

我在教学中有深切的体会，有时候听完一篇短文让学生说说其中最主要的内容，结果大都说的是一些细枝末节，只言片语。有的学生几乎能把文章的字句复述下来，可就是说不到点子上。因此我主张概括总结能力的培养，即抓要点的训练应该从一开始就强调，并且要贯彻听力教学的始终。所谓要点包括两个方面，一是语言材料的主要内容，二是主要内容所蕴含的深层意义，即中心意思或主题思想。抓要点的练习可以从单句训练开始，再过渡到成段的话语，最后训练学生概括总结全篇的主要内容和中心意思。

就一个句子而言，言者往往通过重音、停顿、语气、语调等的变化，强调其中某个部分，这就是一句话的要点所在。如果别的词都听懂了，而恰恰是这个要点的部分没听懂，那么整个句子就无法理解。相反如果听懂了句子的关键部分，其他个别词语不懂，有时候不妨碍理解整个句子的意思。因此从开始阶段就必须教学生学会抓句子关键部分的方法，进行理解句义的训练。

在成段的话语里，言者为了说清楚自己的观点、意见，往往从不同角度论述，要说很多话，而其中呈现主题的关键句子不过一两个，这就是一段话的要点所在。在对话中，即使是很短的对话，必定有谈话双方共同感兴趣的话题。有时候谈话者还要从一个话题转入另一个话题，这些话题也是要点。我们要训练学生集中注意力听懂并记住这些关键的句子和话题来理解整段话语。

在听长篇文章的时候，我们不可能要求学生听懂并记住每一个句子，只能要求学生听懂并理解主要内容和主要意思。在听力教学的高级阶段，概括总结能力的训练更为重要。这种能力不是一下子可以提高的，要靠长期不懈的训练，使学生养成良好的听话习惯。每听到一个句子、一个语段或一篇文章都要自问自答它的主要意思是什么。我主张抓全篇要点的训练要在单句训练和语段训练的基础上进行，而且要按照文章类型进行单元训练。进行单元训练的前提是编写出各种不同类型的课文，每种类型要有数篇作为一个单元。每篇课文的内容要紧紧围绕一个核心展开，还要贯彻从易到难的原则。这样的教材就为训练听力微技能提供了物质基础，也是体现教材为教学目的服务的宗旨。

以上是听力教学的重点，即八种微技能的训练，这八种微技能不是截然分开的，它们互相交叉，互相依赖，又是互相促进的。突出了八种微技能的训练，学生的听力水平一定会有很大的提高。

第二节　图式理论与第二语言听力教学①

在第二语言教学中，听力课是一门重要的言语技能训练基础课，有人统计过在华学习汉语的留学生中有 56.7% 的人把听

---

① 本节摘自高霞《图式理论与第二语言听力教学》，《楚雄师范学院学报》2003年第2期。

力技能作为第一技能；在华使用汉语的外国人中有60.9%的人把听力技能作为第一技能，其中，在华从事外交、商贸工作的外国人把听力作为第一技能的竟高达79.3%和75%[①]。

听力教学的质量好坏直接影响到学生语言知识接收、语言基本技能及交际能力的水平。听的能力如此重要，对第二语言学习者来说，却往往是最难掌握和提高最慢的一项技能。尤其是对标准语速的语段或语篇的录音材料，学生常常难以听懂，本文试从人类的认知能力出发，运用图式理论与第二语言的听力教学结合，探讨如何提高听力教学的效果。

一 图式理论与听力理解

D. Dolling和R. Lachman[②]设计了一种实验来说明：要很好地理解，必须激活(activate)记忆中有关整个语段或语篇的已有的知识组成一种高级的心理组织。他们让受试者试读一段“杂乱无章”的文章，要求两组受试者(一组先给予题目，一组不给予题目)必须尽量把所记得的单词写下来，结果是先给予题目的那一组能回想的单词数比另一组多得多。实验说明：在题目的影响下，听者理解了文章在题目所提示的情境中的含义，理解了文章的逻辑性和连贯性，记忆就清晰和牢固了，从表面上看，题目只是几个有关的单词，但在心理上，它唤起了一系列关于文章主题的背景知识。连续性语音的听辨或知觉不是一个被动接

---

① 参见高彦德、李国强、郭旭《外国人学习与使用汉语情况调查研究报告》，北京语言学院出版社1993年版，第35页。

② 参见桂诗春《新编心理语言学》，上海外语教育出版社2000年版，第443—452页。

受声学信号或刺激的心理过程，而是一个主动利用句法和语义等信息去辨认声学刺激的过程，这一过程牵涉到各种语言乃至非语言的因素①。人们常有这样的体会，在听篇幅较长、内容较复杂的语段或语篇时，如果听者对内容较为熟悉时，听起来就容易一些，反之则茫然不知所云。这是因为听者运用了储存在头脑中的有关知识。按照认知心理学的解释，这是图式（schema）模式在起作用。

图式的提法最早见于哲学家康德的著作。图式作为一个心理学术语则是从英国心理学家 F. Barlett 开始的，Barlett② 在他早期的著作 *Remembering：A Case in Experimental and Social Psychology* 中谈到过图式，他认为人们的记忆不是死记硬背的心理过程，而是一个保留事件主题，再根据总印象重建细节的过程。在 Barlett 之后，现代心理学家利用他的理论继续研究人们在语篇理解和记忆中图式是如何起作用的。参与理解的已有知识（语言方面的知识和非语言方面的知识）经过整理、类化，并形成了一定的组织，这些心理组织就是图式。图式作为一种心理组织，集合了关于事物的具体构成的知识，当人的知觉开始发生的时候，所注意的外部信息激活知识网络中的某个图式，使得与它连接的其他图式处于活动状态，这就是预测和联想，当搜寻到的外部信息与开始的预测相吻合时，知觉过程便顺利完成了；而搜寻到的外部信息与开始的预测之间的距离太大时，知觉判定就会出错或需要更长的时间。

---

① 参见缪小春、朱曼殊《心理语言学》，华东师范大学出版社 1990 年版。

② 参见桂诗春《新编心理语言学》，上海外语教育出版社 2000 年版，第 443—452 页。

图式对人们听懂和记忆语言材料有多方面的重要作用：

（一）预测作用：在听之前，图式起到预期的作用。由于图式集合了关于某一事物的具体构成的知识，它能为听者听懂语言材料提供一种积极的准备状态，当图式被激活后，听者对即将要叙述的内容便会产生一种预期，由图式提供的信息不一定能清晰地出现在意识中，但它们的可利用性是明显的。当预期同材料所叙述的内容一致时，图式将促进对材料的迅速理解。反之，图式将阻碍对材料的理解。

（二）补充作用：在听的过程中，听者不是停留在语言材料的表面形式，而是结合自己已有的图式理解材料，建立起意义表征，其中包括材料没有直接叙述而由图式提供的内容，这种补充与原文要表达的意思是一致的。

（三）对信息的选择性加工：在听之后，某一图式只要被有关的线索激活，就会为信息的加工储存提供一种框架，能被图式组织进来的信息将获得长时记忆，而与图式无关、难以组织进来的信息则很容易遗忘。图式对记忆的促进作用贯穿在整个储存和提取过程中①。

因此，可以说图式现象体现了人类已有的认知结构在理解输入信息时的主动作用。在听的过程中，图式也会根据上下文提供的线索进行主动的分析、判断、修正和证实。听者头脑中是否存在可用来对篇章内容预测的相应图式，是影响信息接收的一个关键因素。这就是说，一个人必须有丰富的知识系统，即丰

① 参见彭聃龄《语言心理学》，北京师范大学出版社 1991 年版，第 211—217 页。

富的语言知识和背景知识。

一般来说，在第二语言听力教学中，我们观察到学生将注意力过多地停留在个别音、词汇和表达法上，以致思维速度跟不上说话人的语速，多次反复听还是听不懂，他们记住的仅是一些孤立的细节，而且还不是重要的细节，这些细节和别的有关细节又不能连接起来。说明学生对语言材料不熟悉。如果学生面临的是熟悉的材料，他们就不会注意语段中那些无关紧要的细节，而是依靠整体性结构的知识（图式）来引导，因此很快就能听懂语言材料。如果学生面临的是不熟悉的材料，他们因为没有了整体性结构的知识作引导，只好依靠局部性结构知识的帮助，在这种情况下，听力理解的效果肯定不会好。

笔者认为在教学中，如果教师帮助学生建立并逐渐丰富理解目的语的图式，一定能有效地提高学生的听力水平。

二 图式理论在第二语言听力教学中的运用

根据图式理论对听力材料理解的三个作用，教师可把教学分为三个阶段：听前阶段、收听阶段和听后阶段。

（一）听前阶段

在听之前教师可提示材料的背景、范围、功能，激活学生内在的相关词语、句式以及其他已知信息。主要方法有：

1.预测。听力是一个通过听觉对别人言语的辨析、理解的过程，人们运用语言进行交际是在特定的环境中进行的，然而课堂上的大多数情况却是，学生仅以听录音来进行第二语言训练，看不到语言使用的环境和说话人的神态、举止，这无疑增加了听音的困难。在缺乏环境直观因素的条件下，“听前预测”对整个听力理解所起的作用尤其重要。首先,它为学生制定了一个听的目标和框架,在听的过程中能有的放矢。其次,预测能起到一种“热身”作用,它会调动起学生的兴趣和好奇心,调动他们的学习积极性,活跃课堂气氛。心理学的研究表明,只有引起兴趣的东西才会使人的注意力高度集中,只有注意力高度集中才能把听的材料理解得更深透。因此,在这一阶段,教师可以引导学生就所听材料自己提出问题——预测,带着问题去理解往往会有助于埋解,如果只是被动地接受听辨材料,是不会保存太多信息的。

预测有不同的方式,对于一些贴近生活的题材,可让学生结合自己的经验进行讨论,激活他们的内在图式,并引起听的欲望。如对外汉语《听力篇》中有一篇《婚姻与家庭》的课文,教师可让留学生谈谈自己国家有关婚姻与家庭的情况,再拿他们在中国所了解或观察到的情况作对比,找出相同点和不同点来,等学生们热烈讨论后,再来听课文,学生就没有畏难情绪了。对于一些具有文化特性的题材,学生常常因为思维方式、社会背景的不同而缺乏理解目的语的认知结构,教师可提供与材料有关的图片,阅读有关知识材料等方式帮助学生建立一种新的图式。如汉语听力《“福”倒了》这篇课文讲的是中国人过春节时祈求吉利、平安的情形,涉及民俗文化——“口彩”即谐音祈福,教师事先就应该向学生说明、介绍这一民俗文化的特点及功能,否则学生在理解材料时会有困难。我们说的预测不是“瞎猜”,它必须有一定的客观依据:

(1)涉及的范围和内容

某一特定话题所使用的词或词组总有一定的范围,内容越具体范围就越窄。

(2)话题内容的逻辑关系和思路

人们表达的思想往往具有内在的逻辑性,在一定内容的一定思路下可能出现与该内容和思路相关的词语,而不会相反。

(3)语言知识

预测必须要有一定的语言知识为基础,如词汇量、基本的语法知识和英语、汉语表达方式、修辞知识等,这些知识越丰富,预测的成功性就越大。

(4)背景知识

任何一个民族的语言和该民族的文化是相联系的,熟知目的语国家的文化背景,有助于有关内容的听解。

2.利用关键词。听录音材料前可以不必预习、讲解生词,教师只需提示材料的范围、功能等使学生对录音材料中可能出现的词进行联想,利用关键词来激发学生的想象力,这是一种心理上的主动激活,便于调动学生的学习积极性,对于理解录音材料的内容有很大的帮助。这样可以使听者能更迅速的建立起信息框架,从而更有效地判断听到的内容。如英语听力中有一篇关于一个人在"earthquake"中的经历,教师可让学生围绕"earthquake"预测可能出现的有关词语,如 earthquake wave(震波)、collapse(房屋的倒塌)、quake(震动)、死者和伤者(the dead and the injured)、幸存(survive)等概念,并让学生说出这些概念所对应的词或表达法,这样,学生在录音材料中听到这些词语时就能很快辨认出来。说不出来而课文中出现的,就需要进行强化记忆。

(二)收听阶段

经过听前阶段的准备工作,学生的已有知识即图式已被激活,并进入紧张的解码、筛选、检索的心理状态,教师应引导并训练学生把握录音材料的主题意义，学会跳跃障碍或筛选，从而有效地提高听力理解的程度。“学习第二语言的外国人在听目的语时，都会遇到听不懂的词语，……根据上下文猜测生词的大概意思，猜不出也不着急，继续往下听，有时听到后来对前边的词语自然而然地就理解了。本族人在听母语时也会遇到生词或不熟悉的内容，有时受到环境噪音的影响，个别词或句子也可能没听清，但一般不妨碍理解。这说明他具有跳跃生词障碍的能力。”[①]短时记忆的容量有限、保存时间短，听者在检索所输入的信息时应进行筛选或跳跃障碍，否则短时记忆会由于负荷过重而流失信息。因此在听的过程中我们应敢于放弃某些信息的听辨并能“容忍知识的模糊和不完整性，对成功的听力者来说尤其是这样”[②]。如汉语听力中有一篇关于结婚办事的对话，第一句就有“办事儿”这个词，学生搞不清是什么意思，但随着语流的进行，又出现了“新娘”、“喜酒”等词，在这样的语境中要猜出“办事儿”的意思就容易多了。这正如 W.F.麦基所指出的：“语境能够帮助我们猜出词的意义，……随着语境的增加，新词的意义也越来越清楚。”[③]学生经过利用语境猜生词、跳跃生词障碍的训练之后，会产生“听不知道的生词也不怕”、“即使不预习也不怕”的心理暗示，这对他们的学习是极为有利的。

学生在检索、解码、筛选、重建信息的过程中会遇到一些干扰，教师应及时作讲解。

---

① 参见杨惠元《汉语听力说话教学法》，北京语言学院出版社 1996 年版，第 24—48 页。

② 参见刘绍龙《外语听力＝声学信号的被动接收吗?》，《现代外语》1994 年第 3 期。

③ 参见 W.F.麦基《语言教学分析》，北京语言学院出版社 1990 年版，第 288—297 页。

文化观念的干扰。如学汉语的留学生听一条介绍某农村农民致富的基本经验的新闻，当听到农民们选择了“少生孩子多栽树”的致富道路时，学生们感到莫名其妙，他们认为“少生孩子”与“多栽树”是不相干的两个概念，这时教师就应该给他们介绍我国的国情和计划生育政策，而“少生孩子多栽树”正是我国农村控制人口、致富的一种办法。又如，大部分英美留学生听到“吃饭了吗?”时，因不知道这是汉语中打招呼的一种问候语，竟以为是“想请我吃饭”的意思。别人送礼时收礼的人说“还买什么东西呀?”学生理解为收礼的人不喜欢这个礼物。再如一篇关于“老人问题”的英语听力材料中出现了“senior citizens”这一词组，许多学生不假思索地说它的意思是“有地位的公民”，而事实上，这里的“senior”与社会地位并无任何直接联系。这里体现了中西方观念上的差异。中国人自古有尊老的传统，人们也常常倚老卖老，而西方人谁也不愿意别人说自己老，更不想变老，老年人意味着孤独，所以就在“公民”前面冠以“senior”这一表面上听上去堂而皇之的字眼，使之成为“old man”、“old woman”的美称，同样的表达法还有“young at heart”(习语:老年人)。

字面意义的干扰。汉语听力中有一个句子:“本来么，这届大学生都是招生制度实行重大改革后考进来的，谁没有三拳两脚的。”句中的比喻“三拳两脚”留学生认为是“这届大学生的体育不好”，有的则认为是“这届大学生都会武术”等的意思。再如学生听到“The path to November is uphill all the way.”这样一句话时，虽然听懂了字面意思，但却不知“November”是指“the Presidential election to be held in November”(将在十一月举行的总统选举)，因此不能理解其中的真正含义。学生也觉得“听懂了”这些句子,但是让他们说出每个句子的意思时,却完全不是那么回事了。原因是他们只是把每个词的字面意义与他们头脑中的原有词汇作简单的对应,然后进行解码,因而出现干扰。教师就应加入一些这方面的训练,增加学生的语感,减少听解中解码的错误。

(三)听后阶段

经过收听阶段的解码、检索,学生已基本听懂录音材料,在听后阶段就需要将所听懂的信息及时重组,以便储存在记忆里,降低遗忘率。教师可让学生整理收听阶段的记录,把短时记忆的内容先作一个摘要或提纲,然后再作口头报告(复述),因为学生在听懂、理解了课文并有了一个更新了的旧图式时也就有了一种想表达的愿望。最后,可让学生再听一遍录音以加深理解、记忆。

三 对第二语言听力课的教学思考

(一)教师在处理课堂教学时应该主动积极,认真设计、策划、组织并积极参与教学,而不是简单的设备操作者。根据 Krashen 的输入理论①,教师应当设法调动学生的积极性,减轻学生的焦虑感,创造一个轻松、愉快的课堂气氛,使学生有目的、主动地去听,这样得到的信息才是"可理解输入",理解的输入可导致语言的习得。

(二)在教学中,教师应重点处理好第一阶段。听录音材料前可以不必预习、讲解生词,因为听力课的目的是训练学生通过"听"来理解话语,生词障碍应当在"听"的过程中结合语境进行猜测、领

---

① 参见 R. Ellis *Understanding Second Language Acquisition*, Oxford University Press 1985 年版,第 260—264 页。

悟，加以克服，从而达到听懂的目的。这样学生对这些生词才是真正“听”懂的。而听之前的预习、讲解，虽然也能掌握一些生词，但学生不是通过“听”掌握的，这样也就失去了听力课的课型特点了。更为不利的是听之前讲解生词容易养成学生的依赖心理，一旦走出课堂，听自然状态下的第二语言，就不知如何去听，这对培养学生的听力技能是很不利的。但是，在听之前提示材料的背景、范围、功能，使学生在自己的心理词库里迅速检索出相关的词语、句式及其他已知信息是可以的，这完全不同于课前预习生词、讲解生词，而是一种心理上的主动激活，便于调动学生的学习积极性。

（三）在收听阶段中，不能因为有了第一阶段的准备工作，教师就让学生“听之任之”。应针对干扰学生听解的问题，引导学生作一些听力技能上的训练，如利用语境实现“跳跃障碍”。对一些干扰听解的文化因素方面的问题，教师应讲解或指导学生多读一些这方面的书籍，建立新的图式。

（四）在听之后，教师应引导学生对所听材料进行整理，以便使新信息（新的目的语文化背景知识，新的目的语句式、词组、修辞等方面的知识）获得长时记忆，而不应只是简单地检查一下学生的练习答案。

第三节　话语分析理论与语段听力教学[①]

本文的“语段”指的是具有一定交际目的和内容及形式上

① 本节摘自齐燕荣《话语分析理论与语段听力教学》，《语言教学与研究》1996年第4期。

相对完整的口头语言材料，常见的是句与句组合成的句群、段落或会话。在对外汉语教学中，存在着一个较明显的语言跨度问题，即：学生在初级阶段掌握了基本语法和一定数量的词汇之后，到了中高级阶段，很难听懂这种正常语速语段的确切意思，以致造成较大的交际障碍，影响进一步提高语言能力的信心。究其原因在于：我们以往的教学注重于句际范围内的语法知识的讲解，而对于汉语超句际的语法研究不够，指导于教学的就更少了。而语段不仅有自己的语法构成而且和语境以及交际规则都密不可分。因此，如果不熟悉语段本身的特点，不有意识地运用有关的话语分析理论指导教学，就很难使学生跨越"听"这一门槛。而听在语言交际中是举足轻重的，如果说"说不出"还可以运用回避等多种语言策略弥补的话，那么"听不懂"就只能使交际中断了。所以，对外汉语的听力教学尤其是到了中高级阶段的语段听力教学，需要在有关语段的语言理论的指导下进行。话语分析理论是一个复杂的体系，我们在此仅以其中有关语段的、操作性强的方面，对语段听力教学作一些指导性的尝试。

一　话语分析理论中有关的语段规则

按照话语分析（discourse analysis）理论，生产语篇与接受语篇，都必须遵循一系列为双方所共同知晓的条件与规则，而不是单凭词和句的堆砌。我们把对语段听力教学具有指导性的话语理论大致分为两块：一是从结构主义的观点出发，不论是遣词造句还是句子以上的话语篇章构造都是遵循语言规则系统的，是有规可循、有章可依的。这是说语段也是一种结构，是单句之上的组合关系，这种组合又可分为两种：一种是语法的内聚关系，比如说：名词及名词词组的句际再现，指代方向的前指和后指，超句际联系词；一种是语义的内聚关系，比如说：语段的逻辑关系、同义词的不可随意替换等。二是从功能主义的观点来看，不应把语段作为孤立的、固定的对象来处理。因为话语总是与交际情景难以截然分开的，是处在具体的交际过程中的人与人之间的意向行为，是听说双方运用层次结构复杂的语言行为所表达的交际意图，它不仅与语境密切相关，还必须遵循许多会话原则[1]，比如格赖斯（H. P. Grice，"Logic and Conversation"，1967）认为有配合原则（Co-operative Principle）：不迟不中，完全符合谈话的目的与方向。质量准则（Maxim of Quality）：说话的真实性。数量准则（Maxim of Quantity）：一定的信息量。相关准则（Maxim of Relation）：与谈话有关。方式准则（Maxim of Manner）：清楚、简洁、条理[2]。如图所示：

- 语段
  - 结构
    - 语法的内聚关系
    - 语义的内聚关系
  - 功能
    - 话语和语境
    - 会话配合原则
      - 质量准则
      - 数量准则
      - 相关准则
      - 方式准则

运用话语分析理论的这些原则，首先是对语段听力的难点可以作一些分析和归纳。

---

① 参见王福祥、白春仁编《话语语言学论文集》，外语教学与研究出版社 1989 年版。

② 参见黄国文《语篇分析概要》，湖南教育出版社 1988 年版。

二　语段听力理解的难点及分析

听力理解是一个语言解码过程，它受语言和心理的多种因素的制约。运用话语分析理论，我们把语段听力理解的难点归纳为：语言结构方面的和交际功能方面的。

(一)语段听力理解上的语言结构障碍

1.生词。

如果问一个学生为什么没听懂一段话，在很多情况下，他会告诉你：生词太多，很多词没学过。可以说，生词是影响听力理解的重要因素，卡在某个关键的词上，可能是满盘皆输的原因所在。凡是学过外语的人大概都有这样的经验：一方面，很难达到没有生词的地步；另一方面，即使能背得词典，也可能与听到的完全联系不起来。所以，生词并不是影响语段理解的孤立因素，它还牵涉到整个语段结构的语法问题。如果从语段的语法结构和信息分布来看，问题就会明了起来。比如这么一段话："小王幼年丧父，父亲死了以后，他发奋努力，后来成了一位了不起的画家。"学过"幼年丧父"这种书面语的外国人可能不多，但不理解这个词并不影响理解这段话的意思，因为下文出现了"父亲死了以后"、"后来成了……"这样的重复解释，这是语段中剩余信息分布现象。

听力理解的解码过程是一系列复杂心理活动的综合，比如提前预测、重复再现等。在听自己的母语时，这种规律是在实践中下意识地内化、运用的。作为说汉语的中国人，也许一时也没听清"幼年丧父"这一口语中不常说的词，但听到后来"他父亲死了以后"、"后来成了……"等语句，一下子就会启动储存的记忆：

哦，是“幼年丧父”！但若是对于非母语的语言学习者，一则可能他没有这个词的记忆储存；二则对于目的语，这种期待、回味的语言理解规律，一般来说不能自动内化、运用。那么就要经过有意识的学习和操练。可见，解决语段听力中的生词问题，不应拘泥于某个词而应着眼于整个语段结构。增加词汇量的渠道是：在听的过程中学习生词。使期待、回味的语言理解过程逐步自动内化。

2.语法结构。

生词是影响语段听力理解的语言和心理因素，但是没有生词的段落，学生也可能只听懂片言只语而并不了解一个语段的真正含义。请看下面选自《焦点访谈》的一段：“持中国威胁论观点的人是别有用心的，因为他们有意回避了这样一个事实，这就是：中国仍旧是一个发展中国家，根据世界银行统计，中国人均收入水平排在一百多个国家的第 98 位。另外，中国人口占全世界的 1/4，如果中国不发展就很难养活如此庞大的人口，不知持中国威胁论观点的人有没有想过？再有一点，即使中国发达了，会不会就对世界构成威胁呢？”这一语段的层次关系如下：

超句子联系词：□□（零标记）——另外——再有一点（用“—”标出）

句子间联系词：如果……就……、即使……就……（用“·”标出）

在以往的语言教学中我们讲语法，大多以句子为主要对象，不太重视大于句子的语言连续体——语段的语法规则，这就使学生很难判断出段落的层次联系和段落间句子的联系。在不见文字的听的状态下，如听不出语段的层次，分不清句际的和超句子的联系，就很难理解说话者的整体意思及层次，因此，句际的和超句际的语法联系形式的混淆和不辨，也是语段听力理解难点的一个方面。

3.语义的内聚。

由于语段的语义内聚的原因形成的语段听力障碍，往往是十分复杂的。因为语段的语义性，牵扯到逻辑思维、发话者和受话者双方的共有知识等各个方面。下面就是一个由于思维方式的不同而形成的表达方式不同的语段的例子：

(1)中国国家主席江泽民从今天起开始对津巴布韦进行国事访问。在抵达津巴布韦哈拉雷国际机场后，江主席受到津巴布韦总统罗伯特·穆加贝、内阁部长、企业家及在津巴布韦的几十名中国公民的热烈欢迎，一名津巴布韦少年向江主席敬献了花环。随后在21响礼炮声中，江主席检阅了津巴布韦国防军仪仗队。这是江主席访问非洲6国的最后一站，旨在加强中国与包括津巴布韦在内的非洲各国的友谊和合作。

(2)中国国家主席江泽民今天抵达这里。这是他为加强中国与非洲的友谊和合作而访问非洲6国的最后一站。

他在哈拉雷国际机场受到罗伯特·穆加贝总统、内阁部长、企业家，在津巴布韦的几十名中国公民以及外交官们的欢迎。

江泽民走下中国民航的波音747飞机之后被戴上花环，机场上鸣礼炮21响。江泽民检阅了津巴布韦国防军仪仗队。

(1)是中国新闻机构的常用表达方式,(2)选自直译的[法新社哈拉雷5月20日英文电]。从这两个语段的表达方式中我们可以看出:汉语语段的表达侧重于事情过程的完整性,多采用“总述——分述——结论”的方式。而第二个具有明显欧化句式的语段,是根据信息的重要程度,采用了“重点——次重点——次要点”倒金字塔式的叙述方式。

上面我们提到过人们无论是对句子还是语段的理解同样要运用相应的句法策略和语义策略。听者边听边分析和预期上下文的内容,如果表达的语言不符合听者的思维习惯,超出了理解程序,就会形成理解障碍,产生思维混乱,以致无法理解所听到的话语。

(二)语段听力理解上的交际功能障碍

1.话语和语境。

语言中大量的词是一词多义的,一个单词在不同的句子中可以有不同的意义、不同的句法功能,句子和单词一样,在不同的话语和语境中也会有不同的表意作用和交际功能。在进行语段听力时我们常常通过这种方式考察学生的理解能力,如:“据介绍,各地在实施‘菜篮子’工程建设中,大量地采用了先进的科学技术,从而使副食品生产达到了一个新水平。据统计,1990年我国的肉类产量已经达到2 757万吨,水产品1 218万吨,蔬菜产量也持续增加……”问:这段话里“菜篮子”的意思是什么?由于大多数学生熟悉这个词,很容易望文生义,理解为“买菜的篮子”。不联系语境,就难以发现“菜篮子”其实是一个比喻的说法,它的概念内涵在具体语境中扩大到了“副食品”的意思。常用词、句的理解错误,往往是由于忽视语段所形成的语境造成的。前文我们提到可以根据上下文猜测生词的意义，这多半也要依靠语境，例如："哼，大手大脚的，这得花多少钱?"这句话的背景告诉我们："大手大脚"不是"手和脚太大"而是"花钱随便"。又如："十元一斤呢，扔掉？一张'大团结'不就这样白白扔掉了?""大团结"指的就是"十元的人民币"。

另外，根据语言表达的经济性原则，无论是块状或对话式的语段，都有大量的省略存在，说母语的人根据语言的或非语言的语境，都能很自然地心领神会。而对于目的语，由于语言学习者对所学语言的陌生感，往往对语境缺乏敏感性，而一时不能准确地把握所听到的话的意思，比如：

A：我挂在那儿的鱼哪儿去了？

B：他的猫正在吮爪子呢！

这里暗示的"猫吃了鱼"的意思，作为目的语，学生很可能一下子联系不起来两句话的意思。

其实不仅词和句以及像省略这样的语言现象和语境有关，任何一个句子，甚至像"我吃过饭了"这样的简单句子，如果不把它放到一定的语言环境中去考察，都是无法确定其确切含义的。离开了语言的使用场合、离开了特定的语言环境，就很难确定语言单位的交际功能，这在语段的听力理解中尤为重要。当我们听不懂对方说什么时，很可能不是因为词、句的问题，而是不理解"话外之意"——这可能是语言的，或是非语言的，也可能是文化的背景不同。

2.会话配合原则。

听是一个解码的过程，是一种"输入"的形式。说是一个编码的过程，是一种“输出”的形式。但为保证解码的正确必须了解编码的过程。理解会话式语段就是如此。

对话式的语段较之块状语段虽然语句不长，但学生理解起来却不容易，要听出言外之意，表现出喜怒哀乐，需要较高的语言水平。前面我们说过语段是一种超句子结构，它有它自己的语法、语义特点，但是与句子以下结构不同，语段尤其是其中会话式语段，还是一种复杂的语言交际行为。它有很多要遵循的规则，比如强调配合、质量，要求均衡的交流：说话人应该尽最大的努力进行合理的设想，并最有效地提供信息。听话人则应该根据自己对这种语言的直接语境、文化环境和这些因素之间的相互作用的了解，正确地对各种陈述进行解码并作出解释①。说母语时，这种过程是下意识的，但是作为外语，这个过程常常进行不畅，尤其是说话者故意不遵守某些规则时。有这么一个例子：

A：这位同志，干吗站在门口啊？里面请，尝尝我们这儿的饺子。

B：啊，不，我看看，我看看。

A：看看？（笑）你可真逗。饺子是面做的，锅是铁打的，人是肉长的。你看哪一样啊？（笑）

学生听了这段话，很多人不明白为什么要笑。A 在这里故意打破了数量准则（提供一定的信息量），而是提供了多余的信息：从饺子说到了锅，从锅又说到了人。因而产生了特别的效

---

① 参见李英哲等《实用汉语参考语法》，北京语言学院出版社 1990 年版。

果。

不仅是数量准则，违反其他话语规则，如：质量准则、方式准则、相关准则，都会使会话中出现反语、隐喻、夸张等修辞手段，因而也产生了言外之意。所以如果一方没有遵守某些准则，另一方也必须越过话语的表面意义，去领会对方的会话含义，这对于语言学习者，是需要有意识地训练的。

在这一节中，我们对语段听力理解的难点从话语分析的角度进行了分析归纳。要注意的是：影响一个语段理解的因素往往不是单一的，而很可能是语法结构、语义、语境、交际规则等多种因素的综合，这也正是语段听力理解的难点所在。话语分析理论既然可以帮助我们找出语段听力理解的障碍，那么也可以指导我们找出解决的方法。

三　语段听力理解的训练

（一）猜测语段中生词的训练

根据语段的语法结构特点和剩余信息分布的特点，要避免语段听力教学中一遇到生词就停下来讲解的做法，否则会使学生习惯于卡在某个生词上而不能从整体上把握语段的意思。要培养学生在语段听的过程中，如遇到生词难句，运用期待、回味的语言理解过程，有意识地猜测词义，并运用语段结构上的特点，总结规律。做法如下：

根据 T—R 链①中主位、述位重复和替代的规律，用指代词猜测前面名词的人或物；用同义或近义结构猜测前后出现的生

① 参见沈开木《句段分析》，语文出版社 1987 年版。

词;用个体猜全体的词义,如:“鸽子——鸟”;用词义的对比猜测,如:“差劲——很好”;利用转折和反义词同现加强语义间对照的特点,猜测前面的肯定意思。

还可以利用“词汇套”增强生词的预测能力,比如:邮局——寄信、打电话、发电报等,学校——学位、毕业证书、图书馆、查资料等。还可让学生熟记一些“动词——名词”的常用搭配,如:“持……观点”、“调整……步伐”、“保持……势头”,这样可以使学生在语段听的过程中,对长句子能有一个较早的心理预测。

利用语段信息句末重心的特点,运用语音重点,找信息点,比如:一个成分的“分量”可以从音节长度和语法结构的复杂程度来确定,一般是副词比名词重,短语比单词重,介词短语比名词短语重,音节较多的一般也重于音节较少的成分,单词数较多的一般也重于单词数较少的成分,结构复杂的通常也比结构较简单的成分重①。

(二)辨别语段语法结构的训练

在语段语法结构的训练中,关键是分清复句之间和段落之间的关联词语和掌握一些段落间常用的联系词。

语段常用一些能把一个意思加到另一个意思上去的短语或句子,比如:“这样、但是、一方面……一方面……、换句话说、首先……另外……再有一点”等等。熟记这些语段联系词,对判断语段表达的逻辑关系、理解句义,非常有利。但是由于语段单位的语义性,在形式标志上,往往不是很明显,常用零标记或意合法。对这种情况,我们可以有意出一些辨别句际和超句际联系

① 参见黄国文《语篇分析概要》,湖南教育出版社 1988 年版。

词的练习，比如前文提到的例子：

> 持中国威胁论观点的人是别有用心的。（ ）他们有意回避了这样一个事实，（ ）中国仍旧是一个发展中国家，根据世界银行统计，中国人均收入水平排在一百多个国家的第98位。（ ），中国人口占全世界的1/4，（ ）中国不发展（ ）很难养活如此庞大的人口，不知持中国威胁论观点的人有没有想过？（ ），（ ）中国发达了，会不会（ ）对世界构成威胁呢？

让学生听过语段后，填出联系词，分出层次。为了让学生在今后的语段中能举一反三，形成一定的语感，成段表达能力的训练对语段听力能力的实质性提高是很有帮助的，因此，在学生听懂了上述语段的基础上，我们还可以给出全部联系词和重点词语，让学生复述原文。

（三）掌握语段的语义结构的训练

块状语段往往有较完整的语义结构，常出现于口语化的叙述性语言，常常来自新闻报道等，所涉及的内容较广，有和日常生活密切相关的社会政治、经济、历史、地理、科学知识等各方面的内容。语段所含信息量较大，能体现出多层次、多角度。既有主要事件或论点，又有细节或论据。学生理解起来难度也比较大，因为这既需要短时记忆信息，又必须跳跃语言的障碍，依靠推理、判断、猜测来把握理解内容。所以语段语义结构的训练，首先要根据学生来源不同，了解学生的不同文化背景和思维方式。因为，像前文提到的，由于思维方式的不同，对事物描述可能采用完全不同的语义结构，如超出了理解程序，学生就无法边听边分析和预期上下文内容了。要解决这一问题，了解汉语的语段语义表达方式是至关重要的。

较大的语段或几个小语段构成的语篇通常都有开头、中间、结尾等部分。不同语体的语篇通常用不同的结构形式表示开头、中间、结尾等部分。例如：在汉语中情节性语段的开头部分往往对时间、地点、人物等方面作出交代，中间部分主要是描述故事的发展。结尾是描写人物和事态的结局或给人的启示。议论性的语篇的开头往往是指出问题，说明该文章要议论什么问题，中间部分是对开头所提出的问题加以分析，对论点加以论证，结尾部分则提出解决问题的办法或得出一个结论①。

根据语段不同的语义内聚关系，可以通过说出语段中心意思，归纳语段各层次的内容等方式，让学生逐步习惯对长段语料抓关键词、关键句，培养泛听能力，在听懂60%以上主要意思的基础上，理解语段的整体意思。

（四）认识话语和语境的训练

语境是十分复杂的，很多语段听力理解上的障碍都是由于语境造成的。这中间有文化的，有语言的，还有非语言的因素。因此训练起来有较大难度，不是一两种方法可以解决问题的，最终还要靠学生在较全面地掌握了目的语，并有一定“语感”之后，才能把听到的话和语境自然结合起来。但借助一些方法是可以逐步培养这方面的能力的。比如：

注意听到的说话人的语气情态。语气情态是表达思想、感情的一个很重要的方面。同样的语言材料，说出来往往会有陈

---

① 参见黄国文《语篇分析概要》，湖南教育出版社1988年版。

述、疑问、祈使或感叹等不同的语气。同是一种语气，也可表示命令、催促、建议、请求等不同情形。因此抓关键词——例如“的、了、吧、吗、呢、罢了”等语气词和“难道、偏、倒、可、却、竟、也许、简直”等表示语气的副词——对于判断语气情态会很有帮助①。

因为词、句总在一定的语段环境中，因此，还可采用集中提问的方式，引起学生对语境的注意。如：这句话是谁在何时、何地、何种场合发出的？交际双方的关系如何？在这句话发出之前发生了什么事情？话发出后交际的双方（或一方）期待着什么？当时双方的心境如何？发话者说这句话的目的、动机是什么？接受者的感受、反应又如何？

（五）领会会话式的语段听力的训练

会话式语段的特点是：口语生活化，句式简短，很少用关联词语，常出现反问、间接回答等表达方式，大量省略存在等等。由于会话式语段不仅是一种语言结构，还是一种语言交际行为，因此可以说，如果可以进行无障碍的会话式语段交际，在某种程度上已经完全掌握了目的语。所以，会话式语段的语句可能是最短的，但要完全理解，超越语言，达到对言外之意心领神会、确切地理解语境含义，对目的语来说是非常难以做到的。但是运用话语交际规则的四个原则和口语交际中的要素：情景对象、目的和信息落差，我们至少可以在听力理解正反两个方面得到启示：

一是正面来说，根据话语交际的质量、数量、相关、方式准

---

① 参见耿二岭《汉语水平考试指南》，天津大学出版社 1992 年版。

则，说话人应该尽量提供准确、足量、有关的信息，听话人则应尽最大努力根据直接语境、文化环境作出合理的解码和解释，即“尽量弄懂你听到的话语”[①]，在这种情况下，当出现“我好容易才找到他，我好不容易才找到他”、“一个人吃了三碗饭，一碗饭吃了三个人”这种稍微有点异常的语句时，听者应该试图按照最符合逻辑的方式去判断，而不是在细节上“钻牛角尖儿”。

二是从反面来说，由于语段是对话式的，因而“真实信息”常常蕴藏在语言环境中，要求听话人与说话人有相同的对特定环境语言符号的理解，因此我们可以设计一些辨别意思的多项选择练习，让学生避免只听懂一个人讲话，或一段话便可回答问题，使学生意识到：只听懂只言片语或其中一种观点就据此确定答案，是轻率的选择。但要注意，这种练习不是为学生听力理解设立障碍，而是引导学生听“不言而喻”、“言外之意”。

本文我们根据话语分析中有关语段的理论，指出和分析了语段听力教学的一些难点以及解决的训练方法。应该指出：由于语段既是一个语法单位，又是一个语义单位，并且具有和语境密不可分的复杂性，使对汉语语段本身的研究还不够深入，因此，我们在教学中只是采用其中较明确的，具有规则性的进行操作。影响一个语段听力理解的因素是多方面的，所以训练方法也是多种多样的，我们在文中提到的，仅仅是典型性的举例。但不管怎么说，语段既然有它自身的规律，就应在一定的理论指导下进行语段听力训练。同时，语言教学的实践，也会不断使话语分析理论丰富、完善起来。

---

① 参见李英哲等《实用汉语参考语法》，北京语言学院出版社 1990 年版。

第四节　1996年之前的听力教学研究①

最近，吕必松先生在北京语言文化大学汉语学院举办的“对外汉语教学研究的回顾与前瞻”研讨会上作了《技能训练的系统性》的发言，提出应该“制定技能训练大纲”的问题。我认为这个问题提得好、提得及时。为了尽快制定出技能训练大纲，应该对听、说、读、写等技能训练的理论研究作一个回顾与展望。本文拟谈谈听力训练问题。

一　听力训练理论研究经历的几个阶段

（一）研究的起步阶段

听力课真正成为独立的课型是70年代末、80年代初的事情。70年代以前没有按技能设课教学，当时的听力、口语、阅读和写作是附属于精读课的，因此没有把听力课作为独立课型来研究。70年代末，吕必松先生提出新的教学总体设想，要在整个汉语预备教育阶段把听和读作为教学重点。为了体现这一教学指导思想，探索新的教学路子，北京语言学院首先在来华留学生一系进行了一次改革精读课，加强听力和阅读训练的教学试验。这次试验是先设计课型，后编写教材。文科基础班共开设三种课型：听说课、听力课、汉字认读（第一学期）或阅读理解（第

---

①　本节摘自杨惠元《听力训练理论研究的回顾与展望》，《世界汉语教学》1997年第2期。

二学期）。每周24学时，听力和阅读的课时占二分之一。这次试验开始按语言技能设课进行基础汉语教学，听力课也因此真正成为一门独立的课型。

听力课成为独立的课型以后，人们开始研究听力教学的规律。1977年2月石佩雯、李继禹二位老师在《语言教学与研究》试刊第一集发表《听力训练在语言教学中的作用》的论文，呼吁重视听力训练。这是对外汉语教学领域关于听力训练的第一篇论文。它标志着听力训练的研究开始起步。

（二）教学经验的总结阶段

80年代初，按技能设课已经成为一种倾向。北京语言学院的基础汉语教学继文科班开设了听力课以后，理工汉语班、中医汉语班、西医汉语班、短期汉语班和汉语进修班也都相继开设了听力课，而且编写了专门的听力教材。经过几年的教学实践，人们开始总结听力课的教学经验。1982年北京语言学院举行了第二届教学科研报告会，杨惠元在大会上宣读了《听力教学初探》的论文，总结教材编写和课堂教学的经验。同年李德津老师在《语言教学与研究》第3期发表了《基础汉语教学与“数”——关于听力训练》的论文。此外还有一些老师在教研室和部系范围内发表了关于探讨听力训练的论文。这些论文的共同特点是总结教学经验，还没有上升到一定的理论高度，属于经验总结的范畴。

（三）理论研究的初级阶段

80年代，对外汉语教学领域学习和借鉴国外语言教学的理论和方法，特别是国外英语教学的理论和方法。国内出版了好多哲学、教育学、应用语言学、心理语言学方面的专著；几本有影响的杂志，像《国外语言学》、《国外外语教学》、《外国语》、《现代外语》、《外语教学与研究》、《外语教学》等发表了大量评介英语听力训练的文章和著作。同时，国内也编写和出版了很多英语听力训练的教材。他山之石可以攻玉，这些研究成果为对外汉语教学的基础理论研究和应用理论研究提供了可资借鉴的内容和方法。

这个阶段对外汉语教学听力训练理论研究的特点是开始研究听力由哪些微技能构成。杨惠元的《听力教学再探》、《听力教学三探》、《听力训练 81 法》和郭金鼓的《对科技汉语听力课教学的认识》(《语言教学与研究》1984,4)、李清华的《谈科技汉语的听力理解》(《语言教学与研究》1987,2)对此进行了初步的论述。杨惠元认为听力理解微技能由辨别分析能力、记忆储存能力、联想猜测能力、概括总结能力构成，并且总结了如何训练听力微技能的 81 种方法。郭金鼓认为影响听力的语言因素有词汇量问题，对科技语言的了解，对语音的适应能力。此外还有一些其他因素，如学生的文化知识水平，学生接受新知识的能力，受话者自己的情绪、身心状况、紧张与疲劳的程度，环境的干扰等等。李清华认为，国外外语教学听力训练着重分项技能(微技能)的练习。比如：对听力材料的筛选能力、预测和更正预测的能力、跳障碍的能力、识别重述和变换措辞的能力、利用连接词和语法关系提供信息的能力、“一心二用”的能力等等。其他院校的老师也发表了一些听力训练方面的文章，比如人民大学的杨从洁和郭锦桴在中国对外汉语教学学会第三次学术讨论会上分别发表了《一年制文科二级听力教材编写原则刍议》和《听力构成和听力教学的构想》，还有天津外国语学院的任国庆在第三届国际汉语教学讨论会上发表了《外语教学能力系统的逻辑模型听力篇》等，从不同侧面对听力理解的微技能做了描写和论述。

（四）听力训练理论研究的初步深入阶段

理论研究要深入，必须研究各个构成要素之间的组织关系。具体到听力训练的理论必须研究各种微技能之间的关系是什么，如何训练和提高微技能等等。

吕必松先生在 1992 年出版的《华语教学讲习》和《世界汉语教学》连载的《对外汉语教学概论》中对听力训练有专门的论述。特别是在《对外汉语教学概论》中着重论述了：(1)听力的重要性；(2)听力训练的必要性；(3)听力训练的任务、途径和方法；(4)听力教材；(5)听力课教学等五个问题。吕必松先生高瞻远瞩，从宏观上论述技能训练的问题，为听力训练和其他技能训练指明了方向。

1996 年杨惠元出版了《汉语听力说话教学法》，在这本教学法专著里，深化了以前的认识，系统地论述了听力教学的有关问题。书中指出听力理解的本质是人们利用听觉器官对言语信号接收、解码的过程；强调听力训练的原则是给学生以可懂输入；提出了听力教学的重点是提高学生辨别分析能力、记忆储存能力、联想猜测能力、快速反应能力、边听边记能力、听后模仿能力、检索监听能力、概括总结能力等八个方面的听力理解微技能；认为学生听力的难点是：(1)近似的音和调；(2)生词；(3)长句子；(4)习惯表达和有关背景知识；(5)语速。此外还阐述了分阶段有重点的听力训练原则和听力教材编写原则及录音制作原则等等。

上述著作关于听力训练的研究，标志着对外汉语教学听力训练理论研究进入了初步深入的阶段。

二 听力训练理论研究的展望

认识是无止境的，理论研究是上不封顶的。关于听力训练的理论研究虽然取得了一定的进展深入，但是还远远不够。我们应当以科学的方法论为指导，继续深入研究听力训练的理论和方法，为制定科学、实用的技能训练大纲做准备，使我们的训练更加科学、更加规范、更加有效。

（一）继续研究听力理解微技能

要提高听力训练的效果，就必须研究听力训练自身的特点和规律。把听力理解的微技能研究透了，训练才能减少盲目性。为此，听力训练的理论研究要继续研究听力理解微技能有哪些，每种微技能的特点是什么，如何训练等等。比如，训练学生联想猜测能力要教会学生如何抓重点、跳障碍。一句话有一句话的重点，一段话有一段话的重点，一篇文章有一篇文章的重点，如何抓一句话的重点，如何抓一段话的重点，如何抓一篇文章的重点，就是研究的对象；学生在真实的交际中，不可避免地会遇到生词或不懂的知识，如何跳过这些障碍，理解说话人的主要意思，跳障碍有哪些规律，怎么样才能跳得准、跳得巧，也是研究的对象；人们在听话的时候，听者的思维要跟说话人的思维保持同步，这就需要预设和更正预设，怎么样预设、怎么样更正预设，这也是听力训练理论研究的对象。

（二）研究跟听力相关的其他理论

听是输入信息、进行解码的活动。听和说的关系最为密切，听和说都是处理语言的声音信号，是口语方面的活动。为此，还要研究口语，比如口语的特点是什么、汉语口语有哪些特点、汉语口语跟书面语的关系是什么；听是一种思维活动，语言能力和思维的关系是什么，如何开发学生的语言智能、如何利用和控制学生的母语思维；影响学生听力理解的因素有哪些，如何发挥、利用有利因素，控制、摆脱不利因素，比如外国人学习汉语的心理因素，怎么样控制学生的注意力，使他们保持最佳的学习状态。学习是智力因素和非智力因素共同起作用的活动，学生的动机、兴趣、情感、意志、品格等是学习的维持系统，是学习成功不容忽视的因素，听力训练的理论研究也包括这些内容。

（三）从学生学习的角度研究听力训练

教学理论的研究应该由只重视研究教法向既研究教法又研究学法方面转化。德国教育家第斯多惠说："科学知识不应该传授给学生，而应当引导学生去发现它们，独立地掌握它们。一个无能的教师奉送真理。一个优秀的教师则教人发现真理。"70 年代美国的阿尔涅·托夫勒出版的《未来的冲击》指出："未来的大学生必须学会学习。未来的文盲不再是目不识丁的人，而是那些没有学会学习的人。"

教育要面向 21 世纪，21 世纪的学生应该是会学习的学生，21 世纪的教师应该是既教学习内容又教学习方法的教师。教师进行听力训练要教会学生自己提高听力微技能。正如一个优秀的篮球教练，在最短的时间里、用最有效的方法教会运动员带球、传球、接球、上篮、投篮、抢篮板等等微技能，同时把各种微技能综合运用，提高打篮球的能力。如何让学生自己主动地、有意识地把听力理解的微技能作为学习的内容，像篮球运动员练习和提高打篮球微技能那样，自觉地练习和提高辨别分析能力、记忆储存能力、联想猜测能力、快速反应能力、边听边记能力、听后模仿能力、检索监听能力、概括总结能力，并且把这些微技能综合运用，提高听的能力。这是听力训练理论研究的一个新课题。

（四）注重科学实验，从实验中发现规律

理工科的理论研究讲究科学实验，文科的理论研究同样讲究科学实验。以上谈的“继续研究听力理解微技能”、“研究跟听力相关的其他理论”、“从学生学习的角度研究听力训练”，都需要从调查入手，通过实验取得第一手资料。这是分析研究的基础和前提，符合“实践——认识——再实践——再认识”的客观规律。

过去制定的教学大纲关于语言能力的部分，一般都要求学生听懂“正常语速的谈话”。何谓正常语速？说法很不一样，有的认为每分钟 160 至 180 字，有的认为每分钟 180 至 200 字，有的认为每分钟 200 至 220 字。从 160 到 220 相差太悬殊了。正常语速到底每分钟多少字，应该在实验的基础上有一个科学的定量。如果教学大纲的定量不准，教师上课将无法遵循。定量太低，学生达不到应付交际需要的要求；定量太高，学生达不到训练要求，同样不能应付交际的需要。

编写科学的教材要有科学的理论作为指导。编写听力教材，每一课提供多少信息、安排多少语料、设计多少练习、内容的难易程度如何控制等等也都需要通过实验进行定性描写与定量分析。

课堂教学是教师和学生共同参与的教学实践活动，是发现教学规律和检验教学规律的实践活动。理论来自实践，主要来自课堂教学实践。教师的备课是一种设计，设计得科学与否要经过课堂教学实践的检验。因此，课堂教学活动带有科学实验的性质。如果教师把每堂课都当作科学实验，设计——实践——检验，就会成为教学上的有心人，既出效果又出成果。

第五节　2000年之前的听力教学研究[①]

本文的评论以笔者所能见到的有关论文为主，基本上不涉及教材。这主要是基于篇幅的考虑。文章分三个部分：一、总体印象；二、听力教学研究诸方面；三、结束语。不消说，下文的评述，只代表作者自己的意见，偏激或不当之处恐难避免，敬希方家正之。

一　总体印象

从1977年石佩雯、李继禹发表第一篇专门讨论听力教学的文章以来，听力教学研究已经走过了20多个年头。本文涉及的听力教学研究论文有70多篇，其中大部分是1990年以后发表的。这些文章涉及了有关听力的各个方面，其中不乏精彩之作。不少学者具有自己独特的研究方法和视角，比如杨惠元对听力训练方法的研究（杨有两本专著出版），孟国对实况听力的研究（孟还编出了初中高配套的实况听力教材）。

① 本节摘自刘颂浩《对外汉语听力教学研究述评》，《世界汉语教学》2001年第1期。

杨惠元认为[①],经过20多年的努力,听力教学研究已经从起步和经验总结阶段发展到了初步深入阶段,标志性成果是《汉语听力说话教学法》的出版。

然而,在看到成就的同时,我们也不得不承认,听力教学研究取得的进步与对外汉语教学飞速发展的形势是不相适应的,现状并不容乐观。研究者自己对此也不讳言。杨惠元(1992)认为,总的来看,听力教材数量不足,质量不高;课堂教学水平不平衡;理论研究比较薄弱。李清华(1987)、孟国(1991)也有类似的看法。据统计,从1954年到1994年,国内共正式出版单科对外汉语教材114种,听力课教材只有13种,占11%[②]。这种状况最近一两年略有改观。这与许多论者(陈绥宁1987,邢公畹1988,周晓峰、陈昕1996)强调的听力理解领先原则是不相称的。金立鑫[③]从教学方法、教材、教学手段、师资队伍四个方面分析了听力课存在的问题。他认为,听力课的现状"令人担忧"。

另一方面,听力教学的效果也不理想,学生实际听力水平比较差。Starr[④]通过对15名来中国学习一年的英国杜伦大学学生的调查发现,尽管学生普遍认为听的能力非常重要(仅次于说),也认为现有课程中应该更加重视听(也仅次于说),但他们

---

① 参见杨惠元《听力训练理论研究的回顾与展望》,《世界汉语教学》1997年第2期。

② 参见齐沛《从信息处理角度谈对外汉语教材建设》,《汉语学习》1997年第1期。

③ 参见金立鑫《听力课教学的现状与革新》,吕光旦主编《对外汉语论丛》,上海外语教育出版社1998年版,第117—131页。

④ 参见Starr Don(司马麟)*Some issues in the teaching of British students at Chinese universities*.“对以英语为母语者的汉语教学研讨会”论文,英国牛津大学,2000年。

对听力和口语课的评价最低，认为在这两个方面，帮助自己提高水平的主要是课外因素。另有调查表明，多数学生认为听和说是他们最需要的语言技能，但毕业（或结业）时听力能达到满足需要程度的只占调查人数375人的13.9%[①]。刘超英[②]调查了北京大学37位入系留学生的情况，这些人的听力普遍较差，在系里学习，适应期往往至少是一个学期，考试成绩也很不理想。沈燕[③]通过对清华大学日韩留学生HSK成绩的分析以及入系日韩学生的追踪调查也发现，听力差是这些学生在中国学习和生活的最大障碍。学生实际需要与现有水平的差异，说明我们的听力教学还不能令人满意。

二　听力教学研究诸方面

下面的评述将从10个方面展开。一般先介绍研究情况，然后表明笔者的观点。

（一）听力理解的本质与影响听力理解的因素

听力理解的本质是人们利用听觉器官对言语信号进行接收、解码的过程[④]。王碧霞[⑤]将听力理解划分为语音感知、话语理解和信息储存三个阶段，各个阶段的任务不同，听者需要采用的方

---

① 参见高彦德、李国强、郭旭《外国人学习与使用汉语情况调查研究报告》，北京语言学院出版社1993年版。

② 参见刘超英《从留学生入系听课的困难看中高级听力教学》，北京大学对外汉语教学中心90级硕士研究生论文，1993年。

③ 参见沈燕《谈汉语听力教学中的针对性》，《对外汉语教学探讨集》，北京大学出版社1998年版，第142—154页。

④ 参见杨惠元《汉语听力说话教学法》，北京语言学院出版社1996年版。

⑤ 参见王碧霞《论听力理解的阶段性划分与启发——谈第二语言的听力课教学》，《语言文化教学研究集刊·第三辑》，华语教学出版社1999年版，第90—101页。

法也有区别。她指出，三个阶段的划分启示我们，听辨是一个主动的加工过程，理解是记忆里的信息不断转换的过程。她相信，对听力理解的这些认识将使听力教学更具科学性和有效性。

影响听力理解的因素有语言内的，也有语言外的。郭金鼓①在谈到科技汉语听力理解时指出，影响听力理解的语言因素有词汇量、对科技语言的了解、对语音的适应能力等；非语言因素有学生的文化知识水平和接受新知识的能力、心理和身体状况（情绪、紧张和疲劳程度等）、环境等。郭锦桴②提出，语言知识是言语听力的基础。但言语听力并不仅仅是语音听力，它还包含词汇、语法、文化背景知识等，实际上体现的是一种语言综合理解能力。对外汉语教学作为一种语言教学，应该更加重视语言因素。但对语言因素是如何起作用的，则有不同的观点（详见下文“学生听力难点”）。

应该承认，我们对听力理解的本质以及影响听力理解的因素的研究还很初步。比如，我们对听者的动机、态度、兴趣并没有给予足够的重视，但是，不管是从文献的角度，还是从教师和学习者的角度看，动机、态度和兴趣都是影响听力理解的重要因素③。另外，不同的任务对听力理解有不同的影响，可以通过改变任务来改变难度④。我们似乎也还没有明确认识到这一点。再如，学生的背景知识、

---

① 参见郭金鼓《对科技汉语听力课教学的认识》，《对外汉语教学论集》，北京语言学院出版社 1985 年版，第 300—306 页。

② 参见郭锦桴《听力构成和听力教学的构想》，《中国对外汉语教学学会第三次学术讨论会论文选》，北京语言学院出版社 1990 年版，第 226—236 页。

③ 参见 Boyle，J. P. Factors affecting listening comprehension. *English Language Teaching Journal*，Vol. 38/1，1984，34—38。

④ 参见 Nunan，D. *Language Teaching Methodology*. Prentice-Hall Ltd，1991。

问题的类型甚至位置(听前提问还是听后提问)等也对听力理解有重大的影响①。我们对这些方面也重视不够。

(二) 学生听力难点

影响听力的因素不一定都是学生的难点,有些(如接受新知识的能力)似乎是听力课没有办法解决的。学生听力难点的调查,主要有两种方法:一是问卷,这方面的研究以高彦德等(1993)为代表;二是通过对测试或练习结果的分析推测学生的听力难点,这方面的研究有刘超英(1993)、刘颂浩等(1994)、马燕华(1995、1996、1999)、毛悦(1996)、Chen(1997)、王又民(1998)、杨惠元(2000)。

高彦德等发现,学生普遍认为生词多是最大的障碍,其他困难依次是速度快、内容不熟悉、汉语方音、其他。

马燕华的四次调查都和语音有关。她采用的是跟踪调查的方法,时间跨度为15—21周,材料来自学生听力课堂练习。马的主要结论有:(1)单纯的声、韵、调听辨训练价值很低。(2)听力材料的熟悉与否影响听力障碍的分布。她认为,熟悉材料很可能同时测试了被试的发音障碍。(3)声母引起的障碍主要集中在那些发音方法相同而发音部位不同的声母上,而不是送气不送气的问题。她指出,存在着发音障碍与听力障碍的非一致性,发音难点不一定就是听力难点②。她此后所做的三次调查不同程度地证实了上述结论。马燕华指出,学生

---

① 参见黄子东《话题熟悉程度、语言水平和问题类型对EFL听力理解的影响:一项基于图式理论和关联理论的实验研究》,《现代外语》1998年第4期。

② 参见马燕华《初级汉语水平日本留学生的听力障碍》,《北京师范大学学报》1995年第6期。

汉语语音的听辨受一般听辨规律的制约，也和他们的语言经验（包括汉语水平和母语）有关①。马燕华的结论如果能得到进一步支持，是非常有价值的。她的调查的缺点是，在调查时间内（至少 15 周），学生的汉语水平发生了不小的变化，将这段时间内所有的材料放在一起分析，掩盖了语言水平差异对辨音能力可能产生的影响。

刘超英（1993）分析了日本学生的误听，发现后一音节声母引起的误听较多（占 37 次，声母误听的 21 次）。他还发现，发音时的困难是单向的，比如从 zh、ch、sh→j、q、x，相反的很少。而听音时的困难是双向的，既把 zh、ch、sh 听成 j、q、x，也把 j、q、x 听成 zh、ch、sh。刘分析的是实际学习中的听音问题，更有参考价值。

Chen（1997）采用听后标调的方法，用 4 种语料对 6 名美国学生进行了调查。结果发现，不管是处于初始还是收尾位置，二声和三声相混的错误都是最多的；和初始位置相比，收尾位置上的标注错误更多②。王又民③对匈牙利学生双音词声调标注存在的问题进行了调查。结论是：对于匈牙利学生来说，前位声调为一或四的双音词最容易（与 Chen 相同）。除二声外，后位声调标注的正确率高于前位声调（与 Chen 不同）。每个声调模式上的标注错误都是有倾向性的。他根据调查设计了双音词声调模式

---

① 参见马燕华《初、中级汉语水平日本留学生汉语语音听辨范畴的异同》，第二届汉日对比语言学研讨会论文，北京外国语大学，1999 年；《中级水平日韩留学生汉语语音听辨范畴的异同》，第六届国际汉语教学讨论会论文，1999 年。

② 参见 Chen, Qinghai. Toward a sequential approach for tonal error analysis. *JCLTA*, 32/1, 1997, 21—39。

③ 参见王又民《匈牙利学生汉语双音词声调标注量化分析》，《世界汉语教学》1998 年第 2 期。

的训练程序，通过两个月的训练，标注正确率平均提高23.9%。从实验设计和统计分析的角度看，王文都比较规范。但遗憾的是，由于不存在对比组，23.9%究竟具有什么意义，还难以说清楚。很明显，在随意训练的条件下，学生的成绩也会有所提高。

刘颂浩等①分析了两次听力测试的结果（学生人数分别为31和33），指出"词汇和情景熟悉会使学生容易理解听到的材料；词汇、句法和文化因素上的障碍，则会增加理解的难度"。马燕华②也指出，语境场景熟悉有助于跳跃听力障碍。刘超英（1993）对听力理解中的词汇量问题进行了详细讨论。他在分析了8位留学生听不懂的135个词以后指出，词汇问题是绝对的，又是相对的。词汇问题是绝对的，因为学生听不懂的词中，43%是未知的，就是说，这些词即使写出来他们也看不懂。这是词汇的数量问题。词汇问题是相对的，因为听不懂的词中，57%是已知的，就是说，这些词写出来以后学生看得懂。这是词汇的质量问题。从另一个角度看，听不懂的词中，60%是甲乙丙三级词，丁级词和超纲词只占40%。在这一点上，对学习英语的中国人的听力教学研究值得重视。刘思③提出，应区分听力词汇量和阅读词汇量，听的时候只有语音线索可以利用，读的时候还可以利用字形。听力词汇量比阅读词汇量要小得多（分别是1 288和2 781，调查人数168），两种词汇量呈中度相关关系。对学习汉

---

① 参见刘颂浩《听力练习的一种尝试——对比听写》，《北京大学学报·对外汉语教学中心成立十周年纪念专刊》，1994年。

② 参见马燕华《中级汉语水平留学生听力跳跃障碍的实现条件》，中青年教师对外汉语教学研讨会论文，1999年。

③ 参见刘思《英语听力词汇量与阅读词汇量——词汇研究调查报告》，《外语教学与研究》1995年第1期。

语的日韩学生来说，可能也存在听力词汇量低于阅读词汇量的问题①。

毛悦②对78位留学生的听力测试结果进行了分析，试图在不含生词及语法点的情况下找出学生听力方面的障碍。她还采用了测试后访谈的方法。结论是：在接收阶段，辨音辨调误差较大，对通过重音、停顿等表现出的语义内容难以理解；在解码阶段，速度慢，而且不能有效地对收到的信号进行分析、归类、联想。毛悦认为，这些障碍是由“听觉器官灵敏度差、母语思维的干扰”引起的。从她使用的调查材料、分析方法看，这种推测难以让人接受。杨惠元③通过对90名留学生的听力实验，检验了自己的三个假设：近似的调比近似的音更难区别；不熟悉的音调比熟悉的音调更难区别；听句子时，未学过的生词是理解的最大障碍。他使用的调查材料分“听辨词语”和“听句子，选择正确答案”两种，后者采用多选题形式，干扰项大部分和语音有关。除了错误率以外，文章还采用卡方检验的方法，这种方法在前面提到的研究中尚未见到。杨认为实验的结果支持三个假设。该文的主要结论之一“在听力理解当中，生词是第一大障碍”似乎和杨以前的看法（见下）稍有不同。不过，杨未能将自己的研究结果和以前的研究联系起来，这是令人遗憾的。比如，根据杨的调

---

① 参见余文青《关于留学生听读关系的调查报告》，《汉语速成教学研究·第二辑》，华语教学出版社1999年版，第64—72页。

② 参见毛悦《从听力测试谈留学生听力理解方面的障碍》，《中国对外汉语教学学会第五次学术讨论会论文选》，北京语言学院出版社1996年版，第228—240页。

③ 参见杨惠元《辨音辨调跟理解词义句义的关系——一次听力理解的实验》，《世界汉语教学》2000年第1期。

查，共有近26%的学生混淆了“兑换”和“退换”，错误率在全部15组词语中居第二。“兑”和“退”是送气不送气的对立。而马燕华的多次调查显示，送气不送气并不是学生的听辨难点。怎样解释这种不一致？和杨惠元的调查有关的另一个问题是：类似的实验材料能在多大程度上反映自然语境中的听力问题？

确定听力难点的另一个角度是经验或对比。杨惠元依据丰富的教学经验，认为学生的听力难点：第一是近似的音和调，第二是生词，第三是句子，第四是习惯表达、背景知识，第五是语速。把“近似的音和调”视为学生的第一困难，对初级学生也许合适，对中高级学生来说，恐怕就不那么合适了。外国学生中高级阶段的一个突出困难是不能对不同的语音变体进行归类；不少情况下，即使辨音没有问题也仍然不能检索出符合语义语法的词汇，如将“奠基人”听成“电机人”。孟国[①]认为，在中高级阶段，学生听力方面的主要障碍“已不仅仅是，或基本上不是生词和词法，而是语气、语速、语调”。就笔者所看到的材料，支持这一看法的只有高彦德等的调查：286人（占总人数的24.3%）认为“速度快”是他们听力的首要困难(1993)。王碧霞认为“送气和不送气的对立，声调、轻声和儿化等都是汉语特有的语音标记，是留学生听辨时的难点，因而也应该是教学的重点”。应该指出，这一看法只是从对比的角度出发做出的理论推测（比较上引马燕华的调查结果）。

总起来看，在语音方面，研究者运用的方法有了明显的进

① 参见孟国《汉语规范化与言语教学》，《天津市对外汉语教学论文集》，天津人民出版社1995年版，第163—175页。

步,也提出了一些有意义的假设。在其他方面,无论是调查结果还是调查手段,都不能令人满意。可以认为,我们对学生听力难点的了解依然非常有限。

(三)听力微技能

这方面的研究以李清华和杨惠元为代表。李清华[①]提出,应该重视分项技能的训练。她提出了六个方面的分技能:(1)对听力材料的筛选能力;(2)预测和更正预测的能力;(3)跳跃障碍的能力;(4)识别重述或变换措辞的能力;(5)利用连接词和语法关系提供信息的能力;(6)"一心二用"的能力,听的同时要能做笔记、画图、做实验。其中(4)和(6)的提出,别具匠心。杨惠元(1989、1991)认为,听力教学中要重点训练四种能力:辨别分析能力、记忆储存能力、联想猜测能力、概括总结能力。杨惠元[②]又增加了四种微技能:快速反应能力、边听边记能力、听后模仿能力、检索监听能力。杨认为这八种微技能是听力教学的重点。

关于微技能,有三个问题:第一,杨惠元的八种微技能是不是微技能的全部?第二,各项微技能之间是什么关系?哪一项更重要?第三,听力训练要不要以技能训练为主?

对第一个问题的回答是否定的。李清华的五种微技能中,(2)(4)(5)就很难归入杨惠元的八种之中;李的"筛选能力"也和杨的"检索监听能力"不完全相同。金天相、李泉[③]提出了"语流切分能力":判断句中和句间停顿、话题延续和话题转换的能力。

---

① 参见李清华《谈科技汉语的听力理解》,《语言教学与研究》1987 年第 2 期。

② 参见杨惠元《汉语听力说话教学法》,北京语言学院出版社 1996 年版。

③ 参见金天相、李泉《广播新闻听力课教学论略》,《汉语学习》1994 年第 3 期。

根据齐燕荣[1]，又可以分出"领会言外之意的能力"。由于自然语言中存在着大量口误[2]，微技能中，至少还应包括"识别口误的能力"。

第二个问题也许比第一个更重要。有理由认为，不同的微技能在听力能力整体中所处的地位并不一样。杨惠元提出听力训练要分阶段有重点：语音阶段的重点是辨别分析能力与听后模仿能力，语法阶段的重点是记忆储存能力与联想猜测能力，短文阶段的重点是概括总结能力与检索监听能力。李新的看法基本与此相同。三个阶段的划分是从训练角度出发的，并没有说明不同的微技能对听力理解的不同影响。

有不太多的证据说明，技能训练有助于提高学生的成绩。但听力课是不是应该以技能训练为主仍然是一个问题。李红印[3]认为，把听力课锁定在技能训练上显得过于狭窄，听力课应该既有技能训练，又有知识学习。关于微技能本身，他认为，第一，影响语言理解（包括听力理解）的因素最终是语言要素。上面提到的微技能中，有不少并非听力所独有；而且，微技能是正常人天生就有的，并非后天训练出来的。第二，语言学习是一个非常复杂的心理认知活动，对它只能作出大致的、模糊的区分，因此，只有微技能提高了，才能从总体上提高听力能力这一推断难以论证。

---

① 参见齐燕荣《话语分析理论与语段听力教学》，《语言教学与研究》1996年第4期。

② 参见孟国《录听实况，析辨声义——关于汉语实况听力课》，《天津市对外汉语教学论文集》，天津人民出版社1997年版，第109—121页。

③ 参见李红印《汉语听力教学新论》，《南京大学学报（哲学·人文科学·社会科学）》2000年第5期。

（四）听力训练方法

不少文章专门讨论了训练方法。张犁[①]讨论了预测原理在听力教学中的应用。作者指出，预测可分为两种：对语义内容的预测和对语言结构形式及成分的预测；预测在听力教学中具有非常积极的作用。刘颂浩[②]专门讨论了听写及相关问题。齐燕荣(1996)结合话语分析理论，阐述了语段听力理解训练的几个问题：猜测语段中的生词、辨别语段语法结构、掌握语段语义结构、认识话语和语境、领会会话式语段的特点。胡波[③]论述了如何培养学生跳跃听力障碍的问题。胡孝斌[④]详细讨论了如何训练概括总结能力和联想猜测能力，胡文引例丰富，论述富有启发性。马燕华分析了听力跳跃障碍的实现条件和干扰因素，发现语境的清楚与否是最重要的因素。她据此提出了对听力课的教学思考。有些论著是在讨论其他问题时附带加上训练方法，比如刘超英讨论了如何训练学生理解带方音的普通话的问题，田艳[⑤]举例说明了如何训练联想猜测能力以及疑问代词的非疑问用法，刘濂介绍了训练学生捕捉句子主干的方法。一般的看法是，方法应该多种多样，越多越好。笔者不能同意这种看法。原因很简单，我们的教材中所使用的方法，并不是都适合用来练习听力；即使是那些适合练习听力的，每种方

---

① 参见张犁《预测原理在听力教学中的应用》，《语言教学与研究》1994年第1期。

② 参见刘颂浩、林欢、高宁慧《听写及其运用》，《汉语学习》1995年第4期。

③ 参见胡波《培养学生掌握跳跃听力障碍技巧的能力》，《语言文化教学研究集刊·第二辑》，华语教学出版社1998年版，第46—55页。

④ 参见胡孝斌《训练听力理解微技能，发挥教师指导作用》，《汉语速成教学研究·第二辑》，华语教学出版社1999年版，第73—85页。

⑤ 参见田艳《教师在听力教学中的主导作用》，北京地区第一届对外汉语教学讨论会论文，1997年。

法的训练效果也不相同。

听力训练方法的集大成者是杨惠元所总结的听力训练81法。赵淑华在为该书所写的序中给予了很高的评价，吕必松[①]也认为"它代表了对外汉语教学研究向纵深发展的一种趋向"。笔者同意这些评论，但有两点看法：第一，81法在多大程度上能互相区别？有些方法看来是没有必要进行区分的，比如第48法"模仿停顿"、49法"模仿语调"、50法"模仿语气"。这三种方法内部的区别和它们作为一个整体与其他方法（如47法"根据句重音提问题"）的区别显然不在一个层面上。第二，81法都适合在听力课上使用吗？不一定。以25法"听后组词"为例。该法要求"老师说一个词素，学生用这个词素组词。可让一个学生组多个，越多越好；也可让每人说一个，不许重复"。"听后组词"最大的缺点，在笔者看来，是提供的输入量太少，但是占用的课堂时间却很多。

听力训练，首先要选择合适的方法，不能认为方法越多越好。方法对了，还要注意材料的选择与具体的编写技术。初级阶段，常见的一个问题是对练习材料的选择太不讲究，听起来非常别扭，像"王林的妈真胖"[②]一类。用绕口令、古诗等做拼音练习存在着类似的问题（刘颂浩 1994）。有些练习或者测试材料故弄玄虚、几近于语言游戏，笔者认为也不合适。比如杨惠元（1996）所引用的北京语言学院速成学院听力理解试题：昨天下午，小张、小马、小李、小王和小白都去参加足球比赛。因为时间

① 参见吕必松《对外汉语教学发展概要》，北京语言学院出版社1990年版。

② 参见杨惠元《听力训练81法》，现代出版社1988年版。

紧张，他们把上衣拿错了。小张拿了17号上衣，小马拿了11号上衣，小李拿了6号上衣，小王拿了10号上衣，小白拿了4号上衣。小张拿的上衣是小白的，小马拿的上衣是小王的，小李拿的上衣是小马的，小王拿的上衣是小李的，小白拿的上衣是小张的。请你用连线的方法说明每个人的上衣是几号。

在编写技术上也有很多值得注意的地方。选择题是听力理解的重要练习形式之一，编写选择练习时，应该在细节方面多加注意。孟国[①]特别指出，在判断正误和选择练习中，要增加一项"不知道"，这样可防止学生胡乱猜测。这是一个很有意义的建议。不过，听力选择题的编写上也还存在着不少问题。

在听力训练方法上，还应该有所创新。刘颂浩针对辨音练习中存在的脱离意义的现象，提出了一种新的练习方式"对比听写"：让学生听两个句子，这两个句子包含一个共同的语言片断(称为"听写词")，听完后写出听写词的拼音。他详细讨论了对比听写的设计原则。刘颂浩等讨论了如何用听写来练习具体的语言项目：可以对即将学习的词进行预处理；可以在句子中复习学过的词；可以加深对某些语法现象的理解。在外语教学历史上，人们对听写的看法有过多次改变；自本世纪70年代以来，赞成听写的观点为大多数人所接受[②]。听写被认为是检查听力理解的一种重要方式[③]。对听写的研究有助于提高听力练习编写水平。

---

① 参见孟国《先声后文，要在其声——关于编制中高级汉语听力教材的思考》，《中高级对外汉语教学论文集》，北京语言学院出版社1991年版。

② 参见 Standfield, C. W. A history of dictation in foreign language teaching and testing. *The Modern Language Journal*, Vol. 69/2, 1985, 121—128。

③ 参见 Aitken, K. G. Techniques for assessing listening comprehension in second languages. *Audio-visual Language Journal*, Vol. 17/3, 1979, 175—182。

（五）听力课的性质及听力教学

对外汉语听力课经历了从无到有、从"小四门"到独立课型的发展[①]。目前流行的看法是，听力是副课，"必须依附于先行的主导课程"。李红印、陈莉[②]也认为，"听力是一门副课，是一门与口语联系密切不可缺少的课程，它应该配合汉语、口语课进行"。系列教材里的听力部分大多是据此编写的。这种思想指导下的听力课，不承担词汇、语法等的学习任务，听力课本出现的基本上是主干课学过的语言项目，听力只是以另一种形式对这些内容进行重现。

既然承认听是有别于读、说、写的一项语言技能，为什么听力课一定要依附于其他课程？李红印等没有解释，杨惠元的理由是"在读写课上教授了语音、语法和基本词汇，听力课才能够集中力量进行听力技能的训练"。对刚刚接触汉语的人进行听力训练，确实不切实际。但是，有理由相信，在学生熟悉了汉语拼音之后，独立的听力训练就完全可以开始了。"听力课必须依附于其他课型"在理论上是难以论证的。

对听力课的性质和地位必须重新认识。笔者认为，词汇和语法的教学，特别是词汇教学，是对外汉语教学中最重要、最基本的任务。不同的课型应从不同的方面来分担这项任务。我们需要研究的是，如何通过听来学习词汇、语法，而不是把词汇、语法的学习从听力中"踢"出去。这一看法与李红印接近。王小珊[③]认为，初级听力课的基本任务是积累言语信息。需要指出的是，"积累"并不等同

---

① 参见杨惠元《中国对外汉语听力教学的发展》，《世界汉语教学》1992年第4期。

② 参见李红印、陈莉《论汉语听力课的设置和教学——北大汉语中心听力课调查报告》，《北大海外教育·第二辑》，北京大学出版社1998年版，第144—155页。

③ 参见王小珊《初级阶段听力课教学的基本任务——积累语言信息》，李杨主编《对外汉语教学课程研究》，北京语言文化大学出版社1997年版，第93—106页。

于"学习"。王自己的解释是"训练听力的过程就是运用知识,激活知识的过程"。很明显,这里的"积累"是对已有知识的深化,是学习质量的提高。听力课当然应包括这些内容。但按照笔者的理解,听力课完全可以通过听来"学习"新的语言知识,初级听力课是这样,中高级听力课也是如此。这一理解也和谭春健①不完全相同。谭提出初中级听力课应该采用"理解后听"的模式:在学生理解了语料之后进行多种声音的反复输入,或对同一句法结构负载的不同意义在理解之后进行反复输入。谭的这一建议包含了学习的意思,但将听力课局限于"理解后听"同样有失狭隘。在听的同时、在不需要事先讲解(并且被学习者理解)的情况下,学习者完全有可能学到一些新的语言现象。套用谭的说法,这是一种"边听边理解"的模式,虽然这对于初中级学习者来说也许并不经常。

李红印强调,听力教学是一个涉及多方面因素的教学子系统,过去对外汉语教学界对听力教学的理解过于拘谨、单一和定式化了。他认为,听力教学至少应包括四种类型:综合型的听力课教学、附属型的技能训练、自助型的听力练习、应试型的强化训练。他指出,这四种类型各有侧重,只有互相配合,才能共同完成听力教学的任务。从总体设计的高度对听力教学的这种全新的思考应引起我们的足够重视。

(六)听力教材编写原则

吕必松②的讨论比较详细。他指出,听力教材除符合一般教材

---

① 参见谭春健《"听后理解"还是"理解后听"——初中级汉语听力教学模式探讨》,中国对外汉语教学学会北京地区分会第二次年会,北京外国语大学,2000年。

② 参见吕必松《对外汉语教学概论(讲义)(续十三)》,《世界汉语教学》1995年第3期。

的编写原则(实用性、交际性、知识性、趣味性、科学性、针对性)以外,还要注意:(1)内容有吸引力;(2)深浅程度与学生的语言水平和文化知识相适应;(3)语言上要有"埋伏"和"圈套";(4)要有足够数量的练习题。杨惠元(1996)对听力教材编写原则也有很好的讨论。

跟其他教材一样,听力教材的重点也是语料和练习,但在这两个方面,看法并不一致。王新文[①]认为口语体语料以外,听书面语是必要的;在中级开始阶段,以非真实材料为主,逐步向真实材料过渡;不仅有语篇的材料,也要有语句和语段的材料;材料的难度要略低于精读。金立鑫则认为听力课要提高的是学生对口语(而不是对书面语)的理解能力,因此,他竭力推荐听力教材要参考《故事会》一类杂志的语言风格。李红印的看法与金立鑫相似。在语料的长度方面,胡波[②]认为听力材料长度要适宜,长语料应限制在 600—700 字以内。史卫东[③]也主张缩短听力课文的长度,增加篇幅数量和题材的多样性。生词问题也影响对语料的选择。生词问题包括两个方面:一是生词的范围和类别,二是生词量。史卫东的统计说明,流行的中级听力教材中,超纲词的比重最大,其次是乙级词,这是极不合理的。关于生词量,史认为应控制在 2%—3%以内;而胡波则认为听力材料最理想的生词量是 10%左右。一个是 2%—3%,另一

① 参见王新文《给学生听什么?——谈中级汉语听力教材编写的几个问题》,《中国对外汉语教学学会成立十周年纪念论文选》,北京语言学院出版社 1996 年版,第 259—264 页。

② 参见胡波《三部汉语听力教材分析》,《世界汉语教学》2000 年第 2 期。该文是"听力教材分析与听力教材编写"的修改稿,后者见《语言文化教学研究集刊·第四辑》,华语教学出版社 2000 年版,第 1—10 页。

③ 参见史卫东《可懂输入原则与中级汉语听力教材生词的处理》,中国对外汉语教学学会北京地区分会第二次年会,北京外国语大学,2000 年。

个是10%,差别非常之大。听力材料的理想生词量值得深入研究。

在练习方面,李红印认为,“练习化”、“测验化”是影响听力课操作的重要原因。他指出,新的听力教材必须打破以往“听课文,然后做练习”的应试听力模式,增加组织课堂教学的必备内容,如供教师“讲”的部分、供学生“预听”的部分。谭春健也明确反对目前初中级听力教学中采用的“听后理解”模式,认为理想的模式应该是先“理解后听”再“听后理解”。教材练习的设计和对听力课堂教学特点的认识有关(详见下文“课堂教学”)。

听力教材编写中,还有三个问题值得特别提出:第一,录音带的制作;第二,“先文后声”还是“先声后文”;第三,如何对待非标准普通话。

录音带是听力教材的重要组成部分。孟国认为听力教材是立体的、有声的,应该称作“编制”,而不是“编写”。杨惠元认为录音制作是“继教材编写之后的第二道工序,是对教材的再创作”。石佩雯、李继禹①以及杨惠元都对录音制作问题进行了详细的讨论。

“先文后声”还是“先声后文”的问题是孟国提出的。他认为,听力课的目的,是为了听懂“中国人与中国人的那种很随意的言语交际”,先文后声的录音带因不真实而不能满足这种要求。中高级听力教材的编写,应该“先声后文,要在其声”。这种要求的结果就是实况听力。孟又从汉语规范化的角度讨论了实况听力的必要性。孟(1997)讨论了实况听力录音的选取以及教

---

① 参见石佩雯、李继禹《听力训练在语言教学中的作用》,《语言教学与研究》1977年第一集。

学的重点：重功能、重口语、重方音、重言语的感情色彩和弦外之音、重国情文化、重语义。孟还专门讨论了实况听力中的口误问题。根据孟的实践，实况听力对提高学生听力水平起到了很好的作用。问题主要是难度较大，也比较枯燥，一遍一遍地听，容易使学生产生厌烦或畏难情绪[①]。另外，教材的新鲜感与生命力的矛盾、与其他课型的配合、实况录音的随意性等也是需要解决的问题。金立鑫则认为，现场录音抽去了现场中的语境因素，使理解难度增加了，不适合作听力材料；听力材料应该是一种"非语境依赖型文本"。

不少论者提出，中高级听力教材中不应排斥非标准普通话。刘超英指出，对待"略带方音的普通话"，要有两条标准。一是"发音要准，听音要杂"，二是初级要"一"（指标准普通话），中高级要"一"、"多"（指多种多样的非标准普通话）结合。另外，上文提到，孟国（1997）认为让学生听懂带方音的普通话是实况听力的重点之一。金立鑫认为，普通话的地域变体是高级听力教学的重点。

毫无疑问，应该高度重视录音带的制作。但笔者不赞成过分强调实况听力的重要性。实况听力理解，特别是处理口误时，需要听者心中有个正确的标准。即使是中高级阶段的学生，也仍然处在标准的建立时期，过分强调实况听力不利于标准的确立。对于非标准普通话，笔者持同样的看法。

听力教材编写原则与对听力课的认识有关。在前文中，笔者

---

① 参见孟国《"电视实况视听说"课的教学实践与理论探讨》，《天津师大学报》1996年第6期。

指出,听力课是通过听来学习语言的一门课,它应该有自己的独立性。听力教材编写需要考虑的中心问题也应该是“如何通过听来学习语言”。在这一点上,具有建设意义的研究还很少。

(七) 速度问题

速度问题也许应该放在“编写原则”中讨论,不过速度不仅包括录音带的速度,也包括教师讲话的速度。据石佩雯、李继禹(1977),最早的做法是逐渐增加录音速度,从每分钟 130 字(第一册)到 150 字(第二册),到 150—170 字(第三册),最后增加到 180 字(第四册)。现在已经没有人这么做了。

在速度问题上,目前有两种看法。一种看法要求由慢到快:“在整个教学过程中要始终注意由慢到快的训练,而不是开始阶段慢,以后再快。每个教学环节都要贯彻由慢到快的训练。不同的起点也要体现由慢到快的原则。”①吕必松认为教师上课时一般要用正常语速讲课,教材录音最好用三种语速(160 字、180 字、200 字),只有在教新的语言现象时才需要夸张和放慢速度。另一种看法要求一开始就给学生听正常语速(石佩雯、李继禹 1977,杨惠元 1992)。不过,杨惠元②又回到了第一种看法:“初级阶段语速可稍慢,以后逐渐加快。但是具体到每一课,语速应该有快有慢。”他还强调,必要时放慢语速指的是拉长句与句之间的时间,不是拉长词语之间的时间。

石佩雯、李继禹通过初步调查,认为正常语速是每分钟 200 字左右。这一看法为很多人所沿用。刘濂(1997)的计算说明,

---

① 参见李德津《基础汉语教学和“数”——关于听力训练》,《对外汉语教学论集》,北京语言学院出版社 1985 年版,第 307—311 页。

② 参见杨惠元《汉语听力说话教学法》,北京语言学院出版社 1996 年版。

中央电视台新闻节目的语速一般在280—300字左右。类似的数据还有一些，但大多没有说明依据的样本数量以及计算方法。在这方面做得较好的是刘超英（1993），他计算出10位系里教师每人的平均语速在207—287字/分之间，平均为239字。这个速度"高于留学生所习惯的听力录音和汉语教师的讲课速度，也高于HSK考试（引者按：指初中等HSK）中听力部分的语速"。可见，虽然我们很早就认识到了语速问题，并提出了具体要求，但实际交际中的正常语速仍高于我们的想象。

（八）课堂教学

关于听力课堂教学的组织与实施，可以参阅教学法书中的专章讨论（比如戴庆厦主编《第二语言教学概论》，民族出版社1999年版；赵贤州、李卫民《对外汉语教材教法论》，上海外语教育出版社1990年版；《对外汉语教学初级阶段课程规范》和《对外汉语教学中高级阶段课程规范》，北京语言文化大学出版社1999年版）。不少人强调，听力课要上出自己的特色。卢岚岚①指出，要从以下几个方面着手，突出听力课课型的特点：（1）听力课不能讲解语法；（2）对于冒出的生词只讲在本段语料中的意义和用法；（3）以听为主，说、读、写、做只是检查学生听懂多少的手段；（4）输入要大大地多于输出；（5）每一课要突出重点，根据教学内容选择一两个微技能作为当课的训练重点。金立鑫指出，听力课要重视理性，重视用语音规律和听力理解规律来指导学生，而不能只是反复死听。陶嘉炜②也认为"继续挖掘和系统整

---

① 参见卢岚岚《改进听力课教学的几个问题》，《汉语速成教学研究·第一辑》，北京大学出版社1997年版，第140—144页。

② 参见陶嘉炜《"以神制形"练听力》，中青年教师对外汉语教学研讨会，1999年。

理对听力具有意义的语法规律、音节规律和语篇规律”是摆在听力课面前的任务。

关于听力课要不要讲解(特别是讲解语法)的问题,有不同的看法。李红印(2000)认为讲解是听力课教学的重要一环,听力课上,教师必须有讲解、有分析、有说明。谭春健设计的初中级听力教学模式的第一阶段(“展示、观察、理解”)中,应该包括教师的讲解。如果接受听力课的教学目的是通过“听”学习语言知识的话,听力课上需要讲解就是顺理成章的事了。需要研究的是,听力课上的讲解如何突出听的特点。

杨惠元[①]从备课和上课的角度论述了听力课的教学环节设计。他指出,在课堂活动中,学生是活动的主体,同时教师要发挥主导作用,两者并不矛盾。田艳论述了听力教学中教师的主导地位。这种主导作用体现在:教师要对教学作一些补充和设计;在课堂教学上要调整好节奏、淡化差异并充分利用语音材料的示范作用;要引导、帮助学生掌握技巧性强的微技能。田艳指出,听力材料的示范作用是听力课的优势所在,但“历来为听力教学所忽视”。两位作者都提到了主导作用,但具体内容不同。蔡琼萍介绍了她在初级听力课上进行可懂输入的几种尝试。

训练量也是听力课需要考虑的问题。这包含两层意思:学生听到的课文量,听的遍数。这两个问题有联系,教材内容如果少,则只好增加听的遍数。李德津(1985)提出,训练量应由少到多,听的遍数则由多到少,同时每遍都应有不同的要求。不少人提出,听力课

---

① 参见杨惠元《听力课的教学环节设计——关于备课与上课》,《语言教学与研究》1993 年第 2 期。

的材料要多(杨惠元1992,吕必松1995)。不过,目前的听力教材一般数量不足。教师为了上好课,只好做很多补充,或者增加听的遍数。每段课文到底听多少遍合适？在现有的文献中尚找不到答案。依据笔者的经验,以3到4遍为宜。有证据说明,虽然听的遍数增加,对材料的理解也随之增加,但理解量的增加呈递减趋势(Suenobu et al. 1986,但胡波2000的调查结果与此有所不同)。Suenobu等推测①,达到一定的遍数以后,对材料的理解就不会再增加了(究竟是多少遍,Suenobu等并没有说明)。

李红印、陈莉(1998)提出了课时长度问题,值得注意。他们所调查的30名学生中,1/4多认为连续上100分钟"很累",1/2认为"有点儿累,但还可以"。他们认为,听力课一次两个小时的做法应该调整。如果注意到杨惠元②提出的"从听入手帮助学生扩大词汇量"的教学模式,课时长度问题就更显得重要。在杨的模式中,星期一到星期五上午的前三节全都是听力课。此外,李德津还提到了训练音量的问题。她认为,音量要由大声到低声,目标是能听懂用一般音量所说的话。

随着电脑技术的普及,听力教学中也有人尝试使用电脑。美国依阿华大学1994年开始就有了计算机自适应多媒体听力测试。砂冈和子(2000)介绍了听力教学CALL(computer assisted language learning)四法。国内除汉语水平考试中心以外

① 参见Suenobu, M., Kanzaki, K., Yamane, S. and Young, R. Listening comprehension and the process of information acquisition by non-native speakers of English. IRAL, Vol. 24/3, 1986, 239—248。

② 参见杨惠元《第二语言教学的新模式》,中国对外汉语教学学会北京地区分会第二次年会,北京外国语大学,2000年。

(参看谢小庆 1995),还较少有人进行这方面的尝试。

浮根成①讨论了听力课的作业问题。他指出,“目前的听力教学偏重于课堂,忽视课后的现象很严重”。他认为有声作业(让学生录制一段五六分钟的磁带)是听力课比较好的作业形式。他具体讨论了教师如何指导学生完成有声作业。

(九)听力与其他语言技能的关系

听力与说、读、写、译等技能都有关系,而与说关系最密切。杨惠元②论述了听和说的关系以及各自的训练方法。他指出,“输入不但先于输出,而且应该大于输出。……在第二语言和外语教学中,从总体上,听的活动应该大大地多于说的活动”。他认为,听力理解的技能和阅读理解的技能“基本相同”,方法上多可以通用。张园③依据克拉申的“输入假说”,对北大汉语中心初级阶段的课程设置(精读 8 节,口语 8 节,听力 4 节)提出了疑问。她认为,口语课的比重太大,而听力课则太小,这种状况应该改变。常玉钟(1991)分析了用结构—功能法进行听力口语教学的若干问题,着重介绍了单项对应、单项与多项对应、系列对应等加强结构—功能联系的练习方法。鲁俐谈了听力教学中的口语训练问题,介绍了模仿、问答、对话等三种教学手段。需要明确的是,听力能力和说话能力虽然关系密切,但它们之间的互相转换并不那么简单。Chen 指出,美国学生在听力和发音方面的声调错误有十分明显的不同,提高学生的辨音能力虽然有帮助,但对

---

① 参见浮根成《有声作业与听力教学》,《语言教学与研究》1997 年第 3 期。

② 参见杨惠元《论听和说》,《第三届国际汉语教学讨论会论文选》,北京语言学院出版社 1991 年版,第 179—187 页。

③ 参见张园《初级口语教学漫谈》,《北京大学学报・对外汉语教学中心成立十周年纪念专刊》,1994 年。

发音能力的进步并无直接作用(详见前文“学生听力难点”)。

听与说的密切关系体现最明显的是不少院校都设立了听说课(比如刘家业1989),特别是视听说课。这方面的研究一直非常引人注目,研究成果也较多,下面只介绍对“视、听、说”三者之间关系的不同看法。一种看法认为“视听”是手段,“说”是目的(于康1988,郭丽萍、李德润1990)。第二种看法认为“视”是手段,“听”和“说”一样,也是目的(石汀1992)。赵立江(1997)则介乎上述两种看法之间,认为“听”是手段,同时也是目的。还有一种看法则认为“视、听、说”都是目的(葛中华1991,余又兰1987,张和平1998)。张和平的讨论比较详细,余又兰并且给出了具体的指标:“视”占10%—15%,“听”占35%—45%,“说”占40%—50%。罗庆铭(1996)和孟国(1996)则认为三者的关系不是固定不变的,教学步骤以及学生语言水平影响对视听说关系的处理。

余文青[①]对听读关系的研究值得重视。她用回想的方法(看后说、听后说),对30名留学生的听力和阅读情况进行了考察。结论是:初级阶段,欧美学生的听觉记忆能力明显强于视觉记忆能力,日韩学生则刚好相反;但到了中级阶段,欧美学生变得和日韩学生一样,视觉记忆强于听觉记忆。阅读效率高者,听力效率也高。马燕华的调查说明,不少日韩学生做听力练习时,首先凭借语音找出相对应的汉字,然后再进行意义方面的加工。如果这一过程具有普遍性,听力和阅读的密切关系可以部分地归结于“语音—汉字—意义”的加工过程。

① 参见余文青《关于留学生听读关系的调查报告》,《汉语速成教学研究·第二辑》,华语教学出版社1999年版,第64—72页。

与听力直接有关的其他课型还有“电视新闻”、“新闻听读”、“广播新闻听力”。

有两个问题值得研究：在说话、阅读、写作等课上，听力处于一种什么样的地位？在这些课上，学生有多少时间是用来听的？

对第一个问题的回答主要来自口语课。周小兵①用实验的方法说明听话训练在口语教学中的作用很大：能促使学生发音准确、说话流利；能促进陈述能力和对话能力的提高；能增强对言语材料的记忆力。他提出了8种听话训练的具体方法：听辨、听解（解释）、听读、听译、问答、完成、复述、讨论。李海燕②分析了听读在初级口语课文教学中的作用，认为听读带有强制性，是介于“读”和“背”之间的语言活动。听读可以在听和说之间架起一座桥梁，在学生的记忆中建立语言的声音形象，还能帮助学生从整体上来把握句子结构，是一种有效的练习方法。

从实验角度对第二个问题进行回答的文章则尚未见到。这从一个侧面说明，我们的课堂研究（classroom research）还非常薄弱。

（十）听力测试

讨论听力测试的文章不多。李清华③认为听力理解往往被人忽略的原因是听力不像“说、读、写”那样容易检查。这也可以用来说明听力测试研究为什么比较薄弱。

郭金鼓(1985)对科技汉语听力测试进行了分析。鉴于科技

---

① 参见周小兵《口语教学中的听话训练》，《世界汉语教学》1989年第3期。

② 参见李海燕《谈初级口语课文教学中的“听读”训练》，《北大海外教育·第二辑》，北京大学出版社1998年版，第185—192页。

③ 参见李清华《谈科技汉语的听力理解》，《语言教学与研究》1987年第2期。

汉语的内容一般都是学生所了解的，他采用的测试方式是听后整理讲课内容。郑懿德[①]分析了北京语言学院现代汉语专业二年级历年的听力口语试卷。她指出，“听力口语课从教学大纲、历次编写的教材、课堂教学、测试等各个环节，都以功能为纲”。在她提到的听力测试问题中，多数是技术性问题（选择题的正确答案要唯一、分心答案的编制要合理、备选答案不应重现原词、备选答案不宜给书面材料），属于原则的问题有：要注重口语习用语，力避方言土语，要侧重理解力而不是记忆力的测试。陈若凡[②]对北京语言文化大学汉语学院两个学期零起点班的600多份听力试卷进行了统计。结果表明，试题的总体难度偏低，各部分试题的区分度较小。她指出，这主要是因为命题工作科学化程度不够高，试卷的反馈效果差。她认为，建立题库是一个好办法。

刘颂浩等[③]对听写的评分方法进行了讨论。他们通过实验得出结论：“依据汉字正确与否来评分最有效，如果考虑语音的话，也应把声韵调作为一个整体来对待。”他们指出，在将听写用于测试时，要注意不要与“看写”混为一谈。由于依据的样本较小（32人），他们在评分方法上的结论有待进一步验证。

HSK听力部分的设计是听力测试的一个特殊领域。王志芳[④]从语料的来源与选择、设问的角度与方式、选择项的设计三

---

① 参见郑懿德《从历年试卷看听力口语课的教学及其测试问题》，《第三届国际汉语教学讨论会论文选》，北京语言学院出版社1991年版，第188—197页。

② 参见陈若凡《谈成绩测试的科学化——从听力试卷的分数分布来检视成绩测试的现状》，《语言文化教学研究集刊·第三辑》，华语教学出版社1999年版，第174—186页。

③ 参见刘颂浩、林欢、高宁慧《听写及其运用》，《汉语学习》1995年第4期。

④ 参见王志芳《HSK听力理解试题的设计》，《汉语水平考试研究》，现代出版社1989年版，第170—184页。

个方面对初、中等 HSK 听力理解进行了详细的分析。其中关于如何设问、如何设计选择项的讨论对听力理解成绩测试也有重要的参考价值。基础 HSK 共有 50 个听力试题，其中 15 个采用将文字信息转换为图像的方法，避免了看不懂选项对学生可能产生的影响。高等 HSK 听力理解增加了实况录音的内容，更加重视自然状态下的交际。BHK（北语汉语考试）听力共 50 题，其中听力 2(15 题)采用了听问句的题型，重点考察对问句的理解①。

测试是听力教学的重要一环，从上面的分析看，对听力测试的研究仍然比较薄弱，特别是基础听力成绩测试。

三 结语

对外汉语听力教学研究总的特点是紧密结合教学，出发点是为了解决教学问题，而不是建立理论模型。也正因为如此，经验总结型的文章占了绝大部分。材料型研究虽已开始出现，但为数不多。从本文的评述可以看出，我们在很多问题上都取得了不小的进步。但是也不能不看到，在几乎所有的领域，我们的研究都还是非常初步的，有待于进一步深化。

综观 20 多年来的听力教学研究，我们认为，今后的研究要想更上一层楼，首先必须注意认真吸收他人的研究成果，在这一点上，我们的意识还有待提高。以本文涉及的听力论文为例，完全没有参考文献的竟然占了 40%多。不少文章虽有参考文献，但没有听力教学研究方面的。认真吸收已有成果是研究的第一

① 参见刘镰力《BHK 的设计题型与原则》,《语言教学与研究》1997 年第 1 期。

步。本文之所以多处引述学者的意见，并附上比较详细的参考文献，也是想从这个角度展示听力教学研究的全貌，为今后的研究提供方便。需要指出的一点是，这里的全貌只能是中国大陆学者的全貌（是否真的是“全”，还有待读者鉴别）。由于资料的缺乏，我们无法对海外学者的研究进行全面介绍，这是非常令人遗憾的。我们期待着对外汉语听力教学研究在21世纪取得更大的成就。

第二章

听力教学的性质、任务与模式

第一节　性质与任务

壹　听力教学的重要性与必要性①

一　听力的重要性

听力是指听别人说话的能力，也可以说是一种话语理解能力。在语言学习和语言交际中，听力的重要性是显而易见的，其重要性主要表现在以下两个方面：

（一）从语言学习过程的角度说，听总是先于说。只有首先听到别人说话，才能跟着别人学说话，听不懂也就学不会。“十聋九哑”，说的是先天耳聋者必然是哑巴。据心理学家研究，婴儿在母亲肚子里就能听到说话的声音和其他声音了。出生以后，也总是先听别人说，自己不说，到一岁左右才开始“牙牙学语”，听和说之间要间隔相当长的时间。在第二语言学习中，听的训练和说的训练之间虽然不需要间隔那么长的时间，但是在

---

① 本节摘自吕必松《对外汉语教学概论（讲义）（续十三）——听力》，《世界汉语教学》1995年第3期。

学习一种言语现象时也必须先听,然后才能跟着模仿。听懂了的话才能学会,听的能力越强,学说话就学得越快。我在《谈谈语言教学中的技能训练》(载《语言教学与研究》增刊,1994)一文中曾引用过美国黎天睦(Timothy Light)教授谈到的他自己学习汉语的经验。他说,他在香港花了3个月的时间,整天跟人打麻将,在麻将桌上听别人说广东话,开始时一句话也听不懂,3个月后开始学习,学了4个月,忽然觉得什么都懂了。他的经验充分说明了加强听力训练、先听后说、在开始阶段多听少说的重要性。当然,并不是说都要从打麻将开始,也不是说必须先听3个月。

(二)从语言交际的角度说,听的能力总要大于说的能力。在言语交际的过程中,"说"是"输出",是主动的行为,不会说的话可以不说,或者换一种方式,变着法儿说。"听"是"输入",是被动的行为,说话人说什么话,不能由听话人决定,也不会等你慢慢想。如果听不懂别人说的话,就不能做出反应,交际就无法进行。

二　听力训练的必要性

我们这里所说的听力训练,是指"专门的"听力训练,也就是根据话语理解能力的发展规律,通过专门的听力课或专门的听力教学环节所进行的听力训练。

在第二语言学习中,学习者有各种各样听的机会。例如,在课堂上,可以听老师、同学说;在课外,可以听周围的人谈话,可以听广播;看电影、电视则是视听结合。正因为学生在课内外有各种各样听的机会,所以一般并不觉得有开设专门的听力课的

必要。其实上面所说的那些“听话”机会并不能代替专门的听力训练,因为专门的听力训练有特殊的作用。即:

(一)打听力基础。课外听的能力要以课内培养的听的能力为基础,没有这个基础,就不会有课外听的能力。正如上面第一点谈到的,在语言学习和言语交际中对听的要求更高,听的能力要大于说的能力,因此仅仅靠其他课型中听的机会是远远不够的。听的材料也不能以一般课型的教材为限,其分量要远远超过一般课型教材的分量。

(二)培养听的技巧。听有专门的技巧,例如抓关键、跳障碍的技巧。这些技巧也要通过专门的训练才能获得。所谓“抓关键”,就是抓住关键性的内容。在“听话”的时候,即使是用第一语言交际,也不是要求每一个词都听得很清楚,一般只需要抓住主要的意思、关键性的内容。有的人说话比较啰唆,话语中总是夹杂着过多的冗余成分和非实质性的内容,这些冗余成分和非实质性的内容不听也无关紧要。但是关键性的内容不能忽略。所以“听话”的时候要善于抓关键。所谓“跳障碍”,就是把不懂的非关键性词语跳过去。即使用第一语言交际,听别人说话,也不一定每一句话、每一个词都听得懂,用第二语言交际更是如此。有些非关键性的词语即使听不懂,也不会影响交际。所谓非关键性词语,就是不影响基本信息或主要信息的词语。例如,我给一个朋友打电话,请他明天跟我一起吃饭。他说他明天要去某某地方,来不了。这个地名我没听清楚,但是这对我理解他的意思没有什么影响,因为我想知道的是他明天能不能来,至于他去什么地方,对我无关紧要。这个地名在这里就是非关键性词语。他不能来是基本信息,我得到了这个基本信息,就算达到了交际目的。关键性词语和非关键性词语是相对的，不是绝对的，在整个词汇系统中不存在关键性词语和非关键性词语的区别。在一种情况下的非关键性词语，在另一种情况下就可能是关键性词语。例如，有人邀请我去某某地方玩儿，我如果听不懂这个地名，就无法做出反应。同样是地名，在这种情况下，这个地名就成了关键性词语。

第二语言学习者在"听话"的时候往往会出现这样的情况：如果有一两个词听不懂，就把注意力停留在"想"这一两个词上，而不注意继续往下听，结果不能获得下面的信息。这是一种不好的习惯，也可以说是没有掌握听的技巧。要使学生尽快掌握抓关键、跳障碍等听的技巧，就必须进行专门的听力训练。

（三）培养听的适应能力。每个人说话都有自己的特点和风格，有的带有方音，有的冗余成分多，有的条理不清，有的用词和语法不规范，有的语速较快，有的带文言成分，等等，这些都要能适应，这样的适应能力只有通过专门的听力训练才能培养出来。

（四）培养注意力和开发智力。进行听的训练必须通过一定的方式检查学生是否理解以及理解的程度，因此学生在听的时候必须高度集中注意力，并且要强记和进行归纳分析。经过长期训练，就能养成"听话"时注意力集中的良好习惯，提高记忆和归纳分析的能力。听是获取知识和信息的主要渠道之一，有了"听话"时注意力集中的良好习惯和记忆分析能力，无疑会终身受益。许多人"听话"、做事注意力不够集中，也没有记忆和归纳分析的习惯，就是因为没有经过专门的训练。由此也可以看出，即使在第一语言教学中，进行专门的听的训练也是非常必要的。

我们认为，迄今为止，听力训练在语言教学中还没有受到足够的重视。不但在第一语言教学中没有受到足够的重视，就是在第二语言和双语教学中，也还没有真正受到重视。影响久远的“听说法”，从其名称上看，似乎十分重视听力训练，其实不然。听说法更重视说的训练，并不强调专门的听力训练，听的训练实际上只是附属于说的训练。在我国的对外汉语教学中，尤其是在初级阶段，听和说的训练通常是同步进行的，学生听懂了一句话，接着就要学会说这句话。这是不是最有效的方法，值得怀疑。胡明扬先生曾经谈到：“目前流行的第二语言教学方法大都要求‘输入’和‘输出’同步，要求‘输出’等于‘输入’或‘输出’大于‘输入’，也就是说要求‘学了就用，学了就会’。就有限的目标，有限的学习时间而言，这种方法是可取的，因为不这么学恐怕就什么也学不到。但是就常规的学习而言，这种直接违反一般学习理论和原则的做法是很难取得良好的效果的。”①

三 听力训练的任务、途径和方法

听力训练的任务：上面讨论了听力训练的作用，即打听力基础、培养听的技巧、培养听的适应能力、培养注意力和开发智力，这些也就是听力训练的任务。听力训练要紧紧围绕这四项任务进行。

听力训练的途径：听力训练一般可以通过以下两条途径进行：

（一）开设听力课。是不是开设听力课，要看课时的多少。如果周课时较多，例如每周有 10 节课以上，最好开设专门的听

① 参见胡明扬《语言和语言学习》，《世界汉语教学》1993 年第 1 期。

力课，而且要保持听力课在总课时中的比例不少于四分之一，甚至可以更多一些。

（二）安排专门的听力教学环节。周课时比较少的教学单位，一般只能开设一门综合课。在这种情况下，就需要在综合课上安排专门的听力教学环节。听力教学环节最好也不要少于总教学时间的四分之一，甚至也可以更多一些。

听力训练的方法：听力训练的基本方法是听和练习。听的方法有“聆听”和“视听”两种，“聆听”包括听老师口述、听录音、听广播等，“视听”包括看电影、看电视、看录像等。无论是“聆听”还是“视听”，都要边听边做练习。听力训练最重要的是练习，没有练习就算不上听力训练。有些听力课只是给学生放一放录音，这不是真正的听力训练。

听力练习的基本内容是语音识别、词义和语义理解。

前面提到，听力是一种话语理解能力。而要理解话语，首先必须识别话语所赖以存在的语音，同时要能透过语音去理解词义和语义。所谓听力训练，也就是训练学生识别语音的能力和透过语音理解词义和语义的能力。因此，听力练习可以从语音识别、词义理解、语义理解等不同的角度进行设计。

（一）语音识别练习。前面谈到，汉语的语音包括音节（又包括声、韵、调）、连读、停顿、重音、语调、语气等，这些也就是语音识别练习的基本内容。设计这类练习可以创造多种多样的形式，常用的形式有：听写（拼音），注声母、韵母，标调号，标句重音，根据录音或老师的口述标点一段文字，等等。对高年级的学生，要选一些“地方普通话”听力材料，培养一点听方音的能力。

（二）词义理解练习。词义是指一句话或一篇话语中一个词的意义。在一篇听力练习材料中，必然有学过的词和生词，通过听力练习，可以有计划地帮助学生复习、巩固一部分学过的词语，接触和听懂一部分生词。设计词义理解练习也可以创造多种多样的形式，例如：以多项选择的方式解释词义、辨别同音词、近义词等。

（三）语义理解练习。我们这里所说的语义，是指大于词的语言单位，即词组、句子、语段和语篇的意义。语义理解练习是一种综合练习，也是听力练习最重要的环节。语义理解练习的形式很多，例如，听后回答问题，听后讨论或辩论，听后画图、填表、选择正确答案，等等。

四　听力教材

听力训练必须有专门的教材。初级阶段的听力教材，因为学生的水平还很低，只能由老师根据学生的实际水平自己编写，或者根据原著改写。随着学生水平的提高，可逐渐过渡到选用原著，如电台广播录音、电影片、电视片等。听力材料最好不要事先发给学生，听前只发练习材料。

教材编写应遵循 6 项原则，即实用性原则、交际性原则、知识性原则、趣味性原则、科学性原则、针对性原则，这些原则都适用于听力教材。此外，编写听力教材还应当特别注意以下几点：

（一）内容有吸引力，学生爱听。学生是不是爱听，取决于两条，一是内容是不是生动有趣，二是里面是不是有学生感兴趣的新知识。内容生动有趣，里面有学生感兴趣的新知识，学生就爱听。

（二）深浅程度与学生的语言水平和文化知识相适应。听力教材的程度要略高于学生的实际水平。太深了学生听不懂，会失去信心；太浅了学生会觉得没有意思，也学不到东西。

（三）语言上要有“埋伏”和“圈套”。就是说，要有一些让学生“猜”的词语和语法现象，也要有一些不要求学生听懂的词语和语法现象，有的地方要能引起误解，但是正确的答案只有一个，学生要经过思考才能正确理解。这就是故意设置“障碍”和“陷阱”，为的是便于培养学生“抓关键”和“跳障碍”的能力。

（四）要有足够数量的适合于听力训练的练习题。前面提到，听力训练最重要的是练习，没有练习就算不上听力训练。同样，没有听力练习题的教材也算不上听力教材。有些听力教材虽然也有练习题，但是这些练习题的练习方式跟综合教材的练习方式差不多，这也不符合听力教学的需要。不同的言语技能要用不同的方法来训练。教材是课堂教学的基础，不同的训练方法首先要体现在教材中，特别是体现在教材的练习题中。

五 听力课教学

听力课有明显的特点，因此，如果开设专门的听力课，就要专门研究听力课的教学方法和技巧。如果不开设专门的听力课，而是在其他课型中安排专门的听力训练的教学环节，也要专门研究这个教学环节的教学方法和技巧。

下面谈谈听力课教学中要特别注意的几个教学方法和技巧问题，这些也适用于听力训练的教学环节。

（一）要设法让学生积极、主动地听，防止学生消极、被动地听。从某种意义上说，“听”本身是一种被动的行为，因此，学生在听力课上很可能处于消极被动的地位。如果学生处于消极被动的地位，就不可能取得良好的教学效果。要取得良好的教学效果，就必须设法让学生积极、主动地听。怎样才能使学生积极、主动地听呢？我认为最重要的方法有两条，一是要选择有意思的听力材料，二是要边听边做练习。一篇材料一般要听三遍，第一遍是初听，听完后适当做些练习。学生知道要做练习，听时就会要求自己集中注意力。第一遍一般不能完全听懂，老师可作些解释，或者提醒学生要在哪些地方多加注意，听第二遍的时候注意力就会更集中。听完第二遍再做一次练习，在练习中发现有些地方还是没听懂，老师再作些解释或提醒学生注意。最后再听一遍，并完成全部练习。因为只有听懂了才能做练习，所以必须积极、主动地去听，这样在整个听的过程中注意力都会高度集中。

（二）不要要求学生听懂所有的词语。听力课的任务之一是培养学生的听力技巧，也就是“抓关键”、“跳障碍”的技巧。要培养这样的技巧，教材中就必须设置一些“关键”和“障碍”，其中“障碍”部分就是故意不要求学生听懂的词语。对于这样的词语，不但不应当要求学生听懂，而且要设法帮助学生“跳”过去，同时要通过帮助学生“跳障碍”来培养良好的“听”的习惯和技巧。这就是有意识地培养学生“抓关键”和“跳障碍”的能力。这样的练习做多了，学生就能逐渐养成“抓关键”和“跳障碍”的习惯。

（三）连续听的时间不宜过长。在听力课上听跟平时听别人说话不一样，注意力要高度集中，连续听的时间长了会引起过度疲劳，而且也不容易记住，听了后头会忘了前头。一堂课上一篇材料可以分几段听，听完一段就停下来做练习，然后再听下一段。

（四）老师说话要注意语速。不但在进行听力训练时要注意语速，在进行其他技能训练时也要注意语速。只有在教一种新的言语现象时需要夸张和放慢语速，以便让学生听得更清楚，便于学生理解和模仿。除此之外，都要用正常语速。正常语速是每分钟 200 个字左右，电影和电视剧中的对话一般更快。有些老师有一种“职业病”，就是课堂上总是用很慢的语速说话，生怕学生听不懂。这样的老师培养出来的学生往往只听得懂老师的话，却听不懂其他人的话。教材录音也要注意语速问题，最好每一篇教材都用三种语速，第一遍是慢速，每分钟 160 个字左右，第二遍用中速，每分钟 180 个字左右，第三遍用正常速度，每分钟 200 个字左右。有些教材录音不是采用同一篇材料用不同语速的办法，而是随着程度的提高而变化语速，即初级阶段语速较慢，以后逐渐加快语速。这样的办法有害无益。初级阶段语言简单，语速慢一些，学起来自然容易。可是当程度提高以后，语言复杂了，语速又提高了，学生就会感到难上加难，就好像是在爬一个陡坡，往往不容易适应。

上好听力课很不容易。有的老师在听力课上只是放录音，或者只是自己叙述，没有任何练习，或者练习很少，学生完全处于消极、被动的地位。这样的听力课不会有好的教学效果。

贰　听力教学的任务[①]

一　听前提示

首先应该纠正一个错误的认识，即听力课，就是要让学生自

---

① 本节摘自胡波《谈在听力训练中抓主要信息能力的培养》，《云南师范大学学报》2004 年增刊。

己听懂听力课的内容，听前教师什么都不能讲，一遍听不懂，听第二遍，再不懂听第三遍，只有这样才能判断出学生的听力水平。我们认为这样做违背了授课的宗旨。听力课也是一项语言技能课，既然是技能课，教师就有必要向学生传授知识，培养学生相关的能力。如果只是按按录音机，对对答案，这样的听力课就与听力测验无异了。但传授知识也不同于语言知识课，听力课上不需要讲一个语言点的用法，对词语的义项不需要展开。教师需要做的是使新词语和新语法点的语音形式对学生的听觉形成刺激，达到在语流中能分辨出来即可；提示学生注意文中对理解有帮助的语气、句式、语段起承关系，以及对较难的语料作必要的背景提示。

我们总是告诉学生要注意跳跃障碍，抓主要信息。如果一篇语料中不知道的词太多，也就无跳跃可言了。如果学生不知道中国人表达思想时的语言特点是什么，那么他们又怎么能抓住主要信息呢？或者学生的语言知识本身就不牢固，那么他们又怎么能分辨什么是主要信息，什么是次要信息呢？这便需要我们教师的引导了，引导可以从以下几方面着手：

(一)提示学生注意语句重音和语调变化

语句重音是由句子的语法结构、逻辑语义、传情达意的需要而产生的重读音，是最常见的传递主要信息的途径。汉语短句的语法重音比较有规律，如：

(1) 在主谓句中，谓语常重读：

你<u>说</u>吧！

(2) 在主—谓—宾短句、无主句和主—谓—补—宾句子中，宾语常重读：

他说笑话。

别说废话！

他说出了他的名字。

(3) 在主—谓—补句子中，补语常重读：

他说得对。

(4) 在有定语和状语的句子中，定语和状语常重读：

他说出新的想法。

他流利地说着外语。

(5) 在疑问句中，疑问词常重读：

谁在说话？

他说谁？

逻辑重音和心理重音在句子中的位置不固定，较难判断，但它们比语法重音的读音要重一些。

汉语的语调除了表征句子的陈述、疑问、祈使等性质外，还能通过对语调的灵活运用，表现兴奋、惊异、感叹等丰富的含义。特别是在反问句中，就常用疑问句的语调来表示肯定或否定的含义。如：

我不相信你？(表示肯定)

他这也叫能干？(表示否定)

听辨重音和语调的练习常常被教师忽视，认为于听力理解无补。其实不然，如果我们注意一下广播或电影中的对白，或是人们平时的交谈，就会发现重音在传达说话者的意思时起了很重要的作用。如果我们培养学生有意识地去识别了，那么他们在以后听录音或别人讲话时，就会形成一个自觉习惯。

（二）提示标记词

按照心理语言学的理论，听者在理解一个句子时，是先将句子成分切分后再理解，切分依赖的是标记词（乔姆斯基）。如"在"、"当……时"、"好在"、"根据"、"并且"、"其"、"是……的"以及关联词等等。标记词起到了帮助信息重建的作用。如：

他不仅说得好，而且干得漂亮。

如果缺乏标记词的知识，理解时所花的时间就要长一些，甚至会产生错误。在听录音前将比较重要的标记词板书出来，引起学生的注意，一来可以加深对汉语句型结构的了解，二来可以收到更好的理解效果。

在复句中，标记词是那些表示并列、递进、转折、因果、条件、假设、目的、取舍关系的词语，如：

只要（只有、除非）他去，我就（才）去。

他一来，我就走。

不是他说，而是你说。

他宁可走着去，也不坐车。

与其走着去，不如坐车。

在篇章中标记词是那些起到起承转合作用的词语或小句。例如，记叙性篇章中，常以表示时间顺序的词语"起初"、"然后"、

"后来"、"末了"、"结果"、"最后"等，连接一系列的动作。在议论性的语篇中，常用"关于……"、"有人说……"等词语来提出问题，用"首先"、"其次"、"再次"、"一是"、"二是"、"最后"等词语来表示论证的结构层次和所罗列事项的重要程度，用"比方说"、"以……为例"、"具体而言"、"换言之"等来解释所阐明的观点，用"总之"、"一句话"等来表示结论。

（三）提示背景信息

我们都有这样的体会，听一篇内容熟悉的文章，要比听不熟悉的文章容易。其实内容熟悉的文章中也并非没有我们不知道的词语，只不过我们熟悉所听的内容，所以遇到不懂的词语时，我们能够自动地把它转换成自己的心理语言。

提示与要听的语料有关的背景，可以帮助学生跳过障碍，把注意力集中在主要信息上。听力课的任务比面对面的交际中的听力理解要复杂得多，为了补偿因非真实情景所带来的听力理解困难，或文化差异造成的理解障碍，我们需要提供尽可能多的有关上下文的提示（Susan Sheerin）。持有此看法的人不在少数，刘颂浩谈到在编写教材时，必须重视背景知识的作用，因为熟悉的内容有助于理解。张犁在《听力教学中的预测原理》中谈到通过给语料的题目或主题词，然后让学生预测通篇材料要讲什么内容，来帮助听力理解。秦秋认为通过构拟情景可以帮助学生感知或理解文章大意。

二　通过简单回答问题训练抓主要信息

回答问题是输入与输出结合的训练项目，最能检查学生的理解程度，它不仅要求学生听懂，还要输出所听懂的内容。我们在对一次期末听力试卷所作的调查中发现，听后简单回答问题一题的答题效果是最差的。有一些学生完全放弃回答，还有些学生不知道怎么用简单的话概括出自己的意思，有些学生则“捡了芝麻，丢了西瓜”。

用汉语进行概括的能力是需要培养的，我们看到有些学生的概括能力似乎还未经培养就很好，就认为一个学生的母语概括能力强，他的外语概括能力自然也强。虽说二者有一定关系，但也绝不能否认在学习第二语言时，概括能力培养的作用。我们认为这些学生具备较强的概括能力，是因为他们语法也学得好，所以才能够做到伸缩自如。我们在课上做过书面简单回答的训练。学生很不情愿写，这正说明这是他们的弱项。在刚开始训练时，一个班中有半数以上的学生写出来的回答不成样子，要么文不对题，要么意思不清楚，有的学生用了一大段话，才回答清楚一个问题。这时老师就应针对学生自己的回答，指出其语言问题，告诉他们哪些词语是主要的，哪些是次要的，使其学会提炼语言，或者让回答得好的学生念一下自己的回答，别的同学对照自己的回答，找出差距。经过一个学期的训练后，这个班的简单概括的能力有了显著提高，后来再做这项训练时就比初期顺利多了，所需时间也大大地缩短了。从期末试卷看，简单回答问题一项的成绩明显好于其他班，并且没有发现空白试卷。

留学生在用汉语表达时，不管何种场合、何种需求都习惯用一个完整的句子来表达，如果让他们简单回答的话，就简单到了使用一些不连贯的词来回答。这说明既要简练，又要合乎汉语表达习惯不是那么容易掌握的。而通过练习概括能力，学生对汉语句子的结构加深了了解，对哪些部分是可增减的有了认识，这无疑使他们对何谓主要信息有了认识，因而能够很从容地从一长串话语中把需要的信息提取出来，对听力理解产生了反拨效应。

三 较长语料的训练方法

较长的听力语料有对话和短文两种。长对话听起来并不太难，因为两人在对话时，实际上已经给听者提供了一个情景，听者根据对话提供的较多提示，在较长的时间内，将接收到的言语信号内化，提高理解的正确率。短文则不然，它的内容连贯，或故事情节完整，一处没听懂，可能就会影响下文的理解。短文的理解难度也因文章的体裁而定。记叙文容易懂，议论文相对难一些。使用提示的方法，同样可以训练抓主要信息的能力。

在以记叙事件为主的篇章中，篇章的开头部分往往对时间、地点、人物等方面作出交代，中间部分主要叙述事件的发展，结尾处描写人物或事态的结局或给人的启示。在发表议论时，文章的主要信息是作者提出了什么问题，说明问题的论据是什么，最后得出了什么结论。对于有着完整的逻辑结构或论题的语篇来说，其结构是有条理、上下连贯和前后一致的，其结构的组成也是有基本规律可循的。较大的语篇通常都有开头、中间、结尾等部分，语篇的主要信息常常也就通过这种清晰的结构而明确地揭示出来。

下面是《中级汉语——听和说》第十八课的一个例子：

"谁捧走了'万宝杯'"，文章起始第一段就指出了主要信息：

(新华社广州11月12日电)<u>1988年，广州市"万宝杯"国际友好城市足球邀请赛，今晚在广州降下了帷幕。新西</u>

兰的奥克兰队捧走了"万宝杯"。(指出时间、地点和事件)

但有时篇章的主要信息也在结尾处点出，如在上文的第五段描写广州队与法兰克福队的一场比赛时，就是在最后才指出结局：

> 广州队今晚的比赛非常关键，……，比赛一开始，……，在第九分钟时，……，三十分钟以后，……，在第三十六分钟和四十一分钟时，……，下半场……，……。这样，法兰克福队以二比一战胜了广州队。

在议论性的语篇中，往往在开头指出问题或论点，中间部分分析问题，陈述论据，结尾部分得出结论或提出解决问题的办法。以《中级汉语——听和说》第十七课"望子成龙"为例，可以清楚地看出各部分的结构关系。

第一段：有些当父母的觉得现在的中小学给孩子讲的知识太少了，给孩子留的作业也太少了。……(提出问题)

第二段：中小学校受到的压力越来越大。……(分析学校面临的问题)

第三段：中小学的老师也很难当。……(分析老师面临的问题、陈述论据)

第四段：孩子们的生活太枯燥了！……(分析学生面临的问题、陈述论据)

第五段：望子成龙，让孩子们都成为有用的人才，这是对的。但是，不考虑青少年的特点，只是让孩子们学习、学习，恐怕也不是好的成才之路，何况青少年正是长身体的时候呢？(指出论点和结论)

第六段：请给孩子们留出一点文体活动的时间吧！（提出解决问题的办法）

了解了这些特点，就可以有的放矢地为学生提供抓主要信息的线索。训练时可以采用以下三种方法：

1. 提示表示起承转合的词语，提醒学生注意语段的开始处和结尾处的语言用法，各个论点或语料的各个层次的衔接方式，注意时间词、地点名词和人名引出的内容。

2. 在听长段语料之前，迅速浏览一下录音后的练习，让学生学会带着问题听，做到胸中有数。

3. 培养学生做记录的习惯，检查他们记录的内容，并对其做出评价。

四　结论

听力课是一门技能课，教师在听力课上组织教学的任务与其他课程同等重要。教师必须备课。备课要依据每课内容的特点，选择相应的训练方法，因为听力课上留给教师讲的时间不多，教师必须精炼要讲授的语言点，既不能漏讲，也不能滥讲，要使讲解收到画龙点睛之功效。

培养抓主要信息和跳跃障碍的能力是要贯穿学生整个学习过程的，即使有了好方法，也不可能一蹴而就，贵在坚持。学生一旦从训练中受益，会大大提高他们上听力课的兴趣，对促进听力理解的效果也就不言而喻了。

教师要做到及时发现学生理解中的障碍，随时调整预先的教学安排。如果发现多数学生有理解障碍时，应该适当放慢速度，或多放一遍录音。相反如果感觉某个语料大部分学生一遍就听懂了,就没有必要再听第二遍。

听力课只有输入没有输出是不行的,听懂了的语言,只有说出来或写出来,才能加深理解,最终消化,即使是客观题也要给学生创造说的机会。说还可以促使学生积极地参与学习过程。在听力课上应该把学生的口、耳、手都动员起来。

叁　听力教学相关因素探讨[①]

对外汉语听力教学从50年代到70年代以后,经历了由辅助练习到独立设课的过程。随着听力教学独立设课,有关听力教学的讨论,从教学重点、教学方法到教材编写、理论探讨也随即展开[②③]。这些研究丰富了对外汉语教学理论,对教学实践也起了一定的推动作用。但是时至今日,在对外汉语教学中,听力课仍然是一门不好操作、难上的课。大凡上过听力课的老师都或多或少会有这样的体会:"在教学过程中,自己是尽心尽力的,学生也很配合,但总感觉教学效果不理想。"[④]这说明现有的听力教学研究与教学实际还有一定的距离,现有的听力教学研究还没有真正弄清并解决好制约听力课教学发展的根本矛盾。

以往的听力教学研究大多从学习者习得语言的角度论证听

---

① 本节摘自李红印《汉语听力教学新论》,《南京大学学报》2000年第5期。

② 参见杨惠元《中国对外汉语听力教学的发展》,《世界汉语教学》1992年第4期。

③ 参见杨惠元《听力训练理论研究的回顾与展望》,《世界汉语教学》1997年第2期。

④ 参见卢岚岚《改进听力课教学的几个问题》,《汉语速成教学研究·第一辑》,北京大学出版社1997年版,第140页。

力的重要性、听的本质、听力理解的主要障碍以及如何训练学习者的听力技能与训练哪些技能等；具体教学环节的讨论也是以如何进行技能训练为中心，提出一些组织课堂教学的方法、技巧等。这方面的研究无疑是重要的，但同时也不应忽视对语言学习环境的研究。课堂教学就是一个重要的语言学习环境，有学者认为在总体设计、教材编写、课堂教学和测试四大环节中，课堂教学是中心环节，是我们对语言规律、语言学习规律和语言教学规律认识的集中体现，应该重视课堂教学的研究[①]。笔者同意这一看法。过去听力教学研究较少从课堂教学的角度去观察问题，特别是没有认真分析听力课诸种构成因素之间的相互关系与相互矛盾，如：技能训练与听力课的联系与区别；教师在听力课中的具体行为和作用；学习者听的疲劳度与反复听、大量听的可行性；听力课的课时、教材、教学设备等因素对教学效果的影响等，而这些才是直接影响或左右听力课教学能否顺利进行的关键问题。本文正是想从“课”(50 分钟为一时段)的角度，从“教”的角度来重新认识汉语听力教学。

一　技能训练与听力课教学

和听力课关系最密切、也最重要的问题是听力技能训练问题。把听力看做一种技能的观点起于西方第二语言教学。早在本世纪 60 年代，国外外语教师就接受了语言学习分为听、说、读、写四种技能的观点，其中，“说”和“写”被看作“主动性”(ac-

---

① 参见孙德坤《关于开展课堂教学活动研究的一些设想》，《世界汉语教学》1992 年第 2 期。

tive)技能,“听”和“读”被看作“被动性”(passive)技能。语言学习存在着四种独立的语言技能的观点在第二语言教学中产生了很大影响。它使教师们看到语言学习和教学不是铁板一块,也使教师们明白为什么有的学生一种语言技能会比另一种语言技能强。寻着这一思路,研究者进一步把“听”这一技能描写为一种过程,它可能涉及记忆、猜测、预测以及修正等诸多分技能(subskills),有人曾确定和描写了22种听力分技能[①]。

进入80年代,国内对外汉语教学开始分析听力单项技能。李清华介绍了国外外语教学重视听力分技能的情况,指出国外外语教学中比较新的方法是着重分技能的练习,把听力理解过程中所需要的各项技能分离出来,然后分别在听力练习中加以发展。这些分技能有对听力材料的筛选能力、预测和更正预测的能力、跳跃障碍的能力等[②]。杨惠元着重分析了分技能(他称之为“微技能”)训练,并概括出8种听力“微技能”,它们是:辨别分析能力、记忆储存能力、联想猜测能力、快速反应能力、边听边记能力、听后模仿能力、检索监听能力和概括总结能力。他认为听力教学的重点是训练和提高学生的听力微技能,“在听力课上专门训练学生听力微技能,这是其他课无法替代的”[③]。

围绕着技能训练、听力课教学,有三个问题值得我们深思:第一,所谓“微技能”到底是怎么回事?它是否真的存在?它的构成情况如何?到底哪些是“听”所独有的“微技能”?第二,听

---

① 参见 Whitney, N.F.Second Language Pedagogy: Listening. In Asher, R. E.(ed.) *The Encyclopedia of Language and Linguistics Volum*: 7. Oxford: Pergamon Press, 1994, 3756—3761。

② 参见李清华《谈科技汉语的听力理解》,《语言教学与研究》1987年第2期。

③ 参见杨惠元《论听和说》,《语言教学与研究》1991年第1期。

力课的教学内容和重点是什么？是不是就是专门训练学生的“微技能”？第三，如何提高学生的听力水平？是不是“只有微技能提高了，才能从总体上提高听的能力”[①]？

从国外第二语言教学来看，语言“技能说”总的来说是占主导地位的，听力作为一种独立的语言技能是由一系列分技能构成的观点到了 90 年代也为更多的人所接受。但这并不是说“技能说”从未受到过怀疑。其实早在 70 年代以后，国外一些研究者就对语言能力到底是一种统一能力还是可分为若干个独立技能展开过激烈的争论，两派各有其支持者，并且都通过具体实验来验证自己的主张[②]。而在国内，这方面的争鸣却很少，许多人先验地认为存在着各种语言技能和“微技能”，但并没有通过有关实验加以验证。

我们认为，所谓“微技能”，实际上就是人的心理认知能力，它支配人的行动和思维，包括语言学习，从这一角度看，“微技能”可以说是存在的。但其参与语言学习的情况却不是很清楚，也就是说在“听”、“说”、“读”、“写”四种语言技能训练中，“微技能”的分工并不十分明确。拿杨惠元的八项听力“微技能”来说，除了边听边记能力、听后模仿能力和检索监听能力为“听”所独有外，其他五项“微技能”也或多或少在“说”、“读”、“写”中发挥作用。这意味着听力“微技能”的构成是不严密的。事实上，人的心理认知能力作用于四种语言技能训练时既有侧重又有重

---

① 参见杨惠元《汉语听力说话教学法》，北京语言学院出版社 1996 年版，第 7 页。

② 参见 Joseph P. Boyle，林淑端译《听力理解是语言能力中一个独立的因子吗？》，《国外外语教学》1988 年第 4 期。

合，哪些能力为“听”、“说”、“读”、“写”四种技能所共需，是决定这四种技能的共同因素，哪些能力只为其中一项技能所独需，其间的界线如何，对此我们并不十分了解。

作为一种认知能力，“微技能”是正常人与生俱来的，并非后天训练出来的，只不过一种不熟悉的语言会暂时妨碍这些能力发挥罢了。因此影响语言理解（包括听力理解）的因素最终还是语音、词汇、语法等语言因素（当然还有文化因素），听力课的教学内容和重点也不只是专门训练学生的“微技能”，而更应该在语言点上多下工夫。

另外，只有“微技能”提高了才能从总体上提高听的能力这一推断也难以证明。我们知道，语言学习是一个非常复杂的心理认知活动，它不同于“物理性”很强的体育运动。体育运动可以清楚地分解出一个个更小的技术动作，心理认知活动则不行，它只能作出大致的、模糊的区分。因此语言学习中发挥作用的各种认知能力很难说哪个在前，哪个在后，对语言学习的理解与分析不能机械化和绝对化。

如果以上的分析是正确的话，那么把听力课教学锁定在“微技能”训练上就过于狭隘了。作为一门独立的课型，听力课与技能训练不是一回事。一门独立的课型应该具有连续性、系统性和自足性，听力课也不例外。听力技能训练因容易使学习者疲劳而必须是短时的、分散的和辅助的，这意味着不能整段地、长时间地进行技能训练。听力技能训练的短时性、分散性、辅助性与听力课的连续性、系统性、自足性相矛盾，如果把教学重点限制在技能训练上，就必然带来课堂教学操作上的困难（除非向“课”的特性妥协，加入较多的非技能训练内容）。另外技能训练常常以测验、考试的形式进行，听力课也很容易演变成一系列的听力测验，而这并不是听力课的教学目的①。

技能训练与听力课的关系应该是：听力课包含有技能训练，但技能训练不就等于听力课；听力课不光有技能训练的任务，也有教授语言知识、文化知识、扩大学生词汇量的任务。在这一点上，听力课与读本课、口语课是相通的，只不过一个是“耳治”、一个是“目治”、另一个是“口治”罢了。

二 听力教材与听力课教学

教材是影响听力课教学的另一因素。听力教材编写的历史不长，经验不足，教师对教材的意见也较多，“近年来国内陆续出版了一些对外汉语教学听力教材，这些教材各有所长，各有所短，没有一套尽如人意的”②；“教材的模式是先让学生听辨音节，接着听一句句前不着村后不着店的单句，师生在课上不断地‘脑筋急转弯’，实在被动。后面虽然有成段的课文，但是内容大都跟语法课类似，多是人造语言，太‘干净’，不自然，且书面化倾向很重”③。

从类型上看，现有听力教材大致可以分为以下四种类型：(1)配套训练型：《初级汉语课本·听力练习》(李世之、李继禹 1986)、《现代汉语教程·听力课本》(李德津、李更新 1988)等；

---

① 参见 Susan Sheerin，吴可飞译《听力课：训练还是测验?》，《国外外语教学》1988 年第 4 期。

② 参见杨惠元《汉语听力说话教学法》，北京语言学院出版社 1996 年版，第 44 页。

③ 参见卢岚岚《改进听力课教学的几个问题》，《汉语速成教学研究·第一辑》，北京大学出版社 1997 年版。

(2)独立训练型:《听力理解》(杨惠元、李文芳 1988);(3)文化情景型:《中级汉语听和说》(1990)、《汉语中级听力教程》(上、下册)(潘兆明等 1993,1994);(4)实况型:《汉语实况初阶》系列教材(钟英华、孟国等 1996)。其中(1)(2)类教材突出听力技能训练,听音辨音、单词辨析、单句理解等内容比较多,适合初级听力教学使用。但课堂上听音辨音训练不宜太多、也不宜反复进行,否则就不是上课,而成了听力测验了。另外,这类教材搞不好很容易做过了头,走上脑筋急转弯式的"游戏"化歧路。第(3)类教材突出情景和文化,适应了中级水平学生的需要,方向是正确的,但这类教材在文化点的选取与生词量的控制上如果处理不好,就会大大增加学习者的难度。第(4)类教材是近年来听力教材中出现的一种新形式,它符合听力训练应采用真实语言的主张,但这类教材无法控制生词和语速,背景音干扰也比较大,因此难度相当大,只适合中高级水平的学生使用。

我们认为,教学用教材和自学用教材不同,教学用教材应该充分考虑到课堂教学的需要,应该方便课堂教学操作,听力教材尤为如此。今后听力教材的编写应充分注意以下几个问题:(1)语体方面:尽量体现真实性,避免"人造化"、"游戏化",同时要特别注意增加语言的冗余量,少用表述严谨、逻辑性强的"写作语言"。(2)内容方面:实践表明,听力教材的"练习化"、"测验化"倾向是影响听力课操作的重要原因。新的教材必须打破以往"听课文,然后做练习"的应试听力模式,增加组织课堂教学的必备内容:如供教师"讲"的部分、供学生"预听"的部分等。(3)语言点方面:一般认为,听力教材不同于其他"可视"教材,在生词量和语法点上应该严格控制。但语言点的控制不应以语言"失真”为代价，如何控制值得很好研究。

三　教学主体、课时、设备等与听力课教学

教师与学生是教学的主体，对课堂教学产生较大影响，这是影响听力课教学的第三个因素。过去我们对听力课上教师的作用和职能认识得并不是很清楚，有人认为学生听的只是大量的语言材料而不是教师的讲解和说明，因此课堂上教师应少讲解少说明。我们认为讲解是课堂教学的重要一环，听力课上教师必须有讲解、有分析、有说明，学生听的内容也不只是听力磁带，当然也包括教师的讲解和说明。这样做有几方面的好处：第一，教师的讲解与说明可以帮助学生进入“状态”，起到预听的作用。第二，教师的讲解和说明可以“降低”听的难度，增加学生的信心。笔者注意到学生听磁带时精神普遍紧张，听老师讲解或说明时则放松得多，而紧张地听和放松地听效果是大不一样的。如果教师的讲解和说明幽默风趣，那效果会更好。第三，课堂教学有传授知识的功能，教师的讲解和说明一方面复习旧有的知识，另一方面又传授新的知识，这一点对读本课重要，对听力课也同样重要。

在听力课上，学生的配合很重要。许多教师认为，听力课上要让学生反复听、大量听，理由是“熟能生巧”。这在理论上是成立的，但实践中遇到很多问题。一方面听是被动性的活动，时间长了容易疲劳，另一方面，外国学生不同于中国学生，大部分人不需要迎接“托福”、“GRE”一类的考试，他们需要的是自然状态下的学习，各种强化训练对他们不灵，有时还会遇到“反抗”，如学生上课打瞌睡，拒绝接受任何信息，或者逃课，干脆不来了。要防止这种局面出现，就必须认清外国学生的特点，把握好教学

的“量”和“度”。

此外课时设置、教学设备等也对听力课教学产生一定影响。目前国内大多数院校的课时设置都是一节课50分钟，一次上两节课，100分钟，中间休息10分钟。这种整段课时设置对汉语读本课和口语课也许合适，但对强调以练为主的听力课来说不一定合适。李红印、陈莉曾就此做过问卷调查和分析：在30个被调查学生中，有8个人觉得连续上两节听力课“很累”，15个人表示“有点累，但还可以”；100分钟的听力课课时设置很容易引起疲劳，其结果是教学效率不高，教学投入与产出不成比例①。要改变这种状况有两个办法，一是改变课时，二是改变教学方式，引入讲解和说明，变单纯训练为综合教学。

对于听力课教学来说，教学设备非常重要，而目前的状况是现代设备的许多功能派不上用场，而最常用的东西耳机又有很大的缺陷，戴起来很不舒服，极易引起疲劳。现在应该考虑重新设计适应课堂需要的听力教学设备，使其能真正发挥作用。

四　汉语听力教学的多层次划分

通过上面的分析可以看到，汉语听力教学是一个涉及多种因素的教学子系统。这一子系统是复杂的，其复杂性没有因为听力独立设课而减少，反而由于“课堂”因素的介入使矛盾更加尖锐了。这或许是听力课难上的根本原因。

要解决听力教学系统内的矛盾，改进现有的听力教学，就必

---

①　参见李红印、陈莉《论汉语听力课的设置与教学——北大汉语中心听力课调查报告》，《北大海外教育·第二辑》，北京大学出版社1998年版，第150—151页。

须对听力教学作全新的理解。过去对外汉语教学界对听力教学的理解过于拘谨、单一和定式化了。事实上,对于这样一个不匀质的、多层次的复杂系统,完全应该多层次、多角度地去理解。根据目前对汉语听力教学性质的认识,我们认为汉语听力教学至少应该划分出以下四种类型:

(一)综合型的听力课教学。这是独立开设的听力课,但不同于以往以技能训练为主的听力课,而是包括了技能训练、影视欣赏、知识传授(语言知识和文化知识)等多种内容在内的丰富多样的"讲座式"听力课。课堂上,学生不只是做被动性的听力练习,更主要的是进行提问、回答、对话、讨论等积极性的活动。这种听力课的教学目的不主要是技能训练,而主要是传授知识、扩大词汇量和增强学生的语感。因此有人又称它为"求知听力"①。综合型听力课教学的关键是每一讲要有一个"主题",教学中要准备足够的听力辅助材料,包括视觉辅助材料和生词、纲要等书面材料。其中视觉辅助材料,如图片、照片、漫画、图表、地图、录像片等是极为重要的。视觉材料可为学生提供文化知识并使学生更准确地预测和理解,甚至有人认为一张图片的实际作用相当于1 000个单词②。

(二)附属型的技能训练。尽管我们对单纯的技能训练持有某种批评态度,但是我们并不主张放弃技能训练,只是这种训练不是主要在独立的听力课上进行,而是配合一门主课进行。比

---

① 参见 Gary N. Chambers,王绍梅译《听:为什么听? 怎么听?》,《国外外语教学》1998 年第 2 期。

② 参见 Susan Sheerin,吴可飞译《听力课:训练还是测验?》,《国外外语教学》1988 年第 4 期。

如和口语课配合，每次上课，先进行15分钟到20分钟的听力技能训练，然后开始说话训练。这种附属于一门主课的听力训练符合技能训练的短时性、分散性和辅助性特点，因而是合理的。

（三）自助型的听力练习。配合独立的听力课教学，还可以布置“有声作业”①，把听力教学延伸到课外。有条件的还应该建立供学生课外使用的“自助餐式”的听力室②，为学生准备丰富的听力材料，规定学生一周数次进行听力自习。

（四）应试型的强化训练。除了正规的听力课教学、听力训练以外，一部分学生也会有参加各类考试的需求，因此应试型的听力强化训练在一定范围内还是需要的，不过这种训练常常是以辅导班而不是以“课”的形式进行的。

四种类型各有侧重，只有相互配合，才能共同完成听力教学的任务。

五 结语

长期以来，汉语听力教学一直未能引起对外汉语教学界同仁们的足够重视，听力课的设置与教学也一直处于摸索阶段。起初人们对听力课的理解只是录音机加书面材料，上课就是听听磁带，做做练习；后来教学设备有了大的改善，听力课搬进了有视听设备的语音实验室，但教学活动却没有大的改观。随着国外外语教学理论的传入，技能训练理论开始影响汉语听力课

---

① 参见浮根成《有声作业与听力教学》，《语言教学与研究》1997年第3期。

② 参见李红印、陈莉《论汉语听力课的设置与教学——北大汉语中心听力课调查报告》，《北大海外教育·第二辑》，北京大学出版社1998年版，第154—155页。

的实际教学，对外汉语教学界对听力教学才有了新的认识。然而这并未从根本上扭转听力课难上的局面，如何上好听力课、如何开展听力教学仍然是对外汉语教学需要进一步探索的问题。

第二节 教学模式

壹 自上而下模型和自下而上模型的应用[①]

在第二语言学习中，听和读作为语言理解过程，相对于说和写这两种主动性生成过程而言，是被动性的接收信息的过程，但这并不是说第二语言教学中可以忽略听和读的训练，Krashen 的"可懂输入假说"就曾指出，"i+1"的可懂输入对于第二语言学习者发展语言能力是非常重要的；更不是说听和读的过程就不涉及学习者的主动性的问题，恰恰相反，在被动性的接收信息的过程中发挥学习者的主动性是非常重要的。此时，听力训练的方法就显得尤为重要。近年来，不少文章谈到听力训练方法的问题，探讨了预测原理在听力教学中的应用（张犁[②]，胡孝斌[③]），论述了如何培养学生跳跃听力障碍的问题（胡波[④]，马燕华 1996），并付诸教材的编写之

---

① 本节摘自孙晓明《自上而下模型和自下而上模型在对外汉语教学中的应用》，《云南师范大学学报》2004 年增刊。

② 参见张犁《预测原理在听力教学中的应用》，《语言教学与研究》1994 年第 1 期。

③ 参见胡孝斌《训练听力理解微技能，发挥教师指导作用》，《汉语速成教学研究·第二辑》，华语教学出版社 1999 年版。

④ 参见胡波《培养学生掌握跳跃听力障碍技巧的能力》，《语言文化教学研究集刊·第二辑》，华语教学出版社 1998 年版。

中(胡波①)。本文拟从自上而下模型和自下而上模型这两种理论出发,探讨其在听力教学中的应用,并在此基础上讨论发挥学习者在听力活动中的主动性的问题。

一　自上而下模型和自下而上模型

自上而下模型和自下而上模型是心理学家阐释阅读过程的代表理论。我们知道,在阅读过程中存在两类信息,一类是直接从字母或单词的视觉完形中得到的知识信息,即视觉信息;另一类是由读者对单词或词组在头脑中已有的知识经验所提供的高级信息,即非视觉信息,包括人们关于语言的知识、阅读的知识以及对世界的认识。而自上而下模型和自下而上模型对于两者在阅读中的作用的认识是完全不同的。

自下而上模型(down-top model)是美国心理学家 P.B. Gough 提出的一种阅读模型,用以描述从看到文字符号时起到理解意义为止的整个过程。这个模型是从信息加工的观点来解释阅读过程的,即从低级的小单位字母加工发展到高级的词组、句子以至语义加工的过程。显然,这一模型强调阅读是从读物中提取意义的单一过程。加工从外界刺激开始,由较小的知觉单元转向较大的知觉单元,通过一系列从小到大的连续加工达到对感觉刺激的解释。

自上而下模型(top-down model)是 K.S.Goodman 提出的一种阅读模型。其主要的观点是,人们在阅读过程中,通常是利用语言知识和有关经验的作用,对文章进行加工。他还指出,阅

---

①　参见胡波《三部汉语听力教材分析》,《世界汉语教学》2000 年第 2 期。

读是一种选择的过程,即在读者预期的基础上,对那些从知觉中选择出来的、最少的语言线索进行加工,形成暂时的预测和判定。这些预测和判定将在继续进行的阅读中得到证实、拒绝或进一步提炼。

听力活动和阅读活动的共同特点决定,这两种阅读模型也适用于我们对听力课教学的思考。传统的对外汉语听力教学是在自下而上模型的基础上建立起来的,采用由字的认知发展到词的加工以至句子的理解的模式。这种教学模式的优势可见一斑,但有时我们在教学中会遇到这样的问题:学生听懂了文本的字、词、句,但对整个文本的内容却未理解。这不禁引发我们的思考:我们应该如何引导学习者在理解字、词、句的基础上,利用已有的知识采用自上而下模型进行听力活动以弥补自下而上模型为基础的教学模式的缺陷。

二 自上而下模型和自下而上模型与对外汉语听力教学

(一)利用自下而上模型训练学生的语言技能

目前的对外汉语听力教学作为语言技能训练课之一,是建立在自下而上模型的基础上的。在此我们将首先探讨这种教学模式的可行性。

1. 自下而上模型为基础进行听力教学的可行性。

我们将从教材和听力教学法两方面来探讨这一问题。

(1) 教材的角度。教材是课堂教学的基础和主要依据,是教学法思想的主要体现。教材在反映教学法思想的同时,必将直接影响教师的教学和学生的学习。我们在考察听力教材时发现,现有的听力教材的编写主要反映了自下而上模型的理念。

教材的每一课均是由三部分组成:生词和语法、听力文本、练习。其中练习主要包括判断正误、选择填空、理解句子含义、回答问题和按故事发生的顺序排列句子。这种教材编写方法和练习安排方式体现了听力教学的教学法思想,即引导学生带着问题听文本并注意细节信息,从部分到整体理解文本。

(2) 教学法的角度。在听力教学中,我们采取的一般步骤是:词汇语法训练、听课文、做练习。关于听力课是否需要词汇、语法训练的问题,对外汉语教学界一直存在争议。我们认为,对外汉语听力教学的主旨是帮助学习者在提高语言技能的基础上培养他们的语言交际技能。因此听力课同样需要词汇和语法训练,但重要的是如何通过"听"这一活动来训练学生的词汇和语法能力。总的来说,听力课的教学方式在一定程度上决定了学生由词及句、由句及段、由段到篇章理解听力文本的听力学习方式,在客观上造就了学习者在听力活动中自下而上的解码活动。

2. 自下而上模型在听力教学中的应用。

(1) 词汇训练。听力文本中包含一定数量的生词,其中的一部分生词对于整句甚至整篇文章的理解至关重要。如果学习者不了解这些生词的用法,会给其听力理解活动设置障碍,这在单句的听力训练中最为明显。我们认为,可以通过听前练习的形式,请学生听包含本课所训练的词汇的句子,找出其中所包含的词汇,并判断其使用的正确性。这种训练可以帮助学习者排除语言障碍,为听力理解提供条件。

(2) 语法训练。听力训练中,学习者在实现词汇通达的基础上,需要运用所掌握的句法知识识别词与词的关系,进而实现对句子的语义理解。学习者在听觉刺激下运用新掌握的语法知识，既有助于激活语法项目的认知图式，同时又可以加快从语法知识的理性认识到运用于交际的转换。我们认为，可以请学生听新包含语法项目的句子，要求学生找出其中所包含的语法项目，并用自己的语言对该句做出释意。

(3) 带着问题听录音。听力课本的练习一般包括判断正误(听第一遍录音后完成)、选择正确答案和理解各句的含义(听第二遍录音后完成)以及回答问题(听第三遍录音后完成)，这在客观上要求学习者带着问题听录音，注重文本的细节信息。

3. 自下而上模型的优势和存在的问题。

对外汉语教学的目的是培养学生运用汉语进行交际的能力，听、说、读、写等语言技能的训练都是服务于这一目标的。因此在听力教学中有必要帮助学生弄清楚字、词、句信息，这样才能使其在提高语言技能的基础上，提高语言交际技能。从这个意义上讲，听力教学采用自下而上的训练方式是非常必要的。而由字及词、由词及句、由句到段的听力训练方式的优势也由此可见一斑。

但是如果学习者过于关注逐词理解，则无法从总体上把握文章，这样造成的结果是虽然掌握了每一个句子的意义，但对于文本的中心思想可能不甚清楚。如果学习者在现实的交际活动中过于关注词、句的理解，则难以从全局的角度出发实现交际活动的顺利进行。交际中需要的是从总体上把握意义的能力，而自下而上的听力理解方式在现实交际中很难成为有效的交际手段。

(二) 利用自上而下模型训练学生的听力技能

听力教学是一个训练学生语言技能和听力技能的过程，不仅要训练学生的语言技能，训练其听力技能也是同样重要的。我们将从听力策略训练的角度探讨自上而下模型在听力教学中的运用。

1. 预测策略：我们认为，预测策略包括有意识和无意识之分。事实上，学习者在听力活动中，一直会无意识地运用这一策略。这时的预测主要是根据已有的语义信息，预测后面的语义信息，并在此基础上预测词语搭配模式，特别是动词的搭配模式。例如，当学习者听到一个动词，可以在已有的语义信息的基础上，根据其配价，预测后面的名词词项。我们特别强调动词的主要原因是，当代语法学界强调动词是句子结构的核心，倡导"动词中心论"，认为动词词项对于其他词项（主要是名词词项）的制约决定了词项之间的句法语义关系。

我们在此特别强调有意识的预测策略。在自上而下模型的基础上进行听力教学活动，我们将有意识的训练学习者使用预测策略。有意识的预测策略主要包括两种，听前预测和听力过程中的预测。听前指导学生预测文本中可能出现的词汇和文本内容，可以激活学习者的话题背景知识；听力过程中引导学生利用已知的信息预测还未听到的内容，可以帮助学习者理解听力文本的主要内容。两者都有助于激发学习者的学习积极性。

(1)听前预测。听前预测不是任意的，是建立在我们头脑中的认知图式和知识结构的基础上的。如果预测的信息在听力文本中出现了，那么学习者会肯定自己的推论，并且对自己的预测能力树立信心。这样，学习者就可以把被动的接收信息的过程变为主动的思考和接收信息的过程。听前预测可以使听者在听力过程中重建文本信息时成竹在胸，而听力文本的可预见性将有助于这一策略的运用。

如在学习《你最好还是戒了吧》一课时，我们先请学生预测会出现的词汇。学生提出了戒烟、吸烟、打火机、火柴、癌症、火灾等词。请学生预测内容时，学生提出了吸烟的害处、为什么戒烟、为什么吸烟等问题。他们的预测有和文本相符的部分，也有不相符的部分。但通过预测，激活了他们的背景知识，有益于他们建构文章的意义，同时也调动了他们参与听力活动的积极性。

(2)听力过程中的预测。听力过程中的预测主要是根据学习者已经听到的内容，预测后面的内容。这样一方面可以加强学习者对文本的思考，另一方面也可以培养他们运用汉语思维的能力，真正实现学生在被动的听力活动中的"主体"地位。

如在学习《谢谢你的"生日"》一课时，文本的前半部分的主要内容是，"我"在火车上发现自己的钱包不见了，以后的几天都没钱买吃的东西了。听到这里，我们请学生预测后面的内容。学生们提出种种预测，包括"很多人帮助他，请他吃饭"以及"车上有人过生日，请他吃饭"。他们的预测虽然与听力文本内容不尽相符，但都合情合理，符合事情发展的规律。学生在预测的过程中，充分发挥了其主动性和创造性，同时激发了较大的学习热情。

2. 评价策略：证实和拒绝预测。我们在听前要求学习者预测会出现的词汇和文本内容，在听力过程中要求学习者预测后面的内容，这样做可以帮助学习者在听力过程中进行自我监控，将听到的信息与自己的预测进行比较并证实或拒绝预测。同时，策略之间是相互作用的，一个信息在评价策略中被证实之后可以用作后面的推测的基础。

3. 更正和补充策略：对不正确的预测进行更正，对不完整的预测进行补充。听者通过对预测的错误的更正和对不完整的部分进行补充来重建听力文本的意义。这样，学习者在听第二遍录音时，一方面可以重新考虑已得到的信息并进行新的预测；另一方面还可以通过获得新的信息而修正已有的信息。听者可能在听第一遍就做出修正的决定，也可能在听第二遍、第三遍时发现自己的推测有问题并予以更正。

4. 自上而下模型的优势和问题所在：利用自上而下模型进行听力训练的优势非常明显。这种训练方式可以帮助学习者利用头脑中的认知图式进行听力活动，无疑会调动学习者的主动性和积极性，而这点对于听力课教学尤为重要，因为听力从本质上说属于被动接收信息的过程。但在听力教学中，如果只是以自上而下模型为基础对学生进行听力训练是远远不够的。第二语言教学开设听力课绝不仅仅是为了引导学生运用已有的知识从听力文本中获取信息，更重要的是帮助学生通过听力活动提高语言水平，增加语言知识的积累。因为只有具备更高的语言能力，才能从根本上提高听力水平。

综上所述，对外汉语听力教学应结合自上而下模型和自下而上模型在听力训练中的优势，而如何实现两者的优势结合是一个值得思考的问题。我们认为，对外汉语听力教学可以采取词汇语法训练、听前预测、评价和更正、补充预测和练习四个步骤。

三 实验研究

我们已经提出了听力教学应结合自上而下模型和自下而上模型两种理论在听力训练中的优势，为论证其有效性，我们将进一步用实验的方法证明。我们以所担任听力课教学的两个班为研究对象,指定一个班为实验组,另一个班为常规组。在研究开始前,我们对他们进行了一次汉语水平考试,分析其汉语水平考试的总成绩和听力部分的成绩。结果显示,两个班成绩的差异在统计上是不显著的。我们据此认为这两个班的汉语水平和听力水平从总体上来说是一致的。

(一)实验目的:考察自上而下模型和自下而上模型两种理论为基础的听力训练方式是否优于仅采用自下而上模型为基础的听力训练方式。

(二)被试:我们担任听力课教学的两个班(均为 C 班),指定实验组和常规组。其中实验组 14 人,包括韩国学生 4 人,日本学生 6 人,美国学生 3 人,蒙古国学生 1 人;常规组 15 人,包括美国学生 2 人,日本学生 5 人,韩国学生 8 人。

(三)实验步骤:在为期十八个星期的实验研究中,我们结合自上而下模型和自下而上模型两种理论在听力训练中的优势对实验组的学生进行听力训练,采取的教学步骤包括词汇语法训练、听前预测、评价和更正、补充预测和练习。对于常规组的学生,我们则采取传统的听力教学方式,以自下而上模型为基础进行听力教学。

(四)实验结果:

被试的成绩(满分 = 100)

	听力测试成绩	
教学方法	平均值	标准差
实验组(n = 14)	85.73	3.41
常规组(n = 15)	78.79	7.91

实验结果表明，在听力测试中，不同教学方法的效果是有差别的。为了了解不同教学方法的效果在统计上是否有显著差异，我们运用了方差分析，对被试的测验结果进行了 T 检验。结果显示，不同教学方法的成绩从总体上说有明显的差异，$t=3.108$，$p=0.000<0.001$。由于实验组的平均成绩显著高于常规组，因此我们可以认为，自上而下模型和自下而上模型同时应用于听力教学是行之有效的教学方法。

四　教学启示

我们的实验研究表明，听力教学结合自上而下模型和自下而上模型在听力训练中的优势对于教学效果有积极的影响。第二语言学习者一般为成年人，他们对世界已经形成了较为完善的理性认识并具备了较为丰厚的一般性知识，因此以自上而下模型为基础的听力训练方式是具有可行性的。但我们认为，这种训练方式主要适用于中、高级学习者。这是因为，预测策略涉及了语义策略，而在对外汉语教学中，初级学习者主要关注语法形式，中、高级学习者才开始关注语义和功能信息。同时，初级听力教学一般以句子理解训练和对话训练为主，而中、高级教学则比较注重短文听力训练。相对来说，短文听力训练更适合使用预测策略。

另外，从文章的类型上看，我们认为，以自上而下模型为基础的听力训练方式比较适用于学习者可以建立认知图式的内容。这包括学习者比较熟悉的内容，或者学习者实际生活中比较接近的内容以及叙事性比较强的内容。相对而言，说明性的内容以及学习者不太熟悉的内容就不太适合运用这种训练方式了。

贰 “理解后听”教学模式[①]

长期以来，在对外汉语教学的课堂上，听力课一直采用的是单一的“听后理解”教学模式。我们试图做出新的尝试，提出一种较为新型的听力教学模式——“理解后听”。本文不仅探讨该模式的理论依据和实施原则，而且通过一个学期的教学实验对该方法的有效性进行了验证。

一 基本概念

顾名思义，“听后理解”就是先听后理解。教师试图通过填空、判断正误、回答问题等一些练习手段来引导学生理解材料内容，其目的是训练或培养学生的预测、选择、联想、猜测、推断等理解策略，而这种教学方法却忽视了培养学生从声学层次上形成意义理解的新定式。

本文提出的“理解后听”就是教师先给学生展示、讲解一段新语料（重点在“形式—意义”的匹配），让学生在理解语料意义的基础上，仔细听辨此种“形式—意义”的匹配是通过怎样一种声学层次上的定式传递的。换句话说，就是让学生头脑中已建立起的“形式—意义”的匹配再和汉语的语音匹配起来，建立起学生关于汉语的声音感应和定式[②]。课堂上学生的主要活动方式是：理解—听—内化—形成定式，从而逐步提高学生的听力水

---

① 本节摘自谭春健《“理解后听”教学模式探讨》，《云南师范大学学报》2004年第4期。

② 参见钱冠连《音感召唤》，《外语学刊》1990年第5期。

平。

二 理论基础

多数学者指出,听力理解本质上说分为两个层次①②。

第一个层次,辨识切分声音符号,确定声音符号所传达出的规约意义。此时理解的条件和基础是声学层次上接受的定式。就是说当大脑接收到一串语音后,它通过内化的某种定式把头脑中由词汇、句法规则、语篇范式等语言形式所负载的规约意义和语音串迅速建立起匹配关系来。如"小李偷东西"这句话从语音上所传递的规约意义就是"施事:小李(某人);某种行为:偷(私下里拿别人东西占为己有);受事:东西(泛指各种物品)"。

第二个层次,对规约意义进行处理——通过比较、联想、预测和判断获得推断性信息。此时理解的条件和基础是相关的知识图式。所谓"相关的知识图式"就是对和规约意义有关联的物体、场景、行为、心理活动等语言环境的典型经验和认识。再如上例"小李偷东西",从其规约意义我们可以获得推断性信息:"小李不是好人",可以进行联想:"小李可能是个年轻人,这个人在哪儿偷东西?被人抓住了没有"等等。

在对外汉语教学过程中,学习者一般都是成年人,头脑中已经具有关于世界的典型经验和认知以及相应的预测、选择、猜测、推断等理解策略,他们所缺乏的是汉语从意义到语音,从语音到意义的匹配关系。语音是语言的躯体,意义是语言的灵魂。

---

① 参见马丁·韦德尔著,刘润清译《外语教学与学习》,高等教育出版社1996年版。

② 参见杨惠元《汉语听力说话教学法》,北京语言大学出版社1996年版。

听话听音,初学汉语的学习者在感知信息时,必须有一个渐进的过程来辨识切分语音符号,匹配语音符号所传达出的规约意义。由于在此阶段,学习者辨识切分语流的时间比语流本身传送的时间慢,从而就造成在文本信息的理解过程中意义匹配不出,意义匹配有误,意义匹配迟缓①,因此也就谈不上根据经验和认知推断出相关信息。

基于以上认识,我们认为,初中级阶段的对外汉语教学听力课应该采用"理解后听"教学模式,即首先通过某种视觉凭借如文本、图像、动画、视频等方法灌输某种意义,然后训练学生在声学层次上进行听辨,把学生听的注意力吸引到意义与外在形式的匹配关系上,强化学生自身所发现的语言形式,从而使学生逐步形成汉语语音系统承载意义的理解新定式,为以后的信息理解打下坚实基础。

三　实施原则

(一)"理解后听"教学模式强调"可懂输入",并通过高频率输入来塑造特定的"意义—句法形式—语音串"的匹配关系。该模式包括以下两种方式:

1. 同一种语料(即同一种规约意义)在学生理解后,进行不同声音的反复输入,让学生仔细听辨。比如:

缓慢的语速表现/正常的语速表现/迅急的语速表现

低音量表现/正常音量表现/高音量表现

男音表现/女音表现

① 参见徐子亮《对外汉语教学的模式匹配》,《汉语学习》2000年第2期。

儿童音表现/成年音表现/老人音表现/杂音相伴表现/无杂音相伴表现

标准音表现/带有方音的普通话表现

对外国学生来说，汉语"抑扬顿挫"，有自己独特的节奏感。从第二语言认知的角度讲，学生需要训练的就是对汉语独特节奏感的接应，这种接应从心理学上说就是一种新的认知和认知的不断证实和应用①，因此，在初中级阶段训练学生在意义的引导下对汉语的重音、停顿、语气以及节奏感等声学层次进行感知，并对这种感知不断用新的声响和语料进行证实和应用，这样就能逐步打破学习者母语中匹配意义的语音定式，建立起汉语"语音—意义"匹配的新定式。

2．同一种句法结构或语篇模式在学生理解后，负载上新信息进行反复输入，从而达到内化汉语句法结构或语篇模式的目的。比如我们训练学生在听辨这样一个句子"我去王府井的时候，顺便去北京饭店看一个朋友"时，就可以先将语段格式"……的时候，顺便……"展示给学生，运用这个格式通过视觉对感知到的言语信号进行意义理解；然后再将此格式负载上新的信息，进行听觉输入，比如：

布朗去北大听讲座的时候，顺便看了一个朋友。

玛丽去逛街的时候，顺便给男朋友买了一条领带。

经过这样反复对一种范式不断的运用，一种声学层次上的定式必将内化于学习者头脑中，以备日后随时提取，理解新信

① 参见陈建民《汉语里的节奏问题》，《语言教学与研究》1979年第2期。

息。

总之，上述两种输入方式强调：通过不同声响的语料再现和语料重复，提供给学习者现成的语言材料以记忆，而后内化语言形式；通过高频率输入，塑造特定的句法形式和节奏感，建立起语音结构与句法结构相匹配的心理模式，培养新的听觉定式。

（二）“理解后听”教学模式训练学生将书面上理解的东西在听觉上再感知再印证。对外汉语教师都有这样的教学体验，对日本、韩国的学生来说，看懂的汉语未必能听懂；而对欧美学生来说，看不懂的未必听不懂。为什么会这样呢？这主要是因为汉语“语文分家”，以文字形式体现的汉语与以声音形式体现的汉语有很大的不同。这主要表现在以下三个方面：

1. 汉语的文字形式表意不表音。虽然汉字中存在大量的形声字，但是这些声旁都是由笔画构成的，而不是由表音的字母构成的。这样对于以表意文字形式入门习得汉语的学生来说就很难将汉字形式的意义匹配到语音形式上去；反过来以语音形式入门习得汉语的学生也很难将语音形式的意义匹配到文字形式上去。这突出表现在汉字文化圈中的日韩学生读写能力强于听说能力；拼音文字文化圈中的欧美学生听说能力强于读写能力。那么，如何让日韩学生看到汉语字符串而在脑中引起“声感召唤”，让欧美学生听到汉语的语音串而联想到文字形式呢？运用“理解后听”教学模式，先理解文字形式然后听语音形式，使学生把视觉上理解到的意义再从听觉上和语音形式进行匹配，进而把握住汉语“意义—文字形式—语音形式”之间的联系，这应该是一条符合汉语规律的听力教学路子。

2. 汉语同音字多，字、词连写，视觉上看到的结构形式与听觉上听到的结构形式不一样①。对汉语来说，视觉上看到的结构形式就是一行行的字符串，一下子无法分辨出大大小小语言成分之间的疏密关系，而听觉上听到的语言结构形式里面有重音、有停顿、有语气、有节奏。比如沈炯在论述语言和文字、语音和句法之间的关系时，曾引用林焘先生的一个例句进行说明："我不去叫他去。"该句从文字形式上看有歧义：

A：[我不去][叫他去]

B：[我][不去叫他去]

沈炯解析说，A与B不同的句法解析跟不同的语义结构相对应，而在视觉上它们用着同样的文字串来代表着不同意义。要想分化出这种歧义，就必须依赖上下文语境。但是在听觉上A与B的区别却是很明显的。这说明对于一种文字形式，从字串上看到的意义和从音串上听到的意义有时是不一样的，这种情形对同音字多，字、词连写的汉语尤其突出。针对汉语这种特点，让学生把视觉上（文字串）理解了的东西再从听觉上（语音串）理解、证实、应用一遍，应该是促使学生习得汉语，提高听力水平的有效手段。林焘先生在谈到汉语的语音、句法以及语义之间有密切关系的时候，曾强调说："绝对不能把语言的这三方面割裂开来孤立地进行研究。"这句话应用到对外汉语教学，就是一定要把汉语的语音、句法和语义联系起来对学生加以言语技能的训练。

3. 对外国学生来说，汉语中特殊的形式与结构必须在听觉

① 参见沈炯《从轻音现象看语音语法研究的关系》，《语法研究入门》，商务印书馆1999年版。

上进行反复的输入与理解，才能实现心理深层中的调整过程。汉语中存在着大量有别于学生母语的特殊结构形式，比如“把”字句、结果补语、定中结构、状中结构等。对于这些特殊的结构形式，学习者要想适应和掌握，不单体现为一种文字形式上的简单学习过程，更需要经过一个听觉上不适应的克服过程，也就是说应该从语音的感知上，将学生存放在长期记忆中的母语结构形式调整到汉语结构形式上来。而要完成这种调整，学生必须在理解这些特殊结构的前提下，反复进行听辨输入，从而形成理解意义的新“定式”。

比如英语的定语一般通过介词 of 作顺行（向右）扩展，如：the teacher of the son of the friend of…，汉语则相反，常常作逆行（向左）扩展，如：朋友的儿子的老师。根据陆丙甫同步组块的理论，人理解句子是不断地组成相对大的结构块，而组块是以结构核心为基点的。如果先出现结构核心，那么核心之后的成分就成了对结构核心的补充，后面的成分相对来说并不很重要，即使没有听清楚，问题也不很严重，因为最主要的核心成分已经把握了。而逆行结构则完全相反，当听到一个扩展性成分以后，必须耐心等待核心成分的出现，否则结构就得不到合理的组块，无法完成理解过程。汉语正是后一种情况（逆行结构）①。听力课上如果我们不对这些特殊的结构形式进行“理解后听”的反复训练，即：展示理解—慢速、快速反复听辨输入—结构内化，那么学生就很难在短时间内，真正实现心理深层中结构模式的调整

① 参见金立鑫《对一些普遍语序现象的功能解释》，《当代语言学》1999 年第 4 期。

过程，也就无法形成一种新的理解定式。

四　教学步骤

（一）“理解后听”之阶段一：展示、观察、理解——“理解后听”的第一步。教师通过多媒体技术或板书向学生展示情景、语料及语料的结构形式，使学生观察、理解所展示的语料和结构形式，体会这些形式是如何传达某种意义的，此时学生的注意力集中于语言形式和意义的匹配上。

（二）“理解后听”之阶段二：听觉输入。此阶段主要引导学生听辨某种意义是如何在语流中运用和表达的。注意声调、语调、重音、停顿、语气等声学层次上的因素。

（三）“理解后听”之阶段三：反复操练。学习者有机会反复操练他们在前一阶段所观察到的和所理解的语言形式。对此可进行正常语速输入/非正常语速输入，标准音输入/非标准音输入，男音输入/女音输入，老人音输入/儿童音输入，杂音相伴输入/无杂音相伴输入等等。这一阶段学生将进一步体会在不同的语调、语速、杂音相伴下如何通过语段范式来理解规约意义，充分发挥学生的认知主体作用。

（四）“理解后听”之阶段四：语段框架负载新信息，边听边理解。在这个阶段，向学生输入已掌握的语言形式所负载的新信息，使学习者有机会对所掌握的语言形式和节奏感加以证实和运用。如对下列框架“……对……着迷，……从……的时候，就开始……了”可以负载新信息如下：“我对唱歌很着迷，我从小学的时候，就开始唱歌了”、“李先生对喝酒很着迷，他从大学的时候，就开始喝啤酒了”进行听辨。

五 教学实验

（一）实验假设、实验对象、变量

实验假设：在初中级对外汉语教学的听力教学中，运用“理解后听”教学模式不仅有利于学生对语言形式的掌握，而且有利于培养学生通过语言形式的线索迅速推导语义，从而达到训练学生逐步提高听力理解水平的目的。

实验对象：北京语言大学汉语速成学院 2002—2003 学年第一学期 20 周 C3、C8 班（准中级汉语教学班）。

自变量：两种不同的教学模式——听后理解和理解后听。

因变量：学生课堂表现——20 周后的期中、期末考试成绩。

（二）控制手段

1. 汉语速成学院 2002—2003 学年第一学期新生入学时全部参加了学院组织的汉语水平分班测试。我们根据学生测试的词汇等级、认读能力以及与教师进行听说的面试成绩挑出 C3 与 C8 班作为实验班，保证受试学生在实验前的起点基本一致。

2. 分班测试及按水平分班是速成学院的惯例，受试学生意识不到自己的特殊性，在整个实验过程中，他们并不知道自己在参加一项实验，这就避免了实验环境的影响，保证了实验结果的可靠性。

3. 实验组和控制组使用相同的教材——《汉语听力速成·提高篇》（毛悦主编，北京语言大学出版社），用相同的教学学时，保持相同的教学进度，使用相同的考试试卷。

4. 集体判卷，以避免主观印象和主观意志对客观评分带来的不利影响。

（三）实验过程

在一学期的教学中，实验组（C8 班）用“理解后听”教学模式；控制组（C3 班）用“听后理解”教学模式。

跟踪观察实验组与控制组，对比两组学生在不同教学模式下的不同课堂反应。

对两组学生进行成绩测试及水平测试（期中、期末听力考试），测量学生对所学内容的掌握情况及听力水平的提高幅度。

对某班（C4 班）交叉实行“听后理解”与“理解后听”各四课时，问卷调查学生对两种教学模式的满意度。

（四）实验结果与讨论

表 1　学生在不同教学模式下的课堂反应

	对单句的理解	对对话的理解	对短文的理解
听后理解	学生猜测听不懂的句子；听懂的句子多数不能重复。	在猜听意思过程中，忽视了表达意思的语言结构，学生常常显得焦虑。	注意力被细枝末节分散，无法排解难点和抓住中心，学生常常一头雾水。
理解后听	学生正确理解关键词语之后，在句法结构指引下，可以举一反三。	在意义的指引下，学生的注意力集中在识别句法结构与对话框架上。	排除了干扰，学生专心于短文的框架与中心思想的匹配。

从上表我们可以看出，在“听后理解”教学模式中，学生由于词汇量不多，句法结构内化不深，因此对意义的把握很不确定，导致上课时心情焦虑；而此时有些听后问题还故弄玄虚，像儿童智力测验，因此学生对此种教学模式不甚满意。反观“理解后听”教学模式，整个教学过程在意义的先导下对关键词语和语法框架反复听

觉冲击，再经过学生自我识别和记忆达到语言习得的目的。特别是理解后听有时强调视觉理解的辅助，加速对汉语特有的句法模式或语篇框架的接收和内化，使学生听有所得，得有所用，在不断的积累中，逐步形成汉语特有的听觉定式而提高汉语听力水平。

表 2　期中考试成绩

	对单句的理解（满分 30）			对对话的理解（满分 30）			对短文的理解（满分 40）			总成绩（满分 100）		
控制组：听后理解	平均分	最高分	最低分	平均分	最高分	最低分	平均分	最高分	最低分	平均分	最高分	最低分
	25	28	20	22	24	18	33	36	26	80	88	68
实验组：理解后听	平均分	最高分	最低分	平均分	最高分	最低分	平均分	最高分	最低分	平均分	最高分	最低分
	28	30	24	24	28	20	35	36	28	87	94	72

表 3　期末考试成绩

	对单句的理解（满分 30）			对对话的理解（满分 30）			对短文的理解（满分 40）			总成绩（满分 100）		
控制组：听后理解	平均分	最高分	最低分	平均分	最高分	最低分	平均分	最高分	最低分	平均分	最高分	最低分
	24	26	22	24	26	20	32	36	28	80	90	74
实验组：理解后听	平均分	最高分	最低分	平均分	最高分	最低分	平均分	最高分	最低分	平均分	最高分	最低分
	27	30	26	26	28	24	34	36	30	87	92	80

通过期中、期末成绩我们可以看到，实验班的整体听力成绩得到了稳步的提高。在对单句和对话的理解中，实验班的成绩比非实验班高，这是因为理解后听教学模式在教学过程中更加强调了在听的过程中对重点词语和句式的注意，因此学生能更好地运用这些词语和句式进行更多语义的理解。特别值得注意的是，实验班好生与差生在单句和对话成绩上差距逐渐缩小。这说明理解后听教学模式在一定程度上满足了个体化的要求，对不同学生的影响具有明显的均衡性。而在考察听力水平的短文部分，理解后听教学模式的成绩也比听后理解教学模式高，这

也反映了理解后听教学模式对听力理解能力的提高有显著成效。

表 4　学生满意度

	满　意	无所谓	不满意
听后理解教学模式	35%	15%	50%
理解后听教学模式	70%	20%	10%

表 4 的问卷调查及与学生座谈表明，在对外汉语初中级的听力课堂上采用“理解后听”教学模式比“听后理解”教学模式更能激发学生的积极性，同时对学生的学习习惯、学习方法、学习兴趣、自学能力以及对语言的认知方法产生了积极的影响。调查显示，学生对理解后听教学模式满意程度比听后理解教学模式高出 35 个百分点，而且学生反映他们可以利用理解后听自主学习且有明显的学习效果。尤其是学生从依赖老师充分的内容讲解转为自动注意语言形式，理解后听，或边听边理解，达到了语言习得的目的。我们认为这是“理解后听教学模式”最有成效之所在。

通过以上课堂教学效果比较以及对测试成绩的数据分析，我们认为，我们的教学实验达到了既定的目标和设想，教学改革实验是成功的。具体而言，我们认为：(1)理解后听教学模式加深了语言形式的内化，从而提高了学生在听觉上对汉语信息的接收能力；(2)理解后听强调以学生为中心，学生自己可以在意义的先导下，在倾听过程中逐步改变自己母语的声音感应模式；(3)实验班学生的短文信息理解能力整体上赶超了非实验班，说明理解后听教学模式最终在提高学生高层次的听力理解能力上也有很大帮助；(4)理解后听教学模式培养了学生良好的学习习惯和学习方法，学生可以根据自己对语言知识的掌握，进行课后自我调节，通过理解后听来提高自己的听力能力。

六 推广及应用

本研究从理论和实践两方面证明，在对外汉语教学的初中级阶段，“理解后听”教学效果明显优于“听后理解”教学效果。不过，我们在实施该教学模式的过程中也遇到了一些困难和问题：一是目前的听力教材全部是按照“听后理解”的教学模式编写的，难于应用于理解后听教学模式；二是文本的录制都很单一，无法实现慢速、中速、快速等不同声响的反复输入。

若全面推广该教学模式，我们认为应该做好如下几方面的工作：

（一）提高教师对听力理解本质的认识。在此基础上，教师才能根据学生的不同需要对目前的听力教材进行不同的处理，从而实施对学生“理解后听”的教学。

（二）运用现代多媒体教育技术重新改编听力教材。现代多媒体教育技术能同步显示文本、声音、图像、动画等多种形式的信息，学生既看得到，又听得见，在多种感官综合刺激下，构建的语音意义的匹配关系远比传统的单一听觉输入要牢固得多。学生听觉输入时，如果遇到不认识的字词、不知道的人物、事件，还可以利用超文本链接技术，点到即查，唾手可得；另外更方便的是学习者还可以根据实际情况对文本内容进行放慢、重复、加速、跳过、放弃等调整，省时省事，简洁方便，必然会增强学生的听力信心和兴趣。

第三章

听力难点

第一节 听力难度的表现形式及形成原因

壹 听力理解障碍[①]

在对外汉语教学中，我们通常采用听说领先、读写跟上的教学方法，可见听力理解是学习汉语的重点与难点。

人们学习一种语言，大量时间要用来听。听是交际的基础，听不懂就不能回答，听懂以后才能说对。据美国心理学家阿舍尔(James J.Asher)等人研究，婴儿在出生以前就已经开始听人说话了，出生以后继续听，对人们的指令做出反应，但自己不出声，或很少出声，人们在孩子说话以前，给他大量的时间让他听。

第二语言学习的过程也是如此，大量时间应该用在提高学生的听力理解水平上。所以，为了训练学生听力理解的能力，我们在教学中特设了听力课。可是，留学生在听力理解方面的主要障碍是什么？听力课的重点是什么？我们应该从哪方面入手来帮助学生提高听力理解的能力呢？为了解决这些问题，我们

---

① 本节摘自毛悦《从听力测试谈留学生听力理解方面的障碍》，《中国对外汉语教学学会第五次学术讨论会论文选》，北京语言学院出版社 1996 年版。

对留学生做了听力理解方面的测试。

一　测试目的

通过测试找出汉语中级教学阶段，留学生在听力理解方面的主要障碍，发现其规律，为听力课内容的选择、听力教材的编写打下基础。

二　测试对象与方法

测试对象为北京语言学院汉语速成学院 C 班的留学生，均为入学 10 周的学生，其汉语程度平均相当于 HSK（汉语水平考试）4 级左右水平。

国籍分别为：日、韩、美、英、荷兰、澳等。

年龄：18—68 岁。

人数：78 人。

测试采用答卷方法，每个试题均让被试者听两遍，语速为 180 字/分左右，答卷为选择方式，出现 A、B、C、D 四个答案，让学生选择其中正确的。

测试后对一些学生进行进一步访谈，试图弄清被试者听力理解的轨迹与障碍。

三　测试过程

测试共分 9 次进行，我们对 1993 年 12 月至 1995 年 1 月在北京语言学院汉语速成学院 C 班学习的学生，在他们学习期满 10 周后，对其进行测试。

访谈是在测试之后进行的，测试后我们进行试卷讲评，同时询问部分被试者参加测试时的想法。访谈有时是集体的,有时是个别的。

四 测试内容

因为被试者均为在校学习满10周的学生,学习期间听力课所用教材为《初级汉语课本·听力练习》第二册。测试内容均为此教材前20课学过的内容,只是形式不同,不包括课本上未出现的语法重点与生词。

测试内容分为五个部分。分别为:

1. 语音部分
2. 听句子
3. 听对话
4. 听一段对话
5. 听文章

五 结果与分析

我们把参加测试的78位被试者按照国别分别分为A、B两组。A组为欧美组,共19人;B组为日韩组,共59人。

我们将对两组被试结果逐项进行分析、统计,并找出错误原因,进行错误分析。

(一)语音部分

表1 得分情况统计

	应得总分	实得总分	总计失分	平均得分	平均失分	平均错误率	平均正确率
A	380	268	112	14.1	5.89	29.5%	70.5%
B	1180	906	274	15.4	4.64	23.2%	76.8%
总计	1560	1174	386	15.1	4.9	24.7%	75.3%

由表 1 可见 A 组的欧美被试者在语音部分的测试中，正确率低于平均正确率，而 B 组的日韩学生语音部分掌握情况好于 A 组，正确率高于平均正确率。A 组平均正确率低于 B 组平均正确率 6.3%。

语音部分的错误主要分为两大类：1.声母韵母辨析的错误；2.声调的错误。

声、韵母辨析方面的主要错误有：

páng biānr（正确）	róng huì（正确）
fáng piānr（日韩被试者 5 人）	lóng huì（韩被试者 6 人）
jué yuán（正确）	chán yú（正确）
xué yuán（韩被试者 6 人）	cán yú（韩被试者 4 人）
míng yuè（正确）	píng fán（A 组 6 人）
mín yuè（A 组 10 人）	pín fán（A 组 5 人）

声调错误如：

cán yú（正确）	xiàn xiàng（正确）
cán yǔ（B 组 15 人）	xián xiàng（B 组 10 人）

fǔ dǎo（正确）

fú dáo(B 组 8 人）

B 组被试者声调错误集中在上声与阳平的对比上，而 A 组被试者声调错误较多，共失分为 67.2 分，占总失分的 59.8%。

语音部分产生的错误是基本的错误。我们知道听力理解包括听和理解两方面，即人们利用听觉器官对言语信号进行接收再经过大脑将其内化的过程。接收即指听觉器官收到言语信息。接收是下一步大脑将其分析、辨别、归类，并与已储存在大脑中的言语信号建立起联系，从而在语音、语法、语义三个层面上进行新的感知，理解言语信号所表示的意义。所以接收到正确的语音形式是进一步对言语信号进行解码的基础。

声、韵母的听辨错误常受到母语的影响，被试者母语中没有的音，常常是错误多发点。如送气音与不送气音的区别，前鼻音与后鼻音的区别。同时也与听觉器官的敏感度有关。

被试者对声调的感觉往往受到错觉影响。由于被试者母语中一般无声调变化，而音高是一种听觉的主观心理量，当声音频率由小变大，听觉便产生一种由此相应的由低到高的不同音高变化，声音强度也对音高感觉起作用。被试者在听两字组中前字为上声的音节时，由于实际调值无论在上声前还是阴平、阳平、去声前均不是214，所以常常将上声与阳平混淆。测试中上声与阳平发生错误的为72人，占全部被试者的92.3%。

留学生在听力理解方面的第一个障碍为语音障碍。学习到了中高级阶段，语音问题尚未完全解决。致使言语信号的接收发生错误，导致错误地将其归类、分析，引起错误的联想，产生错误的理解。所以提高听力理解能力的第一关是扫清语音障碍，这不仅是初级阶段教学的重点，中高级教学中也要坚持训练。分清近似的音和调是提高听觉器官灵敏度的一个重要手段。

（二）听句子

第二部分的测试题目为10个长句子，要求被试者听完以后，在A、B、C、D四个答案中选出正确的一个。一题2分，满分20分。

表2 得分情况统计

	应得总分	实得总分	总计失分	平均得分	平均失分	平均错误率	平均正确率
A	380	312	68	16.42	3.58	17.9%	82.1%
B	1180	1002	178	16.98	3.02	15.1%	84.9%
总计	1560	1314	246	16.85	3.15	15.8%	84.2%

其中此项测试获满分者，A组为6个，占A组总人数的31.6%；B组为20个，占B组总人数的33.9%。

从以上结果及表2所示，我们可以发现，在听长句的练习中，B组的听力理解能力略高于A组。

听句子的练习，由于没有生词和未学过的语法重点，所以没有接收言语信息的错误，而错误较多地存在于理解言语信息，对言语信息的分类、辨别、归纳上。如：

1. 有关人名、数量词、时间词的听力理解。

例句：

男：火车应该差一刻两点到，结果晚了十分钟。

问：火车几点到的？

8个学生选择“一点四十五分”，14个学生选择“两点十分”。分析其错误原因，被试者关于时间的词“差一刻，两点，十分钟”都听得很清楚，而发生的错误是，他们把所听到的时间词直接当做了答案。前者听到了“差一刻两点”就产生了联想，而没有继续接收后面的言语信息。而后者，则将本句的要点之一“差一刻两点”中“差一刻”忽略，只注意到了“两点”这个时间词。这种现象在初学汉语的留学生中非常普遍。在听句子的要点时，往往注意数量词和时间词，而与之有关系的名词、动词却注意不到，常常造成听完一段话，记下了一串数字，而这些数字与什么事情有关系却不知道。

例句：

男：王英请刘华告诉老师，她今天病了，不能去上课。

问：谁不能去上课？

14 个被试者的选择是“刘华”，4 个选择“老师”，3 个选择“王英和刘华”。访谈中我们了解到，大部分学生听到此句时，因为此句中人物较多，所以头脑中一下儿理不出人物之间的关系。大部分人没听清两个人名之间的动词“请”，所以将此句听成一个简单句，“刘华告诉老师……”，因而选择“刘华”。被试者在听到人名时，常机械地将人名储存进大脑，因而忽略了人与人，人与事之间的关系，妨碍了正常的理解。

而为什么会产生这种现象呢？一般是与被试者听力理解的速度有关。听到有关的数量词、人名、地名、时间词等，被试者常要接收、解码、归类，再与其他词联系起来。由于很多被试者还未养成用汉语思维的习惯，常常对收到的言语信号分析较慢，归类也较慢，而在其对这些词进行分析时，其他与之有关的词句已经过去了。所以被试者常抱怨语速太快，实际上并不是言者语速快，而是听者反应慢。这与听觉器官的灵敏度及思维活动的速度有关。

2. 有关语法重点、习惯用法的听力理解。

例句：

男：我原来不想去，可她非让我去不可。

问：这句话是什么意思？

20个被试者均选择了“她一定要去”。因为被试者在听到“非……不可”时，联想到“非……不可”是“一定”的意思，因而机械地选择带有“一定”这个词的答案。说明被试者在所听内容速度较快、心理较为紧张的情况下，常将听到的发音直接当做认定的解码结果，而无暇顾及利用语法规则去解码。

例句：

男：他就爱玩儿，一说学习就头疼。

问：这句话告诉我们什么？

15个被试者选择“他学习的时候，头常常疼”。试后访谈中了解到，这15个学生均不知道“头疼”一词还有其他含义。可见对言语信号的解码过程，需要具备一定数量的语法规则和有关目的语的社会文化知识等经验成分。这些经验成分的储存和积累不只是在听力课上获得，而更重要的是在口语课语法教学时获得，在语法课上属于感觉记忆和短时记忆阶段，而听力课的训练则是通过再现和重复，把感觉记忆和短时记忆的信息转入长时记忆，储存在大脑中，以便在需要时迅速准确地提取有用的信息，参与解码和重新编码的过程。语法规则的获得不是我们听力课的任务，但语法规则的掌握程度影响着听力理解的精确度。所以怎样把储存在大脑中的语法规则在必要的时候正确地提取出来参与解码的过程，是我们训练的重点。

（三）听对话

第三部分试题为听对话练习，共10组对话，每组为男女双方各说一长句。满分20分。

表3 得分情况统计

	应得总分	实得总分	总计失分	平均得分	平均失分	平均错误率	平均正确率
A	380	260	120	13.68	6.31	31.6%	68.4%
B	1180	1028	152	17.42	2.58	12.9%	87.1%
总计	1560	1288	272	16.51	3.49	17.4%	82.6%

听对话的测试结果表明，A组成绩明显低于B组。说明欧美学生的听力理解能力比起东方国家的学生差距较大。可能与其采用母语思维，而母语的语法体系又与汉语相差甚远有关。

双人简短对话往往速度较快，内容简洁，但要求被试者在很短的时间内正确理解言语信号表示的意义，快速判断出对话双方所在位置之间的关系，以及正在谈论的事情等等。

1. 被试者存在的第一个困难就是正确判断说话人所处位置及人物关系。这要求被试者根据接收到的言语信号，快速进行思维、联想，假设出可能存在的位置或可能存在的关系，并进一步核实、判断，如判断已判定为存在的情况是否可以成立。这一切取决于解码的熟练程度，这一过程是一种艰巨的高级神经活动，而这一活动对于留学生来说是相当困难的，因而听对话的错误率明显高于听单句的错误率。

例句：

女：哥哥，咱们的行李太多了，怎么拿呢？

男：咱们一人先拿一件，放到楼下，再上来拿一次……

问：他们现在在哪？

此句的错误率为19.7%，将近1/5的人分别选择了“楼下”、“路上”、“车上”等答案。说明正确判断对话人位置是听力理解的一个难点。

2.听对话的测试中，暴露出的另一个问题是，重音、停顿、语气、语调的变化所表达的含义，是被试者理解的又一障碍。

例句：

女：昨天晚上的电影怎么样？挺好看吧？

男：好看什么呀！

问：男的认为昨天的电影好看不好看？

这里“好看什么呀！”是个反问句，言者利用重音将“什么”两字突出，形成了否定的语气。而7个被试者选择了“非常好看”，7个被试者选择了“还可以”这个答案。

由此可见，重音、停顿、语气、语调的变化，所体现的丰富内涵，是留学生听力理解的难点。因为言者往往通过这些变化，强调句中的某个重要部分或表达一种深层含义。一句话每个字都听懂了，如果没有注意到语气、语调的变化，有时也会造成理解的偏差。这是中高级阶段留学生听力理解的重要障碍。

3.这一部分显示出的另一个问题为，被试者在接收较长的言语信号时，常受言者音高、音强及音长等因素的影响，自动划定“重点词”，而忽略“非重点词”，而这种划定是非理解性的划定，因而影响了解码的准确性。造成的结果是，听完对话后，只记住了几个不连贯的词语。

例句：

女：听说你父亲一个星期前已经出院了，现在身体怎么样？

男：还很虚弱，人一过七十，就容易生病，今年他已经住了两次医院了。一住就是一个月。

问：他父亲今年住了多长时间医院？

18个被试者的选择为“一个月”，5个人选择“一个星期”。这两个数量词一个出现在对话最开始阶段，一个出现在对话的最后，给人留下的印象最深。因而造成被试者机械地将其当成问题的答案。由此可见，怎么使留学生采用目的语进行思维运行，是听力理解的重要环节。听力理解不应只停留在机械地接收音节、数码上，更重要的是将接收到的信号串联起来，利用思维机制对其进行判断、理解，并将其变为经验成分存储进大脑，成为下一次解码的联想成分。中高级汉语教学阶段留学生听力理解的障碍不是记录信号的问题而是利用信号进行联想思维的过程。

（四）听一段对话

此部分试题分别为两段对话，对话涉及内容稍多，句子较长。第一段对话后有两个问题，第二段对话后有四个问题。满分12分。

表4　得分情况统计

	应得总分	实得总分	总计失分	平均得分	平均失分	平均错误率	平均正确率
A	228	192	36	10.11	1.89	15.8%	84.2%
B	708	614	94	10.41	1.59	13.3%	86.7%
总计	936	806	130	10.33	1.67	13.9%	86%

1.听大段对话时，对被试者来说，第一个困难就是，在成段的对话中，言者为了说清楚自己的观点、意见，往往从不同角度论述，说很多话，而其中呈现主题的关键句子不过一两个。如何在全面中抓住关键，是听力理解的又一障碍。

例如，第一段对话中女的说：“我就怕坐船，我觉得坐船太慢，花的时间太多，稍有点风浪，我的身体就不舒服，如果买不到飞机票，我宁愿坐火车。”

句子很长，提到了三种交通工具，问题是：“她喜欢怎么去旅行？”19个被试者选择了“坐火车”。因为句子较长，听者注意力较易分散，提到的事情又多，往往听者思维跟不上言者的语速，抓不住重点，忽略结论存在的条件，只记住最后结果。所以如何判定重点与非重点，以及事情与其他事件的关系，是被试者用目的语进行思维、听力理解的难点。

2. 听长段对话的第二个障碍与听短暂对话相同，即快速判别对话双方人物关系、所在地点、周围物体方位以及事件发生时间。由于对话较长，提到的方位词、时间词、数量词较多，因而可能产生正负两方面的效应。一方面被试者可以根据较多的提示，在较长的时间内，将接收到的言语信号进行细致的内化，提高回答的正确率；另一方面被试者由于受到较多信号的干扰，思维过程不清晰，导致错误率上升。在中级汉语教学阶段的被试者属于后者。因而有关时间、方位的问题回答错误率与听简短对话时相比分别上升了2.71%和3.04%。

（五）听文章

此部分试题是两段小文章，分别为114字和285字。文章不涉及未学过的生词、语法现象。形式包括叙述和对话。

表5　得分情况统计

	应得总分	实得总分	总计失分	平均得分	平均失分	平均错误率	平均正确率
A	152	110	42	5.79	2.21	27.6%	72.4%
B	472	404	68	6.85	1.15	14.4%	85.6%
总计	624	514	110	6.59	1.41	17.6%	82.4%

1. 听文章的测试反映的现象是24个被试者获满分。因为文章中没有生词出现,大部分被试者可以听懂文章大意。在文章的选择上,我们选择的是叙述性文章,为一个完整的故事情节,便于被试者理解。主要是为了测试学生在日常交际中听懂别人谈话内容、能与人交谈的能力。

2. 错误主要集中在两个问题上。一个为时间问题,原文为:"这个月7号是星期六,约翰和他女朋友玛丽都有课,下午下课以后,他们一起去友谊商店了。"问题是:"这两个人什么时候去商店的?"。错误有语音问题,选择"1号下午",也有由于句子较长导致解码错误如"6日上午"。

第二个错误为语法问题,第二段文章中提到:"我在这个餐厅已经吃过好几次了。"问题是:"这个人在这个餐厅吃过饭吗?"重点为被试者对"好几后面加量词"的理解,为教材中出现过的语法重点。而A组12个人均选择"吃过十几次"了,3个选择"没吃过,这是第一次"。说明被试者并未将接收到的言语信息存储进大脑作为再次解码的基础,或是错误地将言语信号接收并存储起来,造成了再解码的障碍。

六　结论

此次对留学生听力理解的能力的测试,意在探讨、调查究竟是什么障碍影响着其听力理解的正确率。我们认为生词与语法影响着人对事物的理解,但随着学习的深入会得到解决,不是听力课所涉及的重点教学内容。因而,我们选择了无生词和新语法点的测试材料作为测试题目,试图发现留学生听力理解方面的主要障碍。

表6　测试结果比较

		语音部分	听句子	听对话	听一段对话	听文章
A	正确率	70.5%	82.1%	68.4%	84.2%	72.4%
	错误率	29.5%	17.9%	31.6%	15.8%	27.6%
B	正确率	76.8%	84.9%	87.1%	86.7%	85.6%
	错误率	23.2%	15.1%	12.9%	13.3%	14.4%

测试结果表明，日韩等东方国家留学生的听力理解能力明显高于欧美国家的留学生，水平比较稳定。而欧美国家的留学生听力理解的能力较弱，联想能力较差，这可能与东西方思维差异有关。

听力理解即人们利用听觉器官将接收到的言语信号进行分析、辨别、归类，同时和已储存在大脑中的旧的言语信息建立联系，产生新感知，理解言语信号的意义，并将其存入记忆库的过程。

听力理解的障碍主要体现在：

1. 语音方面，由于听觉器官灵敏度差，造成辨音辨调误差性大，影响对语义的进一步理解。这主要是在言语信号接收阶段出现的困难。

2. 接收阶段出现的第二个障碍是，对言者通过重音、停顿、语气、语调的变化，体现出的语义内容的接收障碍。

3. 解码阶段，由于母语思维的干扰，使目的语思维受阻，使解码速度减缓，影响了对其他言语信号的接收。

4. 不能将接收到的言语信号进行分析、归类，与头脑中存储的信息发生联想，而只是机械地将言语信号存储下来。

除了客观因素的干扰外，我认为留学生在听力理解方面的主观障碍主要体现在上述四个方面。在中级汉语教学阶段，我们应该有针对性地帮助学生克服这几个方面的障碍，提高其听力理解方面的能力。

贰　留学生听力跳跃障碍的实现条件①

一　听力跳跃障碍的重要性与可行性

听力课在对外汉语教学中是一门重要的言语技能训练基础课。在华学习汉语的留学生 56.7%的人把听力技能作为第一技能；在华使用汉语的外国人 60.9%的人把听力技能作为第一技能，其中，在华从事外交、商贸工作的外国人把听力作为第一言语技能的竟高达 79.3%和 75%②。

但是目前我们听力课的教学效果还不十分理想，尤其是中高级听力课教学中的一个突出问题——帮助学生克服听力“生词多”的问题，没有得到很好的解决。

国内不少同行提出了用训练学生进行联想猜测语义的办法，帮助学生跳跃生词障碍，达到提高听力水平的目的。杨惠元先生指出：“学习第二语言的外国人在听目的语时，都会遇到听不懂的词语。没有经验的听者遇到生词往往很急躁，一着急就听不进下文。而有经验的听者能够从容处理。他们根据上下文

---

①　本节摘自马燕华《中级汉语水平留学生听力跳跃障碍的实现条件》，《北京大学学报（哲社版）》1999 年第 5 期。

②　参见高彦德、李国强、郭旭《外国人学习与使用汉语情况调查研究报告》，北京语言学院出版社 1993 年版，第 35 页。

猜测生词的大概意思，猜不出来也不着急，继续往下听，有时听到后来对前边的词语自然而然地就理解了。本族人在听母语时也会遇到生词或不熟悉的内容，有时受到环境噪音的影响，个别词或句子也可能没听清，但一般不妨碍理解。这说明他具有跳跃生词障碍的能力。我们的听力教学也要训练学生学会跳跃障碍。"并认为："学生学会了根据上下文跳跃生词障碍，听力的提高就可以来个飞跃。教师要不断总结规律，并且要教给学生掌握这些规律，使学生跳跃生词障碍跳得准，跳得巧。"①

张祖圻先生指出："有些学员缺乏通过上下文猜出词意和根据讲话人的思路猜出句意的能力，一遇到听不懂的地方，他们就停下来，一味地思考那些已失掉的内容。这是一种最忌讳的'既丢芝麻，又失西瓜'的不明智的办法。教师应引导学员在必要时通过上下文对词意、句意进行大胆猜测。"②

结合具体语义环境猜测语义，以跳跃生词障碍实现语言理解的目的，这是符合认知心理学规律的。

著名认知心理学家米勒等人曾经做过一个试验，他们让受试辨认不同噪音干扰下的单词，这些单词有些是孤立地显示，有些则出现在由 5 个词组成的句子里。他们发现，在不同程度的噪声干扰下，句子中的单词总能更好地辨认，例如在言语和噪声的响度一样的情况下，人们能辨认 70%在句子中出现的单词，而只能听辨 40%的孤立单词。这是因为句子中有许多句法和语义信息，帮助人们预测什么词会出现在什么地方。

---

① 参见杨惠元《听力训练 81 法》，现代出版社 1988 年版，第 10、18 页。

② 参见张祖圻《听力教学札记》，《语言教学与研究》1984 年第 2 期。

另一位著名认知心理学家波拉克等人做的实验则是把一些人的话偷偷地录下音来,然后截成单词,再放出来给人辨认,发现认对率只有47%。他们让人用正常速度读一些段落,再把单词截下来给人辨认,认对率也只有55%。如果是快速朗读,则认对率降至41%。后来他们又在每个单词后增加一些片断,片断越长,认对率就越高。这是因为受试者能利用越来越多的声学、句法、语义知识来帮助他们作出判断①。

以上实验说明,人们听"话"时,具有一种根据上下文猜测词意、句意、跳跃生词障碍的心理机制。

但是,人们这种猜测语义的实现条件是什么?特别是中级汉语水平的留学生听汉语时猜测词意、句意的实现条件是什么?干扰因素是什么?这些似乎还没有人探讨过。

本文试图通过对中级汉语水平留学生听力课上猜测词意、句意的练习调查,分析中级汉语水平留学生听力跳跃障碍的实现条件、干扰因素,并在此基础上提出中级汉语听力教学的几点思考。

二 听力跳跃障碍的调查与分析

调查时间:1995年9月—1996年1月,连续17周。

调查对象:北京师范大学对外汉语教育学院学习汉语的15名留学生,日本人12名,韩国人3名,都是在校大学生,来北京师范大学之前在本国学习1—2年汉语,掌握的汉语词汇大约

① 参见桂诗春《实验心理语言学纲要》,湖南教育出版社1991年版,第345—346页。

600 个,可以算是中级汉语水平。

调查材料:张孝忠等编的《口语篇》(北京语言学院出版社,1988 年版)。

调查方法:以《口语篇》作为听力材料,每周一次听力课(90 分钟),每次听完一课,每课有同一功能的四篇短文,每篇短文 600 字左右,逐篇进行教学。具体的教学顺序是:

1. 听一遍短文(正常语速)。

2. 针对短文内容提出 6—8 个问题。

3. 连续听两遍短文(正常语速)。

4. 边听问题边做书面作业(问题是前面曾经提到过的)。下课时收回作业。

几点说明:

第一,课文生词表中的生词,学生不预习,老师不讲解,因为一旦预习、讲解后,再做猜测词意的练习,就没有意义了。

第二,上听力课时,学生自始至终不打开听力课本。

第三,课后作业是对照课文再听课文录音。

这样学生完全是在无任何提示条件下猜测词意、句意的,结果比较可靠。

我们让学生猜测意义的词语、句子分为两类:一类是学生自己认定的生词,即听录音前用 3—5 分钟让学生快速从本课生词表中查找出自己认为是生词的词,写在作业本上。一类是我们认为会影响学生理解课文意义的关键性词语、句子。这次调查一共让学生猜测了第一类词语 32 个,第二类 72 个,其中词语 46 个,句子 26 个。

统计学生猜对语义的标准是猜对了主要意思就算对。比如："西施"的主要意思是"漂亮的女人"，所以，回答"一个很漂亮的女人"、"一个很有名的漂亮女人"、"古代一个很漂亮的女人"都算对。另外，分析学生的答案时，剔除了表达上的语病因素。如回答"倒霉"是什么意思时，有的学生写"不运气"、"别运气"，这里显然是否定词的运用语病，但他已经知道了"倒霉"是"没有运气"的意思，仍算猜对了。

下面是这两类词语、句子猜对的百分比表：

猜对的学生的百分比		学生认定的生词	影响理解的关键词、句	
			词语	句子
全对	90%—100%	18	6	8
基本对	80%—89%	9	9	19
	70%—79%	6	6	6
对一半	60%—69%	16	11	13
	50%—59%	13	9	15
	40%—49%	6	11	8
对得较少	30%—39%	6	13	8
	20%—29%	3	4	4
不对	0—19%	22	33	12

可以看出：

第一，与"学生认定的生词"和"影响理解的关键词语"相比，猜得"不对"的句子数量少，这说明语言片断越长越有利于猜测。

第二，"学生认定的生词"猜得"全对"或"基本对"的数字明显高于"影响理解的关键词语"。这说明经过认定的词语便于猜测词意。

现在我们根据学生猜测语义的书面作业讨论两个问题：

1. 听力跳跃障碍的实现条件是什么？

2. 听力跳跃障碍的干扰因素是什么？

我们认为80%以上的学生都猜对了的词语、句子，就看作是已经跳跃了障碍，在我们的调查中，这些词语、句子是：

“学生认定的生词”中有：

提包、般配、稀客、请帖、包涵、违禁品、嫂子、初来乍到、打听

“影响理解的关键词语”中有：

不是（错）、对了（转换话题）、最佳方案、带个话、忙得团团转、包在我身上、眼下都吹了

“影响理解的关键句子”中有：

用哪种文字都行/那还用说/可不/哪儿啊

这没说的/您尽管说吧/你这话说得太远了

我们着重分析一下“学生认定的生词”中猜对的词语。因为这些词语，留学生在看生词表时认为是生词，不了解其语义，可是一听课文录音，进入具体语境后就猜出了其意义，我们结合具体语境，来看看其中猜测词意的实现条件是什么。请看下表：

词语	猜对的百分比	语　境
提包	100%	您的提包里都有什么东西呀？
般配	100%	这个人的个头、性格跟你挺般配的。
稀客	100%	甲：噢，你可是稀客呀。我们一直盼着你来呢。 乙：甭提了，这阵子太忙，老抽不出时间来。
包涵	92%	对不起，她刚来到北京，不知道该怎么称呼，您多多包涵吧。

续表

词语	猜对的百分比	语 境
违禁品	91%	里面装的是什么？有没有违禁品？请打开看一看。
请帖	90%	留学生海德尔给王老师送来一张请帖，邀请他去参加独立节招待会。
嫂子	85%	甲：这是我哥哥。 乙：那位一定是你嫂子了？
初来乍到	85%	我初来乍到，说得不合适，实在抱歉。
打听	80%	不认识路也不要紧，下车后一打听就知道了。

可以看出，留学生猜对语义、跳跃障碍的实现条件有三个：

第一，语境对该词语有比较明确的限制和暗示，所用手段有语法关系限定、定义或相近语义的重复。如"提包"，共出现了三次：

> 我们昨天坐你们的车时，把提包忘在汽车上了。
>
> 我们是发现了一个提包。
>
> A：您的提包里都有什么东西呀？
>
> B：有一架照相机和一些新买的工艺品。①

因此，"提包"肯定是一个可以作装物品，可以携带的东西。

再如，"包涵"，前面有"对不起"，后面有"没关系"，再往后还有一个相同的句式"请多多原谅"，因此，"包涵"肯定是表示道歉、请原谅的意思。

第二，语境场景留学生比较熟悉。如"般配"的场景是介绍对象；"违禁品"的场景是邮寄包裹；"请帖"的场景是邀请老师出

---

① 参见张孝忠等《口语篇》。

席招待会。这些都是留学生在日常生活中经常遇到的、比较熟悉的场景，因此也比较容易猜对。

第三，语义连带关系比较清楚。如在猜测“嫂子”时，上句是“这是我哥哥”。根据人们介绍家庭成员时，一般都是成双成对地介绍的特点，因此下句的“嫂子”一定是“哥哥的妻子”了。

以上跳跃障碍的三个实现条件，在猜测“影响理解的关键词句”时，也得到了验证。

如表示错误、过失的“不是”，猜对的学生高达92%，因为该词所处的语境是“对不起，是我的不是”。“对不起”常用来向人表示道歉，所以“不是”应该表示自己做得不对、犯了错误等。

再如形容很忙的“团团转”，猜对的学生也高达83%。该词语所处的语境是，“最近忙得团团转”，汉语里“忙得……”，后面常常是说明忙的程度的，如忙得很，忙得要命、忙得要死等，由于语法上的限定，“团团转”一定是说明很忙的。反之，那些猜对率不足20%的词句，上面提到的三个实现条件出现就不那么充分了。

下面是猜对的学生不足20%的词、句：

“学生认定的生词”中有：

讲学、见怪、担子、辜负、泄气、通融、接风

“影响理解的关键词语”中有：

吃糖（喜糖）、好客、一分钱一分货、乱弹琴、大饱眼福、四世同堂、脱不开身、说不好、吃不过来、瞎扯、无事不登三宝殿、老儿子、拿不出手

“影响理解的关键句子”中有：

就这么着吧/我听你的/那倒是/哪阵风把您给吹来了/专家？那可谈不上

这些词句，有的语境缺乏比较明确的限定或暗示，如“泄气”所处的句子“咱们互相帮助，谁也别泄气”（《口语篇》第206页）。而且只出现这一次。在这里似乎也可以说，谁也别客气、谁也别谦虚、谁也别不好意思，所以30%的学生猜为“客气”，10%的学生猜为“谦虚”，只有10%的学生猜对了。

再如“吃不过来”所处的句子是“这些菜，我都吃不过来了”（《口语篇》第39页）。虽然前面也有“做这么多菜，多丰盛啊！”但是菜多，不一定都表示“不能每个菜都吃遍”，也可以是“吃不了”、“吃不下”等，所以猜对的只有9%，不少学生把“吃不过来”猜为“吃不下”、“吃不了”。

有的词语反映的是学生不熟悉的场景或文化习俗，如“接风”、“吃糖（喜糖）”、“讲学”、“补休”。

下面讨论听力跳跃障碍的干扰因素是什么。

从调查对象的听力课堂书面练习中共收集了324例猜错的例子，通过分析归纳，听力跳跃障碍的干扰因素可分为四类：

1. 语音干扰	48例	占13%
2. 字面意义干扰	69例	占21%
3. 语境不明干扰	198例	占62%
4. 文化观念干扰	9例	占3%

“语境不明”是最大的干扰因素，有的语境场景留学生不熟悉，有的语境对所要猜测的词语缺乏明确的限定和提示，或缺少必要的语义重复，因此留学生很难抓住猜测的联想线索。如“通融”所处的语境是“我不是故意的，请通融一下吧”。说的是一个

人骑车闯红灯了，求警察别罚款。在这里“通融”意为变通办法不罚款。由于前后再没有别的语义限制、提示，所以大部分学生都猜成“原谅”、“同意”、“允许”，只有16%的学生猜对了。

字面意义的干扰指汉语有些词语的意义，并不是字面意义的简单相加，而留学生在猜测这类词语时，恰恰受到字面意义的干扰，猜错了。如把“老儿子”猜为“年龄最大的儿子”、“千万”猜为“很多”。送礼时说“这点东西，我拿不出手”（《口语篇》），并不是真的说手不能伸出来，而是指礼物太微薄，不好意思。

语音干扰的比例不大，说明学生猜测语义时，主要不依赖语音，恐怕还是凭借语音很快找出与之相对应的汉字词形，再联系语境进行猜测。我们的这种关于留学生猜测语义的步骤推测，在后面学生的问卷调查中得到了印证。

文化观念的干扰比例最小，说明中国、日本、韩国在文化观念上相通之处较多，不易引起冲突。这一点与来自欧美的留学生很不一样。笔者1994年曾在一次听力测试中问一批中级汉语水平的美国留学生“吃饭了吗？”是什么意思，竟有50%的选择了“想请我吃饭”这一错误答案。

综上所述，中级汉语水平日韩留学生听力跳跃障碍的实现条件有三：

1. 语境对该词句有比较明确的限制和暗示；

2. 语境场景留学生比较熟悉；

3. 语义连带关系比较清楚。

听力跳跃障碍的干扰因素有四：

1. 语音干扰；

2.词语字面意义的干扰；

3. 语境不明的干扰；

4. 文化观念的干扰。

这次调查结束时，我们让调查对象作了一次问卷调查，它从另一个角度补充说明了留学生听力猜测语义时的心理活动情况。下面是部分题目的答卷：

△“听力课你是怎么猜对词意的？”

70%的学生回答是根据上下文、前后句子或语气、文章的大概内容。他们写道“我是从前后内容、口气猜出的”，“按照情景、上面大概的情况、下面可能会出现什么情况”，“我是听完全部文章以后猜出的”。

23%的学生是听到一个词时，先想出是哪个汉字，然后根据汉字来猜。正如有个学生写的“知道了是哪个汉字的时候，由本来的意思猜出来，完全不知道的时候由前边的句子和后边的句子关系猜出来。但和汉字的意思没关系的生词，几乎猜不对”。

△“这学期你的听力有提高吗？哪方面有提高？”

100%的留学生回答有提高，其中 62%的认为猜测词语、句子的能力有提高，35%的认为在速度方面有提高。

△“这学期你听力课的最大收获是什么？”

留学生的回答很有意思：

“听不知道的生词也不怕”。

“即使不预习也不怕”。

“对于速度比较快的中国人说话，我比较习惯了”。

“越来越听惯了比较快的说话速度”。

“很短时间内，可以听懂一段话的大概意思”。

从这次听力课堂作业的成绩看，平均每次听懂了 80%以上的留学生占30%，听懂了40%—79%的留学生占50%，只能听懂30%以下的占20%。

学期结束时有10人参加了1996年1月的初中级HSK考试，2人通过了8级，4人通过了7级，2人通过了6级，2人通过了5级。听力成绩都达到了等级分数段，有2个学生的听力成绩还高于其他三项成绩，这与过去许多留学生参加HSK考试，往往因听力成绩达不到相应的分数段而降一个等级的现象很不一样。

三　关于中级汉语听力课的教学思考

（一）训练猜测语义是帮助留学生跳跃生词障碍、提高听力水平的有效手段

根据调查，生词多是影响留学生提高听力水平的主要困难①，战胜这个困难的有效办法是指导学生利用语境猜测词意、句意、跳跃生词障碍。因为经过这样的训练，学生能产生“听不知道的生词也不怕”、“即使不预习也不怕”的心理暗示，这对他们的学习是极为有利的。

（二）听力课可以不必预习和讲解生词

听力课要不要在听之前讲练生词，目前存在截然不同的两种观点。我们赞成听力课不必预习、讲练生词的看法。因为听力课的目的是训练学生通过“听”来理解话语，生词障碍应当在“听”的过程中结合语境进行猜测、领悟加以克服，从而达到听懂的目的。这样学生对这些生词，才是真正“听”懂的。而听之前

① 参见高彦德等《外国人学习与使用汉语情况调查研究报告》，北京语言学院出版社1993年版，第59—60页。

的预习、讲练，虽然也能掌握一些生词，但学生不是通过“听”掌握的，这样也就失去了听力课的课型特点了。

更为不利的是听之前讲练生词容易养成学生的依赖心理，一旦走出课堂，听自然状态下的汉语，就手足无措，不知如何去听，这对培养学生的听力技能是很不利的。

当然，在听之前提示材料的背景、范围、功能，使学生在自己的词汇库里迅速检索出相关的词语、句式以及其他已知信息是可以的，这是一种心理上的主动激活，便于调动学生的学习积极性，与讲练生词是完全不同的。

（三）编写听力教材应注重语境的营造

上文详细分析了留学生听力跳跃障碍的三个实现条件以及四大干扰因素，其中语境的作用非常重要。这正如加拿大著名外语教学专家 W.F.麦基教授指出的“语境能够帮助我们猜出词的意义”，接着麦基先生举了一个例子“读者也许不知道 távolság 这个词的意义，但看了下面这段话就会知道了：

> 从我家到办公室的 távolság 很长。太阳和地球之间的 távolság 是九千三百万里。从这儿到下一个城市的 távolság 是多少？

在这些语境中，第一句可能只给了意义一个大概的意思，第二句更具体一点，第三句更为准确。随着语境的增加，新词的意义也越来越清楚”①。

在我们的调查中，一些较偏僻的词，由于语境营造很好，猜

① 参见W.F麦基《语言教学分析》，北京语言学院出版社 1990 年版，第 296 页。

对的学生很多。如“西施”,猜对的学生有55%,因为语境是“那个女主角长得够漂亮的,简直像西施一样”。再如“忌”,猜对的学生也有50%,因为前面讲到带着哈密瓜去看望病人,后面的语境是“你可别给他水果吃,他要忌生冷食物”。

而有些猜对率较低的词句,如果把语境改变一下,情况可能会不一样,如“哪阵风把您给吹来了”(猜对率为13%),“老儿子”(猜对率为0)。如果改为:

哟,好久没来了,忙吧?今天哪阵风把您给吹来了?

听说你们老儿子考上了北京大学历史系,这可是大喜事啊。是啊,最小的孩子也考上了大学,我们也就安心了。

(画线部分是笔者认为应加上的)

这样,猜起来可能会容易得多。

一部好的教材对提高教学效果有着不可忽视的作用。我们在编写听力教材时应注重语境的营造,用替代、重复、提示、解释等手段,让关键词语得到多种语境的提示,为学生进行语义猜测提供充分的条件。

叁　听力难度成因①

在汉语作为外语或第二语言教学中,教材语料“难度”及“难度的确定”问题,已有研究者涉及②。认为词汇、语法、功能、语

---

①　本节摘自幺书君《听力难度成因分析》,《第七届国际汉语教学讨论会论文选》,2004年。

②　文中所引语料,(2)(3)选自《汉语中级听力教程》(下),(6)选自刘颂浩、刘元满、林欢、方晔《汉语水平考试模拟试题集》,华语教学出版社1995年版,(9)(10)(11)选自《汉语高级听力教程》。

域风格、文化百科知识[①]、修辞内容、思维特征[②]等，都可成为影响教材难易的因素，还有人对现行教材进行了定量分析，力图寻找到确定教材难度系数的量化标准[③]，这些研究是有价值和启发意义的。就听力课而言，其课型的特殊性决定了影响其难度的因素不仅仅限于语料本身。本文想就中、高级听力，谈一谈练习题的题型、语料的类型、练习题提问方式、提问角度等与听力难度的关系。

一 练习题型与难度之间的关系

考察现行听力教材中的练习题型，可以发现目前听力练习大致有听后回答问题、复述、选择正确答案、判断正误、填空几大类题型。当然，具体到教材中又会有区别，如回答问题，有的是听后对全文的概括，有的是要求学生听完某一语段后，回答针对这一段的内容提出的具体问题。

作为对学生听懂与否的检测手段，复述与回答问题有相似之处，都需口头完成，不同的是复述的叙述会长一些，当然难度也会大一些。但复述和回答问题作为检测听懂与否的手段有时效果不够理想，因为学生对自己听得对不对没有把握时可以采取回避策略。所以用作语言学习和训练，这两种题型都很好，但由于上述原因，教师的检测目的有时可能落空。

---

① 参见张宁志《浅谈汉语教材难度的确定》，《中高级对外汉语教学论文选》，北京语言学院出版社 1991 年版。

② 参见陆庆和《对外汉语教学中的修辞问题》，《语言教学与研究》1998 年第 2 期。

③ 参见张宁志《汉语教材语料难度的定量分析》，《世界汉语教学》2000 年第 3 期。

能起到强行检测目的的题型应是选择正确答案和判断正误。教材中这一类题型是以两种方式出现的，一是学生的备选答案有文字材料，也就是说，与 HSK 考试方式相同，不过有人提出选择题的备选答案不宜给书面材料①；二是备选答案无文字材料，只有 A、B、C、D。

应不应有书面材料可以讨论，但教材编写者选择了其中的某一种方式一定是有其考虑的。毋庸置疑的是，无论选择题还是判断题，有书面材料的检测题一定易于没有书面材料的检测题。因为没有书面材料的题型，学生除了记忆课文的内容之外，还必须在短时间内领会并记忆题目的意思，并对其正确与否作出反应。

关于选择正确答案与判断正误这两类题目的难度比较，学生的普遍感受是判断题更难做，选择正确答案相对容易。学生的感受是有道理的，因为一般来说，判断题提问密度比选择正确答案大得多，以《中国汉语水平考试大纲[高等]》听力理解样题中的一段为例：

(1) 中国青年舞蹈演员秦立明、乔扬今天在这里一鸣惊人，荣获第四届巴黎国际舞蹈比赛专业现代舞双人舞头等大奖。

今年二十三岁的秦立明和二十五岁的乔扬是广东舞蹈学校现代舞班的学员。他们以“太极印象”和“传音”这两个富有东方特色的节目参加了比赛。他们的表演细腻、流畅，

① 参见郑懿德《从历年试卷看听力口语课的教学及其测试问题》，《第三届国际汉语教学讨论会论文选》，北京语言学院出版社 1991 年版。

技巧出色，功夫扎实，并巧妙地把东方文化的内容与西方的艺术形式融合在一起，受到各国专家和观众的一致称赞。

本届比赛是十一月十五日开始的，共有十五个国家的五十多名优秀选手参赛。比赛分为现代舞和古典舞两个项目。中国是首次派出专业现代舞演员参加比赛。

1. 中国演员参加了什么比赛？

A.巴黎国际舞蹈比赛　　B.国际钢琴比赛

C.中国舞大奖赛　　D.通俗歌曲比赛

2. 他们表演的节目富有什么特色？

A.现代特色　　B.古典特色

C.东方特色　　D.西方特色

3. 有多少国家参加了比赛？

A.11 个　　B.15 个

C.50 个　　D.25 个

样题中的选择题共出了三组。若换成判断题，首先题目数量会多得多，同时，这段没有故事情节的文字实际上信息量极大，我们从中至少可以知道：

1. 中国两位青年舞蹈演员参加了第四届巴黎国际舞蹈比赛。

2. 两位中国演员获一等奖。

3. 两位演员是现代舞专业演员。

4. 他们表演了两个节目：“太极印象”和“传音”。

5. 他们的表演富有东方特色。

6. 他们的表演细腻、流畅，技巧出色，功夫扎实。

7. 他们的表演将东方文化内容与西方艺术形式融合在了

一起。

8. 他们的表演受到各国专家和观众的一致称赞。

9. 参赛国共有 15 个。

10. 参赛选手有 50 多名。

11. 中国是第一次派出专业现代舞演员参赛。

以上信息均可能成为判断题。比起选择题,检测密度就大多了。这也是学生感觉判断题比选择题难的原因。可见,判断题如果只有题号,没有文字材料,学生只有具备了较强的听力、理解、记忆能力,才能将题目做得比较理想。做题当中,还应掌握必要的记录本领。应该说,这种题型适合对学生综合能力的考核。

二 听力语料类型与难度之间的关系

听力语料是由各种不同文体的文章构成的。

文章的分类方式有多种,其一是在新闻学界,提出按文体形式,将文章分为新闻体和文学体。这一提法并未被普遍接受。因为这两种类型的文章有时在表情达意、形象塑造、结构安排、语言运用等方面作为区别性的特征并不十分清晰。本文不准备从新闻体和文学体的角度分析其对听力难易的影响,因为对外汉语听力教学中,新闻体文章构成的语料可进入新闻广播听力课的课堂,一般听力课可不承担这类文章的听力训练任务。其二是在对外汉语教学界,经常被提到的是口语、书面语的分类。就本文将要探讨的问题而言,这种分类方法也有问题,比如,有人将口语在不同的语境中所使用的语言变体划分为演说体、郑重体、客气体、熟稔体和俗俚体,认为这五种语言变体中,前三种更接近于书面语，讲究用词准确、庄重、典雅，句式结构也比较完整，而熟稔体和俗俚体则不同。这五种语言变体因其各自的特点，在一定程度上影响它们各自的难度（张宁志）。这说明这几种语言变体各有其特征，且难易有别是不能否认的，也说明口语中的某种形式与书面语的分别不是很大。那么，按口语、书面语的区别比较它们之间的难易就更困难了。

实际上，作为听力语料，还存在一种实实在在的差别，那就是有无情节、观点贯穿其中。

进入听力课堂的语料中，一种是有情节贯穿始终的，这类短文是大量的，此处不再举例。而以对话形式出现的课文，不管是辩论还是争论、谈话，一般来说，都有较为明确的看法或观点，我暂且将它们归为一类，即，有情节、有观点的文章；另一类则是以信息、知识为主的语料。

作为听的内容，以情节、观点为主的课文比以信息、知识为主的课文容易。因为，以情节、观点为主的语料听时着重于理解、掌握情节的线索、了解说话人的主要观点；而情节、观点在一篇几百字的语料中一定是有限的。以信息、知识为主的文章就不一样了，它的每句话都可能成为一个信息，信息和信息之间不一定有必然的联系，也就是说，听这类文章，重点不仅仅在于听懂、理解，还必须具有较强的记忆本领。因其信息量大，这类语料听懂与否的考查点也必然会更为密集，如本文例（1）。

三 提问方式、提问角度与难度之间的关系

在选择正确答案这类练习题中，根据不同类型的语料和教学目的，提问方式、提问角度是不同的，大致有以下几种情况：

第一，要考查对某些词语的理解时，常常是针对这一具体词语，提出问题，如"××（词）的意思是什么"，或"这句话是什么意思"，备选项中是对这一词句做出的具体解释。如：

(2) 张教练说："踢足球要注意动作要领。"

问：张教练说要注意什么？

A. 动作的需要

B. 动作的重要

C. 动作的要点

(3) 他在戏曲舞台上度过了一个又一个春秋。

问：这句话是什么意思？

A. 他在戏曲舞台上度过了两个春天和两个秋天

B. 他在戏曲舞台上度过了一年又一年

C. 他在戏曲舞台上度过了一个春天又度过了一个秋天

第二，对有具体情节、具体观点的语料提问时，常常是针对文中的具体情节、具体观点提出问题，意在考查学生对情节、观点的领悟是否准确。如《HSK 中国汉语水平考试大纲［高等］》样题：

(4) 女：你们银行谁是头？

男：田老上个月退休了，副行长老黄推荐办公室主任小陈当了一把手。

女：小陈行吗？

男：依我看老黄有眼力，真不愧是老伯乐。

问 1：银行的新行长是谁？

A. 田老　　B. 老黄

C. 小陈　　D. 伯乐

问 2:男的认为新行长怎么样?

A. 很称职　　B. 太年轻

C. 表现一般　　D. 表现不好

第三,具有概括性特点的问题,备选项目是对语料内容的概括,如:

(5) 学生:老师,什么叫诡辩呀?

老师:要想知道什么是诡辩,你先回答我一个问题:有两个人到我这里做客,一个很爱干净,一个很脏。我请他们两个洗澡,你想想,他们两人中谁会洗呢?

学生:不用说,当然是那个脏的。

老师:不对,是干净的去洗,因为他养成了爱清洁的习惯,而脏人却不当一回事,根本不想洗。你再想想,是谁洗澡了呢?

学生:爱干净的人。

老师:不对,是脏人,因为他需要洗澡。那么,谁洗澡了呢?

学生:脏人。

老师:又错了,当然是两个都洗了。爱干净的有洗澡的习惯,脏人有洗澡的必要。那么,到底谁洗成了呢?

学生:那看来就是两个人都洗了。

老师：又错了，两个人都没有洗，因为脏人不爱洗澡，干净人不需要洗澡。

学生：那……，老师，好像您每次说得都有道理，可每次的答案又都不一样，我该怎么理解呢？

老师：很简单，这就是诡辩。

问1：学生每次都回答错的原因是什么？

A. 学生不明白老师的问题

B. 学生不喜欢诡辩

C. 学生说什么老师都找理由说他错

D. 学生不会推理

问2：到底什么叫诡辩？

A. 狡猾地为自己找理由或根据

B. 别人每次都错

C. 不认真和别人讨论问题

D. 没有正确的思维

第四，提问是以否定形式出现的，如：

(6) 女：李华，你这件衣服真合身，一看就是名牌，少说也得五百吧？

男：哪儿呀，朋友白送的。

问：关于李华的衣服，下面哪句话不对？

A. 合适　　　　B. 名牌

C. 朋友小白送的　　　　D. 不是买的

我曾与两个班的学生（共28人）座谈，讨论这四种练习题的难度问题，学生认为第一种练习如果被考查的词汇自己会的话，非常容易，否则根本做不出来，可见，这类练习题无所谓难与不难，关键在于学生自己。第二类与第三类练习题比较，第三类难于第二类，因为第二类考查的是理解，而第三类在理解的基础上还需概括、总结。至于第四类练习题，学生的意见比较分歧，70%的学生认为这种题目更容易做，但没有讲出容易的理由，容易仅为做题时的感觉，30%的学生认为这类题比较难做，因为语料中的内容都是以肯定形式出现的，要选择不正确的答案时，头脑中必须进行一次转换。在与学生座谈的同时，我们对另外两个班（共25人）的试卷进行了分析对比。试卷中选择正确答案的练习共有35题，其中6题是针对词汇提问的，针对文义理解提问的共有29题，其中以否定形式提问的有5题。以肯定形式提问和以否定形式提问的错题率分别为30.11%和23.57%，根据分析，不能证明以否定形式提问的练习难于以肯定形式提问的练习。正因为学生的感觉是有分歧的，要想得出准确的结论，尚需进一步作认知心理方面的分析及调查。

四　构成听力难度的其他因素

第一，限定性成分作定语时，往往会造成学生的听力误解，学生重视的常常是定语中心成分，而忽视属性和身份等标志性信息的限定性成分，而这种限定性成分是理解全句语义的基础和核心。例如：

(7) 联想集团的老总柳传志是企业界公认的三大思想家之一，也是《对话》的常客。

中国人听到这个句子，了解到的信息至少有：

1. 柳传志是联想集团的老总。

2. 企业界有他们自己公认的三大思想家。

3. 柳传志是企业界三大思想家之一。

4. 柳传志是《对话》的常客。

不常看电视的外国人可能不了解《对话》是什么,但从句子中应能理解前三个信息,针对这句话,我们的选择题是:

问:柳传志的职业是什么?

A. 思想家　　B. 演员

C. 研究风险投资的　　D. 联想集团的领导人

做这个练习的15个人中,10个人选择了"A"。

学生这样告诉我他们的选择过程:一下子就听到了"思想家",就选了。当然,这可能与出题方式有关,因为"D"跟原语料比较,词汇有变化,而"A"是原封不动地搬用了语料中的词汇,但是,选择错的原因就这么简单,又似乎不太能说服人,因为中高级水平的学生已经具有了辨别表达相同意思句子的能力。何况这个句子一写出来,学生立刻就懂了,看来问题还是出在"听"上。也许不能否认的是,这与学生一贯的认知习惯有关,显然他们听的时候,注意力集中在了句末的"思想家"上。在长期的听力训练中,来不及听懂全句时,抓重点词,是学生反复使用且常能奏效的策略之一,久而久之,这一策略就成了他们的策略规则。但是,进入中高级,特别是进入高级,这一策略有时则违反了"听"的规律。看来,对限定性定语的听辨训练也应是听力训练的一个重点。

第二,认知经验不足,会构成听力困难。

一个 HSK 考到 8 级的日本学生告诉我，她和中国人交往中有过这样的情景：中国人的话她全懂，但之后的话却说岔了，她不知道问题出在哪儿。我们的听力课上其实也出现过类似状况，如以下一段听力语料：

(8) 我们当学生的真苦，"现代科举制度"弄得我们没了一点儿人生的快乐，每天除了念书还是念书。数学老师说：你们无论如何也得多做点儿题，做累了，就看看物理，休息休息；物理老师说：你们说什么题也不能少做了，做累了，就休息休息，看看化学；化学老师说：题做少了学不好化学，你们化学题做累了，就弄弄外语，也算休息了。你听，说了半天，我们一天到晚净歇着呢，敢情累的不是老师。

判断正误：

1. 数学老师的意思是：数学很难，物理不难。

2. 物理老师的意思是：物理才难呢，化学比较容易。

3. 化学老师的意思是：学好化学得多做题。

做这三道题的日、韩、英、捷克、意大利、俄罗斯的 31 名学生（已获得 HSK7、8 级证书，或与之同水平）中有 13 人与中国人的判断相同，认为 1、2 题错，3 对（共口头调查 15 名中国人，包括不同年龄、不同职业、不同文化层次），11 人认为三道题全对，其余 7 人答案较为错乱。做题后的座谈证明，就听力语料而言，认为三道题全对的人全听懂了，但在他们的国家就认为，一样事情做累了，换一样，后者一定较前者轻松。再者，他们也没有过一天到晚净做题的经历。实际情况是，"交际中的听、说活动总是在一定的情景中展开的。由于情境能提供诸多信息线索，其中许多线索是交际者所感受过的……，只要一提起某种情景，人们会自然而然地联想起有关事物……”。[①] 学生在不具备中国这一语境下，数学老师、物理老师、化学老师的话主旨都不在强调谁难谁不难，只是在强调学好我这门课你得多做题，做累了就换一样，换一样你就不觉得那么累了，即中国人所说的“换换劲儿”这一认知经验时，必然会以以往的认知经验来代替。看来，对目的语的国情和社会文化心理缺乏了解，也会造成听力障碍。

第三，修辞手段的综合运用，会构成听力困难。

高级听力教学中，修辞应该，也必然会成为重要的教学内容，当单项的谚语、俗语、成语或某些修辞手段出现在语料中时，学生有能力根据语境去理解、猜测，进而跨越这一障碍，如：

(9) 男：那我告诉你，世界上就有不从众的人。
女：谁呀？
男：远在天边，近在眼前。
女：你从来不信商品广告？
……

学生不知道“远在天边，近在眼前”的意思时，也能猜出它指的是“自己”，猜测的根据是上下文。另一段课文：

(10) 主持人：那您刚才听到了许多（这个）对北京人的看法和议论，您怎么看他们的这些说法？
老先生：哦，我有一孩子，他是色盲，所以他看见

---

① 参见徐子亮《汉语作为外语教学的认知理论研究》，华语教学出版社 2000 年版。

别人穿的衣裳的时候，他总看别人谁穿的都是黑色的。另外呢，有一次我戴墨镜出去了，我总觉着怎么老是阴着天？所以后来我摘下墨镜来一看的时候，我觉着今天敢情是晴天。所以呢，我就觉得有些问题，看的时候呢，能不能全面点儿看……

选择正确答案：

问：老人讲他和儿子的故事是要说明什么？

A. 他儿子色盲　　B. 看问题不要有偏见

C. 戴墨镜有阴天的感觉　　D. 还是不戴墨镜好

实践证明，成段的暗喻也没有给领会老先生的本意造成困难，学生几乎百分之百能领会说话人的意思，但是，几种手段交织出现在一段语料中时，难度就自然加大了，例如：

(11) 包装是一种时尚。

很长时间我们根本不知道包装为何物，信仰的是货真价实、童叟无欺、酒好不怕巷子深。而今，现代都市生活从根本上改变了大众的日常消费习惯。面对日益丰富的商品，人们越来越丧失直接判断能力，越来越依赖于说的比唱的还好听的广告来决定是否完成这次消费行动。有人做过调查，绝大多数观众都是根据报纸、电视以及街头巨大的广告牌来选择看哪一部电影的。

如今，重要的不是“酒”的质量，而是包装的技巧，如果不经过一番独具特色的“包装”，“酒”再好，也有可能被淹没在巷子深处。

电影也有包装，一部名叫《红天鹅》的影片能在北京市场上卖个相当不错的价钱，恰恰得益于"请观众参与修改"对影片的包装。

这种包装的风气同样盛行于出版界，《廊桥遗梦》卖得不错，马上就有人借鸡下蛋，说《长岛春梦》是它的下集。

下加线的地方均成为了学生听中的难点，应该说，俗语、谚语、修辞手段的综合运用，以及两处"卖得不错"并不指一本书、一张电影票的价钱这一中国人的认知习惯的同时出现，加大了这段听力语料的难度。

五　余言

本文初步探讨构成听力难度的若干因素。实际上，还有许多因素可以造成学生听力难度，例如，对学生来说是知识盲点的语料会构成难度；比如，选择题中，备选项目中的错误选项与课文内容风马牛不相及还是很相似，其难易差别也不可同日而语；再比如，日常熟知的话题，如坐车、买东西、谈天气等，听起来容易，而专业性的、不熟悉的话题听起来就难，如谈空气污染的"可吸入颗粒物"、经济金融方面的、证券方面的内容等，对一般人来说就难，难在缺乏专业背景知识。总之，对听力难度的研究是很有价值的一个课题，它不仅关系到听力教材的编写，更关系到如何更好地提高学生的听力技能的问题。

下面，就本文所述，将构成听力难度的因素及其难度差别，简单列为下表，以供参考。

题型与难度	选择题	备选答案有书面材料	*		
	选择题	备选答案无书面材料	**		
	判断题	判断题有书面材料	**		
	判断题	判断题无书面材料	***		
语料与难度	以情节、观点为主要内容的语料			*	
	以信息、知识为主要内容的语料			**	
提问方式、提问角度与难度	针对词语理解提问				
	针对情节、观点的理解提问			*	
	具有概括性特点的问题			**	
	以否定形式提问			?	
其他因素与难度	限定性成分作定语			*	
	认知经验不足			*	
	修辞手段的综合运用			*	

* 为难度标志，* 多少为难度差异，* 越多，难度越深。

第二节 教学对策

壹 影响听力理解的因素及对策①

在对外汉语教学中，我们强调听说读写四项技能训练并重的原则，而听力的训练是四种技能训练中至关重要的一环。在参与编写听力教材的同时，根据 4 个教学班为时 3 个学期的课堂调查统计，笔者对现行听力教材的部分语料（共 400 条）②进

① 本节摘自曹慧《影响听懂的因素分析及对策》，《语言教学与研究》2002 年第 2 期。

② 本文引用的语料，除个别例句外，均选自《初级汉语课本·听力练习》第三册。

行了分析和归类，意在考察哪些因素对"听懂"有影响，这些影响是什么。语料共分为七类，见下表。

类别	数量(条)	所占百分比
1.关键词语的作用	64	16%
2.语法点的意义	35	9%
3.语境的制约	69	17%
4.主要信息与排除干扰	120	30%
5.解释、总结和概括能力	106	26.5%
6.文化内涵的差异	4	1%
7.语音的区分	2	0.5%

以上分类是相对的，只是为了便于分析和说明问题。实际上，从语义和语用的角度来说，这些句子或对话的涵盖面是很广的，对听懂的影响可能同时兼有两类甚至多类。这种交叉现象也说明，对于同一语料，有不止一种因素在影响着听懂和理解。本文提到的正确率是课堂统计中为简便起见将学生答题的正确率平均后归为三档得出的：一级70%，二级50%，三级30%。表中的第三部分"语境的制约"另有专文讨论，下面就其他六个部分逐一举例说明。因篇幅所限，仅列部分例句。

一　关键词语对听懂的作用

在听力课上，学生在遇到词语障碍时常常由于不能跨越而影响理解，我们把这样的词语称为关键词语。它们可能出现在听句中，也可能出现在答句(答案)中。这样的听力语料，是为了检验学生对词语的理解和跨越词语障碍的能力而设计的。实验统计表明，学生正确理解了关键词语之后，正确率达到了一级。

下面的例子很有意思(例句中画横线的是关键词语):

(1) A:张先生是个有名的画家,特别是菊花,他画得最好。

B:他的画正在展览,咱们星期日去看看吧。

问:他们星期日去做什么?

a.看张先生 b.看菊花 c.看展览

4个班的学生一开始对例(1)大多选择b,因为他们注意到了"菊花"这个信息。这个信息干扰了他们对答案的正确选择。过了一段时间,在听力复习课上,让学生听了如下对话:

(2) A:徐先生是个有名的画家,他画的动物特别是马画得最好。

B:他的画正在展览,咱们星期日去看看吧。

问:他们星期日去做什么?

a.去看张先生 b.去动物园看马 c.去看展览

这一次学生作出了正确的回答。是不是学生的记忆发生了作用呢?好像是这样。但在后来的考试中,将对话(1)原封不动,只是将答句改为:看张先生,看菊花展览,看画展,学生由于没听懂"画展"这一缩略词,又犯了同以前一样的错误。这说明关键词语对听懂整个句子、作出正确选择的重要性。下面的例子可以说明同样的问题:

(3) 客人一进屋,老魏赶紧放下手里的晚报,站起身来迎了上去,说:"请坐,请坐。"

问:这句话告诉我们,客人进屋以前,老魏正在

a.招待别的客人　b.站着　c.看报

有两个班的大部分学生对“晚报”一词陌生，因而选择了错误的答案，正确率三级。将“晚报”改为“报纸”后，正确率达到了一级。而另外两个班的学生因为知道“晚报”一词，所以毫无困难地选择了正确答案。再如：

(4) A：布朗太太，我租的那个房间，漏得厉害。昨天您说下着雨不能修，今天是不是请人来修一修？

B：今天不下雨，房间还漏吗？不漏为什么要修呢？

问：布朗太太什么时候修房子？

上句中“漏”是个生词，学生大部分没学过，通过实验发现：第一，未加任何引导，学生听不懂该句；第二，引导学生联系下文“下雨”猜，结果学生大部分选对，正确率一级；第三，改“漏”为“坏”，将对话稍作改变，结果多数学生也能选对。

这说明，对关键词语的处理可以灵活多样，包括上面的“画展”、“晚报”之类，可以直接解释词语的意思，也可以通过启发引导让学生猜测联想，跨越障碍。听力语料有意识地设置词语障碍是培养学生听力的有效方法。当然，词语是否形成障碍，有时取决于提问的角度，比如：

(5) A：咱们明天晒被子吧。

B：明天不是要出去吗？后天星期日再说吧。

问：今天星期几？

上课时学生被“晒被子”这个词难住了，而按照思维定势又猜测问题是“明天做什么”，所以当听到“今天星期几”的问题时毫无心理准备，只好胡乱选择一个答案了事。虽然听第二遍后作出了正确选择，但还是有人要弄清“晒被子”是什么。这也从另一个方面说明听力语料应该加强跨越障碍方面的设计考虑，使学生习惯于放过一些无关宏旨的词语，训练学生跨越障碍、听懂大段语料、领会基本意思的能力。

二 语法点对听懂的意义

有过外语学习经验的人都有这样的体会，在听一段外语时，单个的词都是熟悉的，但连在一起却不知所云。心理学家考尔的一项实验表明，对句法的记忆能够预测听力技能。句法对理解外语输入十分重要，不熟悉句法规则而试图听懂外语材料是非常困难的。考尔认为，不少课本强调听懂意思而未注意让学习者听语言结构，但形成意思的正是这些结构。光有词汇知识不足以使一个学习者改善听力。学习者必须学会利用句法帮助识别词与词之间的关系，使句子在短时记忆中保持较长时间，以便弄懂意思。因此，识别句法结构的专门练习对提高听力是必不可少的，应该重视句法在听力训练中的作用。

学生对于语法点的学习，主要是通过综合课的听讲解、阅读或朗读例句、口头操练而来的，而比较集中的、大量的句子，通过听觉冲击而进入大脑重复再现，经过识别、分析、记忆、储存而获得巩固的句型知识，这就是听力课要进行的工作。为了配合语法教学，需要变换词语和语义内容，设计大量反映语法点的语料，这些语料的句式结构最好避免太过复杂，但涉及内容应力求广泛、新颖、有趣。教师在课堂教学中，应该对语料中所含的语法点心中有数，必要时可板书列出语法要点，作简明提示，使学生在听觉刺激和视觉刺激的双重作用下，激活头脑中原有的图式，加速新的信息的接收和同化。这方面的例子，在后面第四部分还会具体谈到。

三　抓住主要信息和排除干扰与听懂的技巧训练

听话的过程是注意、接收和理解的过程，是一种积极能动的接受话语信息的过程。听的目的在于获得并理解信息，准确地听就成为一种技巧。这样，具有迷惑性的词语可以帮助训练学生的检索、识别和判断能力。在这方面，听力教材在选编语料和设计答案时要有意为之。

(6) A：明年你去哪个学校学习？

B：还没考虑好，反正不想在北京了。你说广州好还是上海好？

问：他们现在可能在哪儿？

a.北京　b.广州　c.上海

(7) A：买房子的 4 万块钱，攒够了吧？

B：哪里，还差七八千呢！

问：他已经攒了多少钱？

a.4 万　b.3 万多　c.7000—8000

上面的例句中，“北京”、“上海”和“广州”等地点的交互出现，一连串数字及其计算等，都会对听懂起到干扰作用。但这种干扰是必要的，它可以帮助学生提高抗干扰的能力。这里应该注意的是，提问题的目的是针对中心意思还是注意细枝末节？是设法引导学生集中注意力排解难点，还是分散学生的注意力？

从这个意义上说，下面例句的提问就不是很理想：

(8) A：老李，杨先生介绍的情况学生们都听懂了吗？
B：他讲解得很清楚，我想他们会听懂的。
问：谁告诉我们学生们听懂了？

(9) 中国比较大的河有5000多条，其中著名的除了长江、黄河以外，还有黑龙江、珠江、辽河、海河、淮河、钱塘江等6条大河。
问：中国著名的大河有多少条？
a.5000多条 b.8条 c.2条

例(8)由于信息量不足，提问便偏离了对中心内容的把握；例(9)的答案c实际上没有意义，实验证明改为"6条"效果更好，可以起到迷惑的作用。例(10)也说明了同样的问题：

(10) A：大年，你快点儿吃，电影快开演了，我先走，在饭馆前边儿的路口等你。
B：好，我马上就来。
问：他们在哪儿见面？
a.饭馆前边儿 b.路口 c.电影院门口儿

4个班的实验都表明，在听了两遍之后，正确率仍是50%，原因是有一半人坚持认为虽然答句a不对，但"路口"这个回答也不确切。而答句c的设置几乎完全没有意义。从教学实践来看，这类练习的答句为a、b、c三项时，应力求三项都有意义，否则选择的难度会大大降低。当答句为四项时，其中一项可以虚设，这是对较长的语料而言。

应该特别注意的是，迷惑性词语的设置应科学、合理。有人认为这一类听力练习效果不好，弄得像智力测验一样，结果适得其反。如潘兆明、施旭东①的例子：

(11) 女：老李从上海回来了吗？

男：回来了，不过在家待了两天又去哈尔滨了，下个月还要去广州。

问：老李现在在哪儿？

(12) 晓丽和她的男朋友带她哥哥的孩子去动物园了。

问：谁没去动物园？

例(11)的正确率是17.58%，例(12)的正确率为16.2%。报告认为，答对率低的原因不是听不懂，而是记不住。这类听力题有故弄玄虚之嫌，很难用它来衡量学生的真实听力水平。本文所用语料中也有类似的情况。笔者认为，如果为了训练学生的快速反应、记忆储存、检索监听甚至联想猜测等方面的能力，听力教材有这样的练习是可以的，但为了考察学习者汉语的综合水平则应该慎重。到底怎样来确定听力试卷的难易度的确是一个值得好好研究的问题。

四 解释、总结和概括能力对听懂的重要作用

在语料的意义相对抽象(比如议论或说理的语句)时，或者某些意在考察关键词语理解的语料中，常常采用答句是对听句的解释或者答句是对听句中心意思的概括总结这样的方法来检验学习者是否听懂。这时提出的一般是“这句话的意思是……”或“这

---

① 参见潘兆明、施旭东《关于在美国举行HSK试考的分析报告》，《第四届国际汉语教学讨论会论文选》，北京语言学院出版社1995年版。

句话的主要意思是……"之类的问题。考虑到初级阶段学生的水平，这一类听力材料答句的句法结构难度应该低于听句，否则，学生会被答句弄得一头雾水，结果也就会适得其反。例如：

(13) 前边有自行车挡着，汽车过不去。
问：这句话的意思是：
a.汽车被自行车挡着，过不去
b.汽车挡住了自行车，过不去
c.自行车被汽车挡住了，过不去

这一例句本来的意图是检验学生对"挡"这个词用法的理解，但答句用了较难的被字句，听起来近乎文字游戏，学生的注意力完全转移到鉴别、分析、判断几个答句的区别上，结果只能是喧宾夺主了。再如：

(14) 今天我没说他两句，真是便宜了他。
问：这句话的意思是什么？

例(14)中的关键词语有二："说"和"便宜"。学生虽然在综合课《骆驼祥子》中接触到这两个词，"说"是指批评，"便宜"在这里是"让人得到好处"之义，但并没有真正理解和掌握。出现在这里的是一个孤立的句子，没有必要的语境，学生很难理解。这时候，教师如果不举例详细解释，教学很难顺利进行。还有一些涉及中国文化历史知识或特定的文化背景知识，难度较大。例如关于孔子儒家学说对中国封建社会的影响和作用的两段对话，要求学生总结归纳出"他们主要在说什么？"初级阶段的学生还不能用汉语思维，要求他们在很短时间内对一段较长并且难度较大的话语作出总结概括，无疑是要求过高了。在四个班的教学中，这类句子都是先经过教师的引导才勉强得以完成的。

由于不同因素对于听懂存在着交叉影响，例(13)中答句的语法结构、例句(14)中的关键词语都会对听懂产生影响，在教学中应予以注意并采取相应对策。这一类语料，如果适当改变提问角度，从考察关键词语或语法点入手，可能会产生更好的效果。

五　文化内涵的差异对听懂的影响

语言是文化的载体，它记载文化，传递文化，语义中可以蕴含文化因素。因为它与文化的关系十分密切，在言语交际中不可避免地会产生因文化差异而出现的语言障碍，也就是人际交往中的文化障碍。由于文化传统的影响，在诸如审美趣味、价值取向、喻事说理等方面中国人和西方人存在着较大差异，汉语本身也有不少独特的表达方式，这些交际文化的差异会引起言语交际的信息差而降低交际效果。下面的例子可以说明这个问题：

(15) A：你看王娟的花裙子色彩多么鲜艳啊！
B：可咱们这个年纪的人穿就不行了。
A：怎么不行！西方六七十岁的老太太还穿花裙子呢。
问：谈话的两个女人是什么年龄的人？

(16) A：大年，什么时候办喜事，可别忘了请我喝酒啊！
B：开什么玩笑！我连对象还不知道在哪儿呢。
问：他们说的办喜事是什么意思？

例(15)反映了中国和西方妇女在年龄与穿着问题上观念的差异;例(16)中的"办喜事"自有它特定的含义。这些反映中国人文化观念和习俗的信息内容,在听的过程中,会由于文化差异而影响接收和理解,而这些又往往是带给学生新知识的重要信息。在所分析的材料中,这一类所占比例不大,但它对语言教学是极为重要的内容,在听力教材的编写中应予以特别的重视。

六 语音的区分对理解内容的重要意义

提高听力首先是提高处理声音信号的能力,即辨别分析能力。学习语言,对它的语音一定要有较强的辨析能力。只有在连串的语流中准确地分析辨别语音形式排列组合的异同,才能正确理解语言的意义。能否根据语音的区分来判别词意、句意,是检测听力的重要手段之一,是我们训练、培养学生听力技能的一个重要组成部分。下面的例句可以归为这一类:

(17) 我的眼镜坏了,不戴眼镜看书头疼。

问:从这句话我们知道

a.他眼睛不好

b.他正在看书

c.他不愿意戴眼镜

(18) 他坐汽车我骑车,骑车倒比汽车快,还是我先到。

问:这句话的意思是

a.他坐我的汽车,比我先到

b.我们两个人都骑车,我比他骑得快,先到了

c.我骑车比他坐车快,先到了

上两个例句学生都是在能够有效区分语音差别的情况下作出正确选择的。可惜的是现有的教材中这方面的例句很少，原因可能是由于内容所限选编这类语料的难度较大，或者是教材的编写者对此重视不够。其实，除了下功夫编撰语音方面的练习之外，如果能够打破课本的局限和课型之间的制约，拓宽视野，还可以从小品、相声等文艺作品中寻找这方面的语料。因为这的确是听力教材不可或缺的重要部分。

七 结语

根据以上分析，可得出下述结论：第一，教材中影响听懂的各类因素分布不够均衡，文化内涵和语音因素的体现较为薄弱。第二，某些题型应作分解或调整，突出重点，屏弃不必要的故弄玄虚和文字游戏，酌情改变难度，使语料本身和提问都更加合理。第三，不同因素对于听懂存在着交叉影响，了解、掌握这些因素并采取相应对策对教学效果有直接的作用；这些交叉影响有待于进一步深入分析研究。

贰 听力教学的针对性①

随着中国的对外开放，海外与中国在贸易、科技、文化和教育方面的交流不断增加，特别是随着作为中国友好邻邦的日本与韩国来华留学人数的增多，如何教这些并无汉字障碍的留学

---

① 本节摘自沈燕《谈汉语听力教学中的针对性》，《对外汉语教学探讨集》，北京大学出版社 1998 年版。

生学好汉语，如何更有效地培养他们的汉语交际能力成为迫切需要解决的问题，同时也促使我们反思过去的汉语教学方法。

在对外汉语教学中，听说领先、读写跟上的教学方法逐步被大多对外汉语教师所采用。由此也可以看出，听力理解是学习汉语的重点与难点。在汉语的听、说、读、写四种技能中，听力是不可缺少的语言技能之一，也是最难提高的一个环节。听力理解能力难以快速提高直接影响了学习者学好汉语的自信心。探讨日韩两国留学生的听力教学是本文的重点所在。从笔者对本校日韩留学生 HSK 成绩分析及对入系学习的日韩本科生和研究生追踪调查中发现，听力差是这些学生在中国遇到的最大障碍，听力程度低已直接影响了他们在中国的学习和生活。为了更有效地提高学习者汉语听力水平，把听力课作为一门独立的课型上好是我们共同探讨的课题。

一 从 HSK 听力成绩及学习者听力交际能力反思教学

（一）HSK 成绩统计分析

HSK 考试测试学习者汉语水平等级的科学性已被公认，它是衡量应试者是否具备在中国高等院校入系学习和在中国生活的一个重要标准。下面是笔者所在的清华大学对外汉语教学中心的日韩留学生 1997 年 1 月 12 日（初中等）HSK 考试考生的成绩，我们将对此次 HSK 成绩加以统计分析。

分析的目的：找出韩国学生和日本学生在 HSK 测试中听力理解和阅读理解这两个单项成绩的等级差异，分析两国学生在汉语听力训练中的共同难点和各自的困难所在，以便今后的听力教学更有针对性。

分析的对象和方法:鉴于笔者所在中心的留学生绝大多数来自韩国和日本,我们抽取了参加此次 HSK 考试的所有韩国(84 人)和日本(56 人)的考生的总成绩及单项分数进行等级划分。又因 HSK 测试以听力理解和阅读理解测试为主线,所以我们着重分析韩、日两国考生的听力理解和阅读理解的等级情况。具体统计方法是:将这 140 名考生的听力、语法、阅读、综合四个单项成绩按照单项等级分数标准划出每人的每个单项等级,再分别统计韩日考生听力的平均等级、取得听力理解 8 级的人数及占本国考生的百分比。再分别统计这两组考生阅读理解的平均等级、取得阅读理解 8 级的人数及占本国考生的百分比,列出表格(如下),加以比较。

	听力理解				阅读理解				听力和阅读等级相等(人)		听力等级高于阅读等级(人)		听力等级低于阅读等级(人)	
	平均等级(级)	8 级人数(人)	%		平均等级(级)	8 级人数(人)	%							
韩国	5.5	8	9.5%		6.7	36	42.9%		18	21.4%	9	10.7%	57	67.9%
日本	4.1	2	3.6%		6.1	13	23.3%		4	7.1%	3	5.4%	49	87.5%

所得结论:(1)日韩两国考生听力理解的平均等级均低于阅读理解的平均等级。其中,韩国考生两个单项的平均等级差为 1.2 级,日本考生为 2.0 级。(2)韩国有 21.4%的考生取得了听力理解和阅读理解相同的等级,说明韩国考生有 21.4%的人在听读能力上均衡发展。而日本考生的这一比例仅为7.1%,差异极为显著。在听力理解等级低于阅读理解等级的比例中,韩国考生是 67.9%,日本考生为 87.5%。(3)在听读能力不均衡发展的方面,韩日两国考生又呈现出明显的不同,日本考生的听力理解能力和阅读能力的差异更大。造成这种差异的原因是多样

的，但是两国学生因受不同母语影响及学习汉语方法的不同是造成差异的一个重要原因。(4)相当部分的学生，虽然 HSK 考试总分较高，但因听力理解部分的分数过低，因而考不到应得的等级。

(二)入系专业留学生听能情况反馈

HSK 6 级是外国学生攻读中国高等院校本科及研究生课程的标准线，也就是说，凡是被录入到系读学位课程的留学生，其 HSK 一定在 6 级以上。那么，这一部分留学生在中国学习专业课还有无语言障碍呢？他们是否能和中国学生一起听课呢？结论是令人遗憾的。

笔者在对进入我校文科各系学习的日韩留学生进行追踪调查中发现，目前在各系读本科或研究生阶段的相当一部分日韩留学生由于语言关没有真正突破，严重妨碍了日常听课、听讲座和记笔记。即便这些学生并无太大的汉字障碍，大部分学生也仍然是顾了听就顾不了写。这是因为，这些学生的语言能力尚不能使他们同时完成听与写两项任务。大部分留学生要靠课后长时间地补中国学生的笔记才能把遗漏的内容找回来。有的学生深感自己的听力水平不能满足学习的需要，不得不返回汉语中心继续接受听力训练。一学期下来收获不小，但已疲惫不堪。少数留学生因对学好汉语，特别是对提高听力水平失去信心，不得不中断专业课的学习。笔者也由此产生一种疑虑：把 HSK 6 级作为留学生入系攻读专业课程的标准是否偏低了？是否应该单独确立日韩学生攻读学位课程的汉语录取等级标准？

(三)有针对性地改进听力教学

笔者所在的汉语中心的教学对象绝大多数来自韩国和日

本，由于受母语的影响和在本国学习外语的方法的局限，他们普遍存在听说能力低于读写能力的现象。还有些留学生，他们的 HSK 成绩尚可，或许是因为他们较好地掌握了考试技巧，可以取得高于自己实际交际能力的考试成绩。韩国和日本的留学生中很多人都有在中国工作、生活和学习汉语的经历，他们在校园里或许无太大的语言障碍，一旦离开教室，走出校园，在社会上就无法和北京市民自如地进行交际，其中最麻烦的是听不懂对方说什么。有的人在中国开了公司，尽管他可以给自己公司的产品写一份漂亮、详细的产品介绍，甚至还能比较清楚地向他的用户介绍产品特点，但他听不懂用户的问话，同样无法进行业务洽谈。出现这种听说读写不均衡发展的现象，除了我们前面提到的原因外，也反映出我们以往听力教学还不尽如人意，还缺乏对不同教学对象听力习得规律的准确把握，缺少针对性的听力课堂教学。如何找出日韩学生的听力障碍及造成听力障碍的原因，如何确定这一学习群体的听力教学重点，改进听力教学的方法，是我们需要探索的新课题。

二　日韩学生听力理解的难度因素分析

日韩学生在听力方面存在困难，原因有以下几个方面：

（一）缺乏有声言语交际的训练

韩国留学生和日本留学生在来华学汉语之前已有较好的汉字基础和相当的汉文学、汉文化的功底。他们读写能力强于听说能力的不均衡发展似乎先天已定，日本学生的这一差异尤为明显。从学生的入学测试中可以清楚地了解到，他们本国教授汉语的主要方法仍然是传统语法翻译法，侧重学生阅读能力和传授语法知识，缺乏听说训练，当然也缺少进行听说训练的语言环境。由于缺少听的训练，他们来中国以后，最大的问题是无论他们听什么材料，都精神紧张至极。他们试图听懂每个词语、每个句子，结果必然是顾此失彼，抓不住所听材料的主要内容，更无法从听到的信息中作出判断、推测和结论，产生一种听力负担。不过，他们在课堂上和老师或课下和较为熟悉的中国人交谈时，这种心理负担还不太严重。这是因为，为了使师生之间、学生之间能得到更多的交流，很多听力教师不常使用录音带而甘愿自己不厌其烦地读着听力材料，千方百计地让学生听懂。又因为面对的是外国人，教师在课堂上说话时又自觉不自觉地将语速放慢，重复多次，有意加重语气，回避生词，说话时夸大面部表情，辅助以手势动作。久而久之，留学生较能听懂老师说的汉语而听不懂录音带的内容。著名外语教学专家桂诗春教授在他的《心理语言学》里把成人对儿童的言语称作“照顾式语言”(caretaker language)。我们在这里姑且把中国老师对留学生的这种语言叫“照顾式汉语”。当留学生走出校门，走向社会，去和普通中国人随意交际时并不会总是有被“照顾”的荣幸了。所以，不应把听力训练局限于中国人与外国人的言语交际，更应侧重中国人与中国人的那种非常随意的言语交际。多录制不同场合、不同人物、不同类型的有声语言，以提高学生听力理解能力，从而满足学生实际交际的需要。另外，有声语言中不应排除非标准汉语的听力训练。中国虽然是汉语的故乡，但是由于说话人所处地域、年龄、文化程度、工作生活环境的差异，能说一口流利、标准的汉语普通话的人毕竟不太多。

（二）语体的不适应

学生在课堂上听到的大多是正规汉语，听力材料也是经过加工后制成的，缺乏口语的特征。而在实际交际中，讲话人往往根据要表述内容的需要，将句子中能够表达主要意思、传递信息的字词加以重读。北京话中有儿化音及轻音等特点，日韩留学生由于对汉语中的重音、轻声、儿化音等缺乏感性认识，对关键词语缺乏敏感性，对意群的判断失误，往往把注意力集中于每个字、词的发音上，因而容易忽略句子的重点和讲话人的真正意图。我们知道，口语的一个特点就是句子结构比较松散，语法不十分严密，讲话中夹杂着许多似乎与句子的意思无关的字、词或插入语。例如有人在连续的语流中常常带“……你比如说”这种并不表达重要信息的口头语时，听话者对主要信息的捕捉就容易受到干扰。听者比较容易理解所听话语的表层意思，但要对讲话人的真实意图做到心领神会，没有很高的听力水平则是难以达到的。

（三）听力训练多样化问题

《汉语水平等级标准和等级大纲》和《汉语水平考试大纲》制定了相应的“听力大纲”。听力2级标准要求应试者能够听懂教师所作的正常、内容熟悉的连贯性讲解，具备在中国高等院校入系听专业课的基本语言能力，能大致听懂有关一般性交涉或业余洽谈，能够基本听懂语速正常、题材熟悉的新闻广播。在日常听力教学中，听力练习的形式和听力素材以及录音都应该体现多样化。日韩学生对事先有练习的听力理解比较容易把握，特别是HSK“听力理解”那样的四项选择题，而在“盲听”时就多少有些手忙脚乱，难以抓住重点了。我们应该加强这方面的听力训练，因为在实际的交际中，不可能总是四者选一。同时应扩大听力素材的范围，力图使之涉及各种话题，以满足学生在中国日常的生活、社交和学习的需要。经常性地进行有关正式讲座、讲演内容的听力训练，为他们今后入系听专业课打好听力基础。将电视广播上的人物采访及热点问题讨论、新闻广播等内容录制下来作为听力素材，既加大听力训练的难度，对学生是一个挑战，同时又容易激发学生掌握最新信息的积极性和急于听懂的欲望。录音材料是语言材料的语音形式，作为有声语言的听力训练，听力材料既应该包括有正规、标准的语音语调讲话录音，也应有现场的、有明显日常口语特征的讲话录音。听力理解能力不但包括学习者的基本语音能力，还要包括他们的对信息的选择、预想与猜测、推理、综合归纳等能力，同时还把心理焦虑、听力目的或动机、阅读答卷的速度和反应敏捷程度等影响因素包括在内，使听力训练更接近于真实的语言交际的需要。

三　针对日韩学生确立听力教学的重点

HSK 命题的依据是《汉语水平等级标准和等级大纲》、《汉语水平考试大纲》。《听力大纲》的 2 级标准要求学习者的听力能满足最基本的日常生活、社交和学习，能够听懂教师用普通话所作的讲授；在实际交际中，能够听懂用略带方音的普通话所作的其语速不低于 170 字/分、内容熟悉的一般性谈话，有一定的猜测词意、跳跃障碍的能力。3 级标准要求学习者在课堂上能够听懂教师用标准普通话或略带方音的普通话所作的正常、内容熟悉的连贯性讲解，具备在中国高等院校入系听专业课的基本语言能力。在实际交际中，能够大致听懂用标准普通话或略带方音的普通话所作的正常语速的谈话，在一般性交涉或业余洽谈中，能够听懂对方的谈话；能够基本听懂语速正常、题材熟悉的新闻广播；有跳跃障碍、听取所需信息的能力。总之，听力教学的最终目标是学习者的汉语听力能力满足交际的需要。

外语教学不能离开学生的语言实践，学生只有从学习的开始阶段就参与交际，才能培养和获得语言交际能力，实践也证明了听力程度的高低会直接影响到交际的效果。语言学习的过程就是学习交际的过程。听力教学的最终目的是培养学习者的汉语交际能力。那么针对我们的学习对象，我们该如何确定听力教学的重点呢？

增加课堂听力教学课时，强化听力技能训练应作为听力教学的重点。语言的本质是有声的，有效的学习语言就是将语言进行有声的输入与输出。听力的过程是言语信息的输入过程，先输入、后输出，输入多于输出是语言学习的客观规律。人们学习一种语言，大量的时间要用来听，这是语言交际的基础，所以我们给学生听的内容一定要多于让他们说的话语。著名语言学家亚历山大说：要掌握一种语言，听力要占90%的地位。提高学生汉语听力能力必须做多方面的努力，其中重要的一点是保证听力训练的课时，增加听的活动和听的练习，使输入多于输出。为了使学生能听懂他们所听到的话，他们练习听的东西必须多于他们会说的东西。埃毕克特脱斯（EPICTETUS）比喻说，造物者给了一个人一个舌头，两只耳朵，所以人听到的话是他说的话的两倍。形象的比喻有其科学的依据。认读汉字能力强，是日韩学生学汉语的一大优势。那些在中高级班学习汉语的留学生依靠这一先天优势，理解文章大意的能力越来越强。课堂上的时间是有限的，要迅速提高听力，必须保证听力训练的时间。由于日韩学生的汉语4级的不均衡发展，汉语教师无须占用大量的课堂时间带领学生阅读课文。只做导读，加大课后的阅读量不失为一种合理的教学方法。留出足够的课堂时间做听力训练可以说是事半功倍。除了组织好课堂上的听力教学外，课外大量的泛听是必不可少的听力训练环节。有意识地督促指导学生的课外泛听、提供课外听力材料也是听力教师的职责。教师不妨布置学生听当天的新闻广播或听第二天的天气预报等作业，帮助提高学习的兴趣和动机。

分析不同教学对象在听音上的难点，找出障碍所在，有针对性地编写辨音听力材料是听力教学的又一重点。如给日本学生增加含有 zh-z-j，ch-c-q，ch-zh，sh-s-x，f-h，r-l，u-ü 等声韵母的辨听练习，给韩国学生则设置辨调听力练习，以提高他们的辨调能力。在教学中尽快使学生熟悉并能辨别一些容易混淆的音。为了训练辨音，提高听能，给学生介绍一下汉语的基本知识，对于解决听力的一些问题，帮助学生更好地理解汉语的意思是很有帮助的。

如果把一学期听懂一本书的内容作为听力课的教学目的，把课文内容作为听力重点，显然是听力教学的失败。听力教学应该把训练语言学习者的听力技巧、提高听力能力作为目的，使听力综合能力得到提高。这种综合能力主要在以下几个方面：

第一，在做听力训练时，训练学生对所听内容的深层理解能力，提高学生捕捉所听内容大意及抓住主要信息或重要细节的能力。

第二，提高学生在连续语流中跳跃障碍，进行推理和判断的能力及准确把握理解说话人目的和态度的能力。

第三，训练学生的推理和猜测能力，培养学生对汉语语调、语气的感应能力及对生词含义的推测能力。

四　针对日韩学生的听力教学对策

（一）听力材料的真实性问题

关于听力的训练，我们可以从国外外语听力发展历史中得到启发与借鉴。人们长时间争论的中心问题是听力教学材料的真实性与非真实性问题。众所周知，使用真实材料更能培养语言学习者的交际能力，这一点已成为当今外语教学的共识。那么何谓真实性语言材料？真实性语言材料与非真实性语言材料在提高听能上的最大区别是什么？

真实性材料主要指普通人用普通方式说的普通语言。真实性的语言说话人的发音、语调及节奏自然，因受话语内容和说话人的情绪等因素影响，使得说话人的语速快慢不一、高低有别。另外，由于说话地点和周围环境的不同，说话者之间常带有重叠现象，即几个人同时发声，加之有各种背景噪音的干扰，有些句子并不完整，开头或停顿极其自然。总之，真实性语言的话是自然说出来的。而非真实性的语言说话人的发音、语调及节奏明显不自然，说话的速度呈均匀状态，说话者之间很少有重叠现象，说话环境极为安静，无任何噪音干扰，句式完整，句与句之间人为地停顿。总之，非真实性的话不是说出来的，而是字正腔圆地读出来的。虽然当今听力教学界都一再强调真实性听力材料的重要性，但由于 HSK 听力录音为中央电视台男女播音员录制，话仍是读出来的而并非自然表达，语速既慢于他们在电视台的速度，也慢于日常交际。有的学生即使取得了较好的听力等级，但在实际语言交际中仍存在听力困难。由此可见，增加真实性材料的听力训练是必不可少的。

我们说，从培养学习者的语言交际性原则来看，听真实性的语言材料更有利于学习者听力水平的提高，更有益于培养其交际能力。从循序渐进的学习规律看，非真实语言材料也是听力教学的必经阶段，非真实性材料与真实性材料在听力训练中都占有重要地位。非真实性材料是根据教学需要按学生实际听力水平编排加工的语句、语段及成篇的材料，比较容易调节难易程度。只使用非真实性材料作听力训练，无疑降低了听力训练的难度。总之，在教学的开始阶段和继续阶段要各有主次，逐步用真实材料替换非真实材料。

（二）一个不容忽视的听力训练环节——听后复写训练

前面提到入系学生因其汉语能力无法使他们同时完成听和写两项任务，要靠课后长时间地补笔记的情况。这种听力水平低下而妨碍听课和记笔记的最终原因是缺乏语段听写的针对性的训练。笔者曾有幸获得一个赴德学习德语的机会，从德语教学中得到极大启发。在此将德国语言听力教学的一个有效的听力训练及考试方法作一简单介绍。

德语水平考试（Prüfung zum nachweis deutscher Sprachkenntnisse）的听力是以笔试的形式进行的，即课文复述（Textwiedergabe）。它要求学生听两遍一篇幅长约350—360字的科技文章。第一遍用正常语速读课文，学生听完以后，达到以下要求：对所听课文的主要内容和文章结构有概括的理解；对作者在课文中强调的东西心中有数。第二遍读课文时，在一句话后和一段完整的意思结构后均留有小的间隙。学生在听第二遍课文时应尽量做详细记录并注意抓住重点。总的要求是：学生应通过对课文内容的复述，表现出自己已具备不但能听懂学术专业报告而且能将报告的内容进行总结和概括并能较好地复述出来的能力。记录内容应包括：

1. 表达信息及课文内容的词汇。

2. 表达内容的语言表达方式和思维逻辑的词汇。

3. 作者在课文中所提出的问题、疑问、否定和担心等等。

而下列内容不应记录：

1. 在课文复述时不是必不可少的词和句子。

2. 在课文中多次重复使用的词。

3. 对课文思路无关重要的信息。

在记录时应注意一些记录的技巧：要尽量使用缩写，并注意一层意思要另起一行，段落之间要留有一定的空白，以便供补充内容用。

借鉴德语听力教学的这一成功之处，对今后入系和中国学生一起上大课、听讲座的留学生进行汉语的听后复写训练是非常必要的。虽然经过这样的听力训练并不能百分之百地解决学生听专业课记笔记的障碍，但是利用日韩学生汉字基础好的优势，加强听后写的训练，一定能提高学生听讲效果及记录的速度和技巧，为今后的专业学习打下基础。

五　结语

以上是我们在对外汉语教学中，近年来开设听力课程所进行的努力和探索。总之,为使日韩学生尽快适应汉语言环境、跳跃语言障碍,更好地进行汉语交际,在听力教学中应当有目的有针对性地训练听力技巧,同时合理地选编适合提高日韩学生的听力水平的听力材料,采取有效的教学手段,以达到预期效果。在探索和实践中,我们衷心希望能得到同行的帮助、指正,把我们的对外汉语教学事业做得更好。

叁　听读关系调查报告[①]

一　*问题的提出*

心理学家和心理语言学家通过对人的认识过程的研究,发现在阅读理解能力和听力理解能力之间存在着密切关系。

听和阅读对语言理解都要经过以下几个过程:首先,大脑中必须具备有关现实世界知识体系,它包括语言、文化和个人生活经验等知识;听、读者把接收的语言信息与原有的体系对命题进行解释,最后由听、读者根据解释的结果(即理解了话语内容)采取相应的行动,如修改、充实原来的知识体系,提出或者回答问题等。当然,通过听与读两种手段接收语言信息也存在着其固有的形式差别——区分音位、词及词组与辨认书写符号的差别,它们虽然形式不同,本质上却是一致的,因为人类语言的基本形式是口语,书面语是它的一种近似反映,

---

① 本节摘自余文青《关于留学生听读关系的调查报告》,《汉语速成教学研究·第二辑》,华语教学出版社 1999 年版。

所以说听、读者的语言处理过程具有相似之处，是由语言的本质和人们的语言交际性质所决定的。

在我们的教学实践中，我们常常会遇到这种情况：老师念一段话，请学生重复时，一些学生往往听不懂，而一旦把话语材料以文字形式展现在这些学生面前时，他们却恍然大悟："怎么这么简单的内容也听不懂？"但有的学生则相反，他们可以把听到的内容表达得清清楚楚，而念起同样内容的文字材料时，却磕磕巴巴满是不懂的生词。这一事实说明不同学生对听与读的反应是不同的。出现这种情况的根本原因是什么？听与读之间有着什么样的关系呢？这是本文要研究的问题。

（一）调查对象

速成学院 B 班欧美学生 15 人，日韩学生 15 人，年龄在 20—30 岁之间，这 30 名学生均为首次来中国学习，来华前曾学过很少的汉语。

（二）测试方法

测试采用回想的方法，即让被试把看过或听过的汉语句子重复说出来。使用这种方法的原因是：在回想过程中人们往往需要利用三种外部的信息：利用自己的语言知识，检查输出是否合乎语言结构规则；利用自己的普通常识检查输出是否合乎现实的情况；利用自己的语言使用惯例知识，决定语言段落的组织和呼应。利用这种方法可考查学生的综合能力。

本调查主要分析两次测试的情况：

第一次测试：对象为 B 班 30 名学生。文字材料以 B 班的教材为依据。第一天笔者让被试者将听到的句子重复说出来，每个句子只能听一遍，用录音机录下被试的反应。第四天，笔者让被试者将看到的句子重复说出来，每个句子只能看一遍，用录音机录下被试的反应。

听读测试使用同一文字材料，所有参试者必须参加听读两个项目的实验，这样可以尽量减少实验中的变量项。由于听读测试中间相隔两天，相信对听读同一套试题的相互干扰所造成的不可靠因素会很低。

第二次测试是在一年以后，这 30 名学生进入 D 班，学生不变，测试的方法也没变，所不同的是，文字材料以 D 班的教材为依据。

（三）试卷设计

心理学家认为：短时记忆能力是有限的，一般来说，一个人一次只能记 8 个不相关的数字，或 7 个不相关的字母或 6 个不相关的单词。如果输入的材料是有意义的，则其保存的短期记忆的容量会大大增加，例如一个有 20 至 25 个词的句子都可以储存在短期记忆里。

根据以上理论，笔者以速成学院 B 班和 D 班的教材为依据，每次测试各编写 10 个句子，其中长句 5 个，每句话的字数在 20 个左右。短句 5 个，每句话有 10 个字左右，短句中的词汇用一些近似的音和词，听时可考查学生的辨音能力。长句中有一些字形相近的字，既可考查学生的视觉分辨能力，又可考查学生对于语法规则的熟悉程度。

笔者确信测试材料中没有生词或未学过的语法现象，也没有不熟悉的文化背景知识，为了便于对学生听力和阅读能力进行相关分析，使用了 FRY 计算公式：阅读速度×理解率＝阅读效率。

二 结果

表1 日韩B班与欧美B班听读相关性实验数据

	阅 读 理 解 率			听力理解率(%)
	速度(字/分钟)	准确率(%)	效率	语速110字/分钟
日韩B班	95.13	82.66	78.78	64.40
欧美B班	79.06	71.00	56.70	79.30

表2 日韩D班与欧美D班听读相关性实验数据

	阅 读 理 解 率			听力理解率(%)
	速度(字/分钟)	准确率(%)	效率	语速160字/分钟
日韩D班	117	80.67	95.27	73.67
欧美D班	109.4	75	83.41	71.33

(一)初级阶段,欧美学生对汉语句子的听觉记忆能力明显强于视觉记忆能力,日韩学生的视觉记忆能力明显强于听觉记忆能力。统计分析(T检验)的结果支持了以上的结论(欧美学生听和读:$t=11.464$,$df=14$,$P<.01$;日韩学生听和读:$t=-6.05$,$df=14$,$P<.01$)。

(二)中级阶段,欧美学生对汉语句子的视觉记忆能力明显强于听觉记忆能力,日韩学生也是视觉记忆能力强于听觉记忆能力。统计分析(T检验)的结果支持了以上的结论(欧美学生听和读:$t=-4.211$,$df=14$,$P<.01$;日韩学生听和读:$t=-6.574$,$df=14$,$P<.01$)。

(三)阅读效率高者,听力效率也高,阅读效率低者,听力效率也低。统计分析(相关系数)的结果支持了以上结论(日韩听与读:初级:$r=.916$,$P<.01$;中级:$r=.774$,$P<.01$;欧美学生听与读:初级:$r=.906$,$P<.01$;中级:$r=.921$,$P<.01$)。

三 分析与讨论

（一）在母语环境中，人们第一语言学习和习得的顺序是听—说—读—写，每两项技能的习得中间还要间隔一定的时间，入学前主要是听和说的技能发展，即首先在大脑中建立语言和语音的特征图式和与其相对应的有关客观世界相互关系的图式，入学后语言技能的发展则是在已有的听说技能的基础上进而在读写两个方面发展，即在大脑中建立有关语言的字符特征图式，由于这些特点，决定了操母语者的听觉能力强于视觉能力。

第二语言学习者的学习过程是在大脑中叠加或重建新的语言系统图式，这个过程一般是从字、词、句，再由句子到篇章而逐渐完成，与此同时还需要逐渐完成语音特征图式的建立（包括音、音素、节奏、语流、语调等），也就是说，字符图式与语音特征图式的建立是同时发生的，这就与母语环境中习得语言先发展听说技能再发展读写技能不同，第二语言教学中，听、说、读、写四种技能是同时起步的。

然而事实上，来速成学院的短期班的学生，由于受到学习内容、时间方法及学习环境和个体差异等因素的影响，听、说、读、写四种技能很难做到同步发展，比如说，日韩学生在本国学习汉语时，用于读的训练时间往往多于听和其他技能训练的时间，而且读的时候又常以默读居多，这样势必造成听觉能力和视觉能力发展的不平衡，这次调查中表一已显示出日韩学生在初级阶段学习中，视觉记忆能力明显强于听觉记忆能力，另外日韩学生普遍发音不准，也能影响正确的听觉印象的接受。

（二）成人在学习第二语言之前，已经建立了一套包括语音、语法、语义的母语的言语系统，在学习第二语言的初期，人们往往要借助于母语的言语系统感知目的语的语音、语法和语义。

这次调查我们发现初级阶段的欧美学生无论是在长句还是在短句上的听力理解能力都很高，而日韩学生在长句的理解上明显不如欧美学生，这与他们所使用的母语有很大关系。

心理语言学家认为：母语与第二语言语法规则十分相似时，学习者会发现这种外语规则容易学会，欧美学生使用的英语其语法规则与汉语十分相似，基本句型都是主、谓、宾，而日韩学生所使用的母语基本句型是主、宾、谓，与汉语的语法规则相差很大，有很多初学日、韩语的中国人都有这样的经历：听一个句子听了半天，最后才听到动词，听懂了动词却把前面的内容给忘了。显然在学汉语的初级阶段，在听力理解能力上，欧美学生受到母语的正迁移的影响，而日韩学生则受到负迁移的影响。

与此相反，在视觉能力上，欧美学生受到母语的负迁移的影响，而日韩学生受到正迁移的影响，B 班的欧美学生所识汉字还很少，他们在对母语的长期使用中已形成了牢固的拼音文字的视觉习惯，拼音文字的字形构造简单，是单向线性排列的视读单位，而汉字则不同，是多向行进的，由上下、左右、内外三种基本位置排列组合而成的，所以汉字投入视网膜的映象的复杂程度要比拼音文字高得多。

心理语言学家认为：在短时记忆中，人获得视觉或听觉都要经历一个语音转换的过程，语音转换过程在一定程度上影响人的视觉和听觉记忆容量，使用拼音文字的读者如果阻抑其语音转换，那么他的视觉记忆成绩明显低于听觉成绩，拼音文字是表音文字，文字与语音的关系密切，带有较多的声音符号，使用拼音文字的读者在对文字的认知中较多地使用了声音通道，而汉字则不同，其本身不表示声音，汉字的字形在视觉的短时记忆中起着重要的作用，读者更多的是依靠视觉通道，初级阶段的欧美学生还不能建立起适合汉字学习的视觉记忆能力。

在阅读语料时，真正读懂一个词要经过一系列复杂的心理过程，心理学家认为：具有某种语言阅读能力的人都有一个心理词典，这种词典在阅读者的头脑中储存着他所掌握的词汇，其中包括词的语音、词类及这个词的句法特征，它在句子中和其他词的关系、意义等，也就是说人们阅读时需要同时调用语音和字符两种图式辨认字符，初级阶段的欧美学生心理字典的内容很少，所以他们的视觉记忆能力的成绩明显低于听觉记忆能力（见表 1），而日韩学生由于母语中有一部分的汉字及母语文字图形与汉字相似等原因，他们能很快完成视觉上的语言转换，这也是此阶段日韩学生视觉记忆能力明显强于听觉记忆能力的原因之一（见表 2）。

1. 进入第二语言学习的中级阶段，学生们逐步建立起了目的语的语言系统，开始用目的语进行思维，对母语的依赖性越来越小。

从表 2 中我们可以看出中级阶段的日韩和欧美学生都是视觉能力强于听觉能力，这是因为进入中级阶段的日韩、欧美学生都在速成学院学过一年以上的汉语，在中国这个大的汉语语言环境中，使他们有了更多的听说机会，速成学院的课程设制、教学方法等各种因素，更是直接地影响到学生。通过一年多的汉语学习，欧美学生对汉字的感知能力已逐渐增强，视觉习惯逐步改变，速成学院的各类课型为欧美学生提供了大量的文字材料。

我们曾做过一个调查，统计学生用于听说与读写的时间，结果表明：学生在宿舍用于读的时间要远远超过用于听说的时间，我们无论讲什么课，都要求学生读课文，大量的“看”加深了视觉记忆力，使中级阶段欧美学生的视觉能力超过了听觉能力。为什么到了中级阶段同样的文字材料欧美和日韩学生都是“看”比“听”好呢？这是因为“听”的时候只是运用大脑的语音和语义储存系统，而在读的时候，除了这两种系统外，他们还得运用书写储存系统来记住，这就加深了对“看”的印象。

2. 在第二语言教学中，由于学习者主要是以字符为基本媒介开始学习外语的，因而阅读能力直接影响着听力能力。

具有不同文字体系和文化渊源的学生对汉字的感知能力是不同的，日韩学生在这方面的感知能力明显强于欧美学生，进入中级阶段的日韩学生已经掌握了大量汉语词汇，从表2我们可以看出：拥有大量词汇的日韩学生听力能力有了突飞猛进的提高，阅读能力和听力理解能力都强于欧美学生，相比之下，欧美学生掌握的词汇少，这也直接影响到了他们听力的提高。

从实验样本整体情况看：阅读效率高者，听力理解率也相对高；阅读效率低者，听力理解率也相对低，所以说阅读理解率与听力理解率直接相关。

在初级阶段，无论是日韩还是欧美学生听读能力的相关系数都很高，分别达到0.916和0.906。这是因为这个阶段所学的内容多是常用的，最基础的，能读懂的差不多也能听懂，进入中级阶段，日韩学生的听读相关关系逐渐减小，我们可解释为：此阶段日韩学生掌握的词汇量要多于欧美学生，词汇量越多，难度越大，不常用的词汇越多，听的机会也会减少，这样就会造成听读分家，能读懂的要多于能听懂的，而此阶段的欧美学生对汉字的感受能力比初级阶段有所提高，缩短了听与读的距离，听读相关关系逐渐增大，相关系数达到0.921。

四 建议

（一）既然听读有相关性，那么在教学中应该重视它们的相互作用和相互影响，在阅读时，要注意发音的准确，因为学生发音不准，就会影响正确的听觉印象的接受，为了充分利用两者的相关作用，应注意“音”、“形”结合。

（二）学生的听力词汇要少于阅读词汇，学生对能读懂的不一定能听懂，要尽可能缩小听读词汇量之间的差距，阅读课也可有“听”生词的训练。

（三）对欧美学生的教学要适当加强词汇量的检查，在教学中我们会发现欧美学生说得很流利，但他们总是尽量回避复杂的词语、新学的词语，总是用最简单的词，这不利于他们对词汇的掌握。

第四章

听力教学实践

第一节　课程设置

壹　听力课调查报告①

本文主要讨论北京大学对外汉语教学中心的听力课设置与教学问题。从整个对外汉语教学来看，这方面的研究虽不占主要地位，但历届汉语教学讨论会大都有一定比例的论文提交。语言文化大学杨惠元先生长期致力于听力教学研究，先后发表多篇文章，1988 年出版《听力训练 81 法》，1996 年出版《汉语听力说话教学法》，较为全面深入地分析了听力教学、听说教学的诸多问题，其观点和方法完全可以拿来为我所用，似不必另起炉灶。然而，一些重要的基本问题，如：听力课的作用到底如何？是否有必要单设听力课？听力课与其他课程如何衔接配合？如何上好听力课？大家的看法仍不尽一致；加之汉语中心听力课教学相对薄弱一些，因此，提出这一问题与大家讨论也就有了必要。

听力课设置是整个课程设置中的一环，听力教学也是教学

---

① 本节摘自李红印、陈莉《论汉语听力课的设置和教学——北大汉语中心听力课调查报告》，《北大海外教育・第二辑》，北京大学出版社 1998 年版。

总体设计中的一部分，因此，对听力课诸问题的讨论就不仅仅是听力课一门课的问题，它实际上涉及汉语、口语等几门课程，因此应放在整个汉语教学的框架下讨论。为此，本文抽样分析了汉语中心 1996—1997 学年第一学期教学计划进度表，试图通过对汉语、口语、听力三种课型在不同教学阶段的学时比例、教学重点、相互关系等项目的分析，给听力课以合适的定位。为避免分析的片面，我们设计了两份调查表（教师用表和学生用表），就有关问题作了问卷调查，收回学生问卷 30 份，教师问卷 27 份。本文将在对教学计划进度表和两份调查结果进行总结分析的基础上，分析北大汉语中心听力课的设置现状、指出听力课存在的问题及听力课的定位，并尝试提出听力课的改革设想和可行方案。

一 从汉语中心课程设置看听力课的设置现状

目前，汉语中心的语言课程分为两大类：必修课和选修课。汉语、口语和听力为必修课，基本上贯穿语言教学的各个阶段（高级阶段没有听力）；选修课有语法、虚词、古汉语、实用汉字、报刊（中级、高级）、当代文学作品选、古代诗歌、高级写作、日本学生汉语偏误分析、语言与文化等。选修课大致围绕着语言、文化和文学三方面设课。

课程设置为：基础班（汉语 10 学时，口语 10 学时）；初级班（汉语 8 学时，口语 8 学时，听力 4 学时）；中级班（上）（汉语 8 学时，口语 8 学时，听力 4 学时）；中级班（下）（汉语 8 学时，口语 8 学时，报刊 4 学时）；高级班（汉语 6 学时，口语 4 学时，选修 10 学时）。学生每周总学时为 20 学时。其中，各课课时比例为：

基础班：　汉语：口语=1：1

初级班：　汉语：口语：听力=2：2：1

中级班(上)：　汉语：口语：听力=2：2：1

中级班(下)：　汉语：口语：听力=2：2：1

高级班：　汉语：口语：选修=3：2：5

总的来看，这样的比例是合适的。就初中级而言，汉语、口语各占40%，听力占20%，这一比例也是可以的。在回收的30份学生问卷中，关于“一周上4节听力课合适不合适?”，15人选择了“很合适”(另有5人选择“太多了”，8人选择“太少了”，2人选择“不清楚”)。有比较多的教师在回答“目前听力课的课时是否合适”时选择了第二项“一周4学时对中级班合适，对初级班少了点儿，应增加到6学时”(在回收的27份问卷中，10人选择了这一项，8人选择了第一项“一周4学时，不多不少，很适合”，9人选择了其他项)。这表明多数教师认为初级班应加大听力课的比例。

在对汉语中心1996—1997年第一学期教学进度表进行分析时，我们按“级别”、“课型”、“教学目标”、“教改设想”、“教学参考书”、“特征分析”、“特例”七项作了归纳总结。以下是对这一分析的简要说明：

(一) 基础班设“汉语”、“口语”两种课型。汉语课注重拼音、汉字书写和简单会话等基础训练。培养初步交际能力是口语课的教学项目。基础阶段不设听力，听力训练已包容在汉语、口语课中。

(二) 初级班设“汉语”、“口语”、“听力”三种课型。其中，汉语课以语音、词汇、语法的学习为中心，注重听、说、读、写综合能力的培养并且开始文化输入；口语课则注重语音训练，学习基本语法结构、常用格式和惯用语，要求学生能较自由地谈话交际；听力课强调听力理解、精听、泛听并提出“活用教材”的设想。

（三）中级班（上）设“汉语”、“口语”、“听力”三种课型。在这一阶段，汉语课的要求是学习生词、语法，培养听、说、读、写的综合能力；提出语段表达能力训练和加强词汇教学。口语课的教学目标是学习日常口语格式、重点词语句子训练和适当语段表达训练（要求是层次清楚，循序渐进）。听力课的目标是词汇、用语学习、正常语速训练和文化习俗了解。在这一阶段，汉语课提出了“突出听说训练”的特别要求；口语课则明确提出了“学生为主体，教师为主导，训练为主线”的教学原则；听力课提出了“促进口语成段表达”的目标。

（四）中级班（下）设“汉语”、“口语”、“报刊”三种课型。其中，汉语课要求听、说、读、写全面发展并在扩大词汇量、成段表达以及汉语表达的准确度方面提出了要求。口语课提出交际能力的培养，语音、词汇、句型的学习，并要求学生能自然、流利地发表言论，进行小辩论等，提高口语表达的得体性。在这一阶段，汉语课提出要借助录音、作文等进行学生偏误分析和增加练习课的要求；口语课则提出“口语表达得体性”的要求、要增大成段表达训练，开始组织演讲、辩论训练。有的口语课还提出新的教学指导思想（以功能为目标，情景为辅助，句型为主线进行练习）。

（五）高级班设“汉语”、“口语”、“选修”三种课型。汉语课主张要进一步提高阅读能力和写作能力，提高书面及口语表达的准确性和精确性。口语课则提出了具体的训练指标（完整、清楚、叙事、表情、得体、符合身份、语境)和了解中国文化的要求。在高级阶段,汉语课也提出了“口语表达准确性和精确性”及增加一定量的听说练习的要求;口语课则提出“掌握复杂表达式”的要求。高级班没有听力课设置。

根据以上分析,我们得出这样一些认识:

(一)各阶段所定教学目标大致是清楚、合理和有层次的。但是,在中级(下)和高级阶段,缺少新闻听力这一环节。虽然我们在调查表上没有列出这一项,可是还是有教师和学生明确提出来“应该练习新闻听力”。

(二)值得注意的是,几乎在初、中、高等不同阶段,汉语课都提出了听说读写全面发展的教学目标,有的还特别提出“突出听说训练”的要求。这表明在按技能分设课型的前提下,实际上却不同程度地存在着以“汉语”牵头,分练“听说”的综合式授课方式。换言之,汉语课目前正在部分地分担着听力课、口语课的某些职能。而一般认为和“听”联系较为密切的“说”的课型——口语课却没有明确提出听力训练的要求。

(三)从教学原则出发,听力课上的生词量应该是受到严格控制的,其主要任务是训练学生抓住并理解信息的能力。可是事实上,我们现在的听力课也担负着与汉语、口语课几乎差不多的生词教学任务,教师在教学计划进度表上,也不得不相应地把“词汇、用语学习”作为主要目标之一。以《汉语中级教程(上)》为例,由于教材匮乏等原因,我们长期将此教材用于中级偏低的学生,每课的生词都在30个左右,大大增加了学生听的困难,也增加了教师进行听力课教学的难度,甚至在某种程度上改变了听力课的性质。不少学生反映:听力课和汉语课、口语课一样。

这也说明我们的听力课的实际分工以及教学要求和我们所预想的出现了偏差。

二 听力课存在的问题及其定位

和过去相比，中心的课程设置有了很大发展，听力课尤其如此。从过去简陋的房间、简陋的设备（质量较差的手提录音机）和临时性教材到今天专用的视听教室、完善的视听设备和专用的听力教材，听力课设置可以说取得了长足的进步。看不到这些进步是不客观的。当然，任何事物的发展都不是一下子达到尽善尽美的，语言教学更是这样，它需要教师不断反思，不断总结，不断完善。汉语中心的听力课是 1993 年移到电教中心的，从此，听力课教学开始步入正轨。由于上课地点远离主教学楼，加之长期从事听力课教学的教师较少①，听力教学在步入正轨的同时，也开始步入"孤独"，默默地、相对独立地在另一个环境里发展着。四年来，听力教学进行得怎么样？在中心教学总体中发挥了什么样的作用？目前存在哪些问题？还可以作什么样的改进？听力课到底应作怎样的定位？诸如此类的问题还未有专文论述。以下我们将直接或间接地回答这些问题。

（一）存在的问题

回收的学生问卷中，关于"你觉得现在汉语中心的听力课可能有什么问题?"，只有 3 人选择了"很好，没有太大问题"，其他各项均有人选择，说明这个问题还需予以重视。结合调查结果

---

① 在收回的 27 份问卷中，有 17 人没教过听力课，占"中心"现有教师人数（40 人）的 42.5%；另有 10 人教过听力，但这 10 人中，有一部分是较早以前教过听力。

进行分析，我们认为主要存在以下几个方面的问题：

1. 横向——与汉语课、口语课的配合问题。

口语课与汉语课的配合问题一向受到关注，其实听力课更应该强调与汉语课、口语课的配合。在对教师的调查中，选择较为集中的是“与汉语、口语等课缺乏配合”这一项，有 20 人选择了此项，学生也指出了这一点。我们认为在听力课现存诸问题中，最主要的问题可能是听力课与汉语、口语等课配合不够、联系松散，我们还没有与所用汉语、口语教材配套的听力教材。教学计划、教学环节游离主课之外。其实，不配套的情况不止听力，长期以来，中心的教师一直期待着有一套听、说、读、写成龙配套的教材和教学方法出台，而这种愿望实际上一直没有真正实现。

2. 纵向——初中高级的配合问题。

汉语和口语教材，一般从初级到高级，都自成体系，特别是汉语教材，口语教材也在朝自身的系统化方向努力。就我们所用的听力教材本身来说，初、中、高也不成系统。初级目前还是用外校所编教材，中级使用自编教材，初中级之间缺乏衔接和配合。高级还没有开设听力课。调查中，也有中高级学生提出想继续上听力课，有的明确提出想练习新闻听力。如何有系统、有步骤地提高学生的听力水平，如何在加强听力课与汉语课、口语课的横向联系的同时，建立听力课自身的体系，还急待我们进行研究。

3. 教材的问题。

大部分学生对《中级汉语听力教程》给予了肯定，有 13 人选择了“课文很有意思，对提高听力水平很有用”，但我们同时也应看到存在的问题：所用初级课本，6 人提出“课文内容没有意思”；中级课本，4 人提出“课文太长，文化内容太多”。初中级都存在的问题是：7 人提出“课文生词太多，听起来很困难”，6 人提出“生词太多，没有机会使用”。

在教师调查问卷中，有 7 人选择了“教材问题多”，4 人选择了“生词量大”；拿现在正在使用的《中级汉语听力教程》（上、下）来说，虽然这套教材比以往更注意到了听力课的特点，注意到了语言的真实性，内容的趣味性，有一定的特色和长处，但是仍然存在着生词量大、课文篇幅偏长、文化含量偏高的缺陷。我们认为不适用于中级偏低的学生，而适用于中级偏高的学生。

4. 教学法的问题。

听力教学的另一大问题是教学法。如何组织课堂教学，教师使用的训练方法是否灵活多样，是否布置听力作业等教学问题也是影响听力课教学效果的一个重要因素。由于受课型、设备、学生人数等方面的限制，听力课教学中，学生与教师之间以及学生与学生之间的沟通都受到较大限制，较难活跃课堂气氛。在学生调查问卷中，有 3 人选择了“上课的时候，很难与教师和别的同学交流”。在调查中，有的教师也提出：听力课“交流太少，不能上得亲切”。为此，我们在教学中，也应适当给学生说的机会，有意识地把单纯的听力课向听说课方向转化。

5. 其他问题。

听力课的课时：如前所述，一周 4 学时对于中级班还是合适的，大多数学生也肯定了这一点。大多数教师认为初级班一周 4 学时可能不够，应增加到 6 学时。实际上，围绕着听力课的课时，争论更大的可能还不是每周多少课时，而是一节课应是多长时间合适。在学生的调查问卷中，有8人选择了“很累”，15人选择了“有点儿累，但还可以”。目前，规定的标准教学时间是一节课50分钟，每次课连续上两节，中间休息10分钟。对于其他课型来说，这样的安排可能没有问题，对于单纯的听力课则很不合适。学生坐在那里连续听上100分钟，不光听，还要理解、做练习、回答问题等，精神高度紧张，很容易疲劳，注意力极易分散，其结果是教学效率不高，投入与产出不成比例。如果条件允许，我们认为不妨根据听力教学的特点，在单位时间上作出合理的调整。

（二）听力课的地位及定位

1. 听力课的作用如何？

在问卷调查中，学生中有14人选择了“很有帮助”，13人选择了“有一点儿帮助”，说明目前的听力课还是有一定作用的，但还有待于继续加强。有较多的教师（20人）选择了“对提高实际语言水平有很大帮助”同时，也有不少教师（11人）指出“听力课的作用目前还没有充分表现出来”，这表明多数教师对听力课在整个语言教学中的作用还是有信心的，但对目前听力课的现状不甚满意。我们认为无论是提高学生的实际语言水平还是应付越来越多的语言水平测试，听力训练和听力教学都是不可缺少的一环，关键是如何训练，如何教学，如何发挥其作用。在这些方面我们注意和研究得还不够，这是需要听力课教师以及汉语口语等多个课型的教师协同研究的课题。

2. 听力课设置的必要性问题。

有没有必要开设听力课？一些学生和教师都有这方面的困惑，有的认为让学生自己在宿舍里听就可以了。我们也想了解这种看法是否具有普遍性。结果在30份学生问卷中,关于“如果以后听力课取消了,你会觉得怎么样?”这个问题,17人认为“不好”,1人认为“不太好”,7人选择“无所谓”,5人选择“不知道”,1人选择“很好”。关于“你希望用什么方法提高汉语水平?”,15人选择了“上听力课,跟教师学习”(不排除同时有别的选择),说明在学生中,一半以上的人还是主张开设听力课。

从教师问卷调查结果看,关于是否有必要单设听力课,大家意见分歧比较大。在选择“有必要按技能分设课型”和“不能一刀切,应视具体情况实际教学效果而定”这两项时,几乎各占一半(16∶11),选择前一项的略占多数。这反映出对这一问题大家还把握不大,于是各持一说。

3. 听力课的地位及定位问题。

在27份教师问卷中,有17人认为听力课是一门主课,很重要,不可缺少;10人认为听力课是一门副课,应紧密配合汉语口语等主课进行。不管是主课还是副课,绝大多数教师都不认为听力课是一门可有可无的课。在问及听力课与什么课关系密切时,有25人选择了口语,10人选择了汉语和口语,选这两项的人数最多。由此我们看出,从课程性质上看,听力课与口语课关系更为密切,这也是讨论听力教学的文章常常把“听”与“说”联系起来分析的原因。我们认为,无论把听力课看成是一门主课还是一门副课,都无碍于听力课的重要性,只是在“独行其是”呢还是密切配合汉语口语课这一问题上存有差异。我们主张听力课是一门副课,是一门与口语联系密切不可缺少的课程,它应该配合口语、汉语课进行。这就是听力课应有的定位。

三　听力课改革设想和可行方案

毫无疑问，听力课比其他课更需要先进的教学设备。但是，先进的教学设备并不一定带来先进的教学思想、教学方法，也不必然产生良好的教学效果。因此，教学设备的到位并不意味着万事大吉了，要保证教学质量，提高教学效率，唯有从教改中找出路。目前，从课时安排到课堂教学，从教材选编到设备利用，听力教学都急需改革。

对外汉语教学是第二语言教学，应符合语言学习，特别是外语学习的规律。在外语学习过程中，"听、说、读、写四种能力，听是最基本最重要的能力。作为第二语言教学或者外语教学首先应该培养的能力是理解，尤其是听力理解。听懂了就完成了交际的一大半，而听不懂就根本不能交际"①。

当今，英语算得上是世界上教授最为普遍的语言，英语教学法也算得上是较为先进的外语教学法，可以代表现代外语教学思想的新潮流。目前，英语教学最为强调的是：(1)语言就是交际(Communication)；(2)语言学习是一个互动(Interactive)的过程，鼓励学生积极介入、积极参与；(3)语言输入先于语言输出(Receive language before you produce language)。具体说来就是"听先于说"(Listening should come before speaking)、"读先于写"(Reading should come before writing)。英语的这些教学思想、教学理论正在世界许多地区推广使用，并且取得了不

① 参见杨惠元《汉语听力说话教学法》，北京语言学院出版社 1996 年版，第 9 页。

同程度的效果。汉语作为一种非普遍教授的语言，在教学方法、教学理论等方面还不很成熟，需要借鉴和吸收先进的教学方法和教学理论，以完善和提高对外汉语教学。

基于以上认识，我们认为，听力教学乃至整个教学改革不仅必要，而且可行。我们根据调查结果以及别的教学单位的经验，提出以下教学改革的具体方案。

(一) 不改变课型

从教师问卷调查结果来看，不少教师在听力课如何改革方面，自身也存在矛盾或不太肯定的想法，例如，在问及“您同意下面哪种说法”时，只有 6 人选择了“应该将听力训练融入口语课教学，不必单设课型”，可是在问及“您认为以下哪种课程设置比较合理”时，却有 11 人选择了“听力、口语合并，变听力、口语为听说课”。总的来说，主张“单设听力课”的占多数，有 17 人选择了此项。同意“听力融入口语”的有 11 人(这两种选择中，不排除有作了两可选择者)，主张“提供磁带，学生自学”的有 4 人。选择较多的还有“设置自助餐式听力教室”(13 人，有的也同时选择了其他项)。我们的看法是：从力所能及的角度看，保持原有的听力课，同时进行一些改革，是目前最为现实可行的方案。

1. 必须加强与汉语课和口语课的配合，教材配置合理，教学内容相关互补，教学进度合拍同步。同时加强听力课自身的系统性，建立从初级到高级的听力课体系。

2. 听力课自身的课堂教学也需改革。在维持现状不变的情况下，也可以从自身挖潜力，在教学内容方面：教师对教材内容进行选择性的利用，同时根据学生需要，增加或自制听力材料，包括视听材料，力求内容具有趣味性、实用性。在教学方法方面:要充分利用设备但又不为设备所困,灵活多样。同时加强与学生的沟通以及不同班的学生之间的交流,建立良好的课堂气氛。针对听力教学的特点,采取相对灵活的办法(如考虑减少每次课的课时或适当提高某一课型的比例),主动注意配合主课教学。

3. 学生人数要有所控制,不能超过两个班。听力课学生过多,将会造成两方面的问题:一方面学生的水平落差将比较大,另一方面学生之间也难以沟通,教师也难以了解所有的学生。这都将直接影响到课堂气氛和教学效果。在条件允许的情况下,听力课同样也要尽可能地采取小班授课的方式。

(二) 改变课型

改变课型有以下几种方案:

1. 和口语课合并,变听力、口语课为听说课。听说内容紧密结合,以"听"打头,以"说"压尾。如 ESEC (Educational Service Exchange with China) 的英语教学。

2. 和汉语课合并,以读带听。如人大汉语中心的初级课程,基本上是 6 节汉语课,2 节听力课。教材是严格配套的,听力课教材紧紧围绕汉语课教材编写。由一个教师担任,完全可以保证进度上的一致。

3. 充分利用仪器设备,变单纯的听力课为视听说课。设置"自助餐式"的听力室,变听力必修课为自学辅导课,但是保证一定量的作业并督促检查、定期考核。国外已经有不少学校采用此法。

需要指出的是:在改变课型的方案中,1、2 两种在目前情况下,不太可行。但从长远的改革的眼光来看,我们还应考察一下采用这两种方法的其他教学单位的情况，并且不妨在一定范围里试验一下。3 要求制作、选编合适的录像材料，如果能解决材料问题，此法就不失为一个好的办法，特别是对中高级。

四　结语

听力课的教学，直接影响到汉语课和口语课的进行。如果听力课与汉语课、口语课关系协调一致，学生的听力水平就能真正有效地提高，同时促进汉语课和口语课的进行。听力课的教学改革也涉及总体设计，我们的课程设置、教材编写及教学人员必须有全局观念，使听力课教学成为整个教学计划中的有机部分，最大限度地发挥这种课型的作用。

贰　新闻听力课教学实践①

新闻听力课是一门独具特色的技能课，语料直接取材于广播，以听广播的形式学汉语，帮助学生开辟一条自学新路。这门课适宜在高级班开设。据我们了解，在全国各高校内新闻听力课开设的历史并不长，开设得也不够普及，有关的教材也寥寥无几。为了探索教学新思路，积累这方面的经验，我们采取了新的教学方法来组织这门课，随编教材随上课，把当年、当月，甚至当天的新闻带到课堂上来，让学生听到最新的消息，学到最活的语言。通过近一年的教学实践，我们对新闻听力这门课有了一些

---

①　本节摘自刘平《〈新闻听力课〉教学实践的反思》，《对外汉语教学与教材研究论文集》，华语教学出版社 2001 年版。

新的认识并作了一番积极地思考。

一　新闻听力课在语言教学中的地位

（一）开设新闻听力课是技能训练的需要

听力是语言交际的前提，听得懂才能进行有效的语言交流。听力训练是语言习得训练的基础部分，它是提高其他语言技能水平的保证。新闻听力则是听力的高层次训练。它与普通听力课不同，它不依赖于某一门主干课，是一门独立的课程。当前在对外汉语教学模式的改革讨论中，很多人认为，在基础阶段，课程设置还是以不分课型为好，只设综合课，教师可以根据学生学习的情况，在学生已有的语言水平基础上添加听力的内容。单独设立听力课，会分散学生的精力，加大学生负担，既不能取得分技能训练的效果，也不利于学生集中学习、迅速提高，而教学初级阶段后期可设立听力课，但需要围绕配合着主干课确定内容。这样的认识体现了我们对外汉语工作者对第二语言习得内在规律的重视，实践也证明了它的科学性。但是到了中、高级阶段，情况就与初级不一样了，如果听力课的设置继续沿袭以往的路子，离不开主导课的限制，让学生仍然在课本知识上打转转，就会抑制学生前进的步伐，降低他们参与听力课的积极性。因此开设新闻听力课就是给学生一把钥匙，让他打开一扇自学之门，进入一种自觉学习的境地，这是非常有意义也是有必要的。所以我们认为新闻听力课的目的不是有步骤地贯彻语法和功能大纲，从而组织教学实施，而是有自己的一套体系，大运动量地给学生输入语言信息，拓宽其语言接受能力，增强语感，使其学会用目的语进行思维，在这个意义上新闻听力课的作用是其他课型所代替不了的。

（二）开设新闻听力课是高级阶段学生学习的需要

学生在经过一段时间的学习后，积累了一定量的语言知识和词汇量，对简单的听力内容就会感到不满足，渴望听到课堂以外、不同于教材内容的真实语言。他们对来自媒体或没有经过二次加工的语言材料表现出特别的兴趣，因为听懂这些内容就意味着他们可以自然地融入这个目的语的社会，这才是他们学习目的语的真正目的。学生中有些人也尝试过听一些新闻广播，他们的体会是能听懂很多单词，能听懂的句子也不少，但就是弄不清整体的意思，尝试的结果只好放弃了。这说明他们需要在老师的带领下进行学习。所以新闻听力课自开设之初就受到学生的欢迎，尽管课时量不多，学生却十分珍视。这正表明了他们在语言学习上求新求快的愿望。在初级阶段学生头脑中目的语的储备几乎是零，没有利用语言资源的自由，因此听懂发音、词语或句子，他们就会感到喜悦，谈不到对大段语料整体内容的理解，而当目的语的积蓄达到一定数量后，他们就开始力求依靠这些已有的知识来运用语言，因此他们希望输入大量、多变的语言信息，从中补充所需部分，自觉地提高语言能力。上了新闻听力课以后他们对老师说，新闻听力非常有意思，因为它的语言和课本上的不一样。

（三）开设新闻听力课所遇到的困难

由于新闻听力课开设的历史不长，在教材的编写及理论研究上都不够深入，没有形成完备的经验来指导教学，教材的数量少得可怜，质量也不尽如人意，到目前为止正式出版能用于新闻听力的教材只有北京语言文化大学出版的《新闻听力基础》和语文出版社的《高级汉语听力》两本，其余大都是与精读课配套的听力课本。事实上，不能不承认，要编出一套出色的、经得起长期使用的新闻听力教材确实不容易，制约它的因素之一就是教材的时效性和趣味性，同时也没有相应较好的教学法来组织教学。就以往的情况看，学生对听力课都不够重视。听力课的授课方式表现为被动式，学生没有自由发挥的余地，只能根据所接收的信息作出反应，如果教材和教法不得当，课上很难使学生精力集中，调动他们的积极性。因此要上好新闻听力课对教师是一个很大的考验和挑战，当务之急就应解决教材问题。

二　新闻听力课语料的选择

（一）新闻听力课的取材范围

在计划开设这门课时，没有找到理想的教材，我们打算从电视和广播中取材，一边编一边教，但是由于从电视的声像转为单纯的声音困难比较多，只能从广播中取材，所以我们所说的新闻听力，准确地说是广播听力，因为语料来自广播，它涉及广播的各个板块，有政治、经济、文化、科学、生活、法律、体育等方面的新闻内容，也有广播剧、小说连播、配乐散文等形式的休闲内容，它是一个开放的系统，我们把社会各方面的内容熔为一炉，为的是给学生打开一扇窗子，接触语言世界，在离开课堂后仍能随时学习到新的语言文化知识。我们在取材时重点放在口语体范畴，适当加入文章体。在编制材料时采取长短结合的方法，对于那些实效性很强的新闻，我们就即编即用，时效性相对弱一些的新闻材料我们提前把它编配好作为补充。比如科索沃危机的有关报道、朱镕基访美、乔丹退役等“短、平、快”的新闻随播随学，突出了新闻听力的特点，而像杂谈"说说适应环境"、配乐散文"永远的海菲茨"则可边听边赏。

（二）新闻听力课的取材原则

杨惠元先生指出听力训练要坚持可懂输入原则，我们认为这是听力教材有针对性的总原则，所谓可懂输入并不是说，一听就懂，没有难度，这样教学生的水平不会提高。应该是让学生在听的同时调动自己大脑的信息内存，对接收的信息进行有效地"解码"，也就是说，在结构上的复杂度不超过已有的水平，生词量适度或略多，学生把自己的原有知识加入适量的新东西进行重组和建构，得到新的知识模式，从而得到更高层次的学习。在操作时，我们还有一些具体标准，下面将分别列述。

1. 坚持内容的精选性。

由于内容很多，我们坚持掌握精选的原则，不能无论什么新闻拿过来就用，比如"新闻纵横"栏目里，常有一些事件报道，是学生希望听的，但这个节目是以驻外记者发回报道的形式，有时音质传输效果不好，有时方音过重，影响听解效果，我们一般不予采用。还有的地方台的节目质量不高，我们也不予采用。新闻听力课的语料在语法、词汇上很难受大纲控制，因为它不是先文后声，而是先声后文，完全取材于第一手语言材料，因此在选材时我们都要经过反复斟酌，在确定了它在句法表达和词义理解上的难度不超过 50%时才使用。教材的好坏对这门课的成功与否起着至关重要的作用。新闻听力的教材不同于其他课型的教材，比如精读课，有时内容平淡乏味，然而学生为了学习其中的语法项目，对内容的枯燥采取容忍的态度。但是新闻听力课如果内容不能吸引学生，随时可能把学生讲跑。所以我们取用的语料无论在文字编辑上还是播音质量上都作了细致的选择。

2.突出内容的鲜活性。

“鲜活”体现在听力课中就是要用最新的材料,用我们生活最常用的语言。我们除了每次课都给学生听当日的新闻联播内容提要以外,还特别注意扩大学生的生活语言词汇量,比如他们在模拟的语境下能听到各种语料,其中像“活见鬼、公子哥儿、苦命、瘪三”等在课本上很难见到的词语,生活中又比比皆是,听时有语境的烘托,学生很容易就理解了。我们还在“书林漫步”的听力中,向学生介绍时下出版的新书,学生在听力得到了训练的同时,又获得了新书信息,下课后,去书店把听到的新书买回来进行阅读。他们真正感到了学以致用的愉快。学生每次来上课都怀着一种期待的心情,因为他们知道在这次的课上又能得到来自语言和信息两方面的新知识。

3.注意内容的实用性和趣味性。

美国当代教育心理学家布鲁纳曾说“最好的学习动机乃是学生对学习材料本身发生兴趣”。为了使学生感兴趣,在开始选材准备工作时,我们向学生发了调查表,列举了15项内容,充分听取他们的意见,了解他们的听解愿望,并让学生把自己喜欢的内容按先后次序进行排列,我们把他们的意见做一个综合,这样就可以有的放矢了。这样做的目的是为了满足学生的愿望,也可避免按照我们自己的标准去选题,在这方面我们有过教训,曾经使用过的某些实况听力教材,由于内容和录音上的问题,学生不欢迎,有的学生甚至说:我们实在想上这门课,但是教材的内容和效果又实在让我们不能上下去。在语言学习的高级阶段,把学语言和学知识结合起来，给学生一定的主动权，可以大大激发学生学习的积极性，学生此时的听力需求已经从应试听力过渡为求知听力，从被动听到主动听。获取新知识、新信息也是他们上听力课的目的之一，对学生听力愿望的调查中，他们大都把“国际新闻”、“各地新闻联播”和“历史知识”列在前几项，这就是一个很好的佐证。

4. 确保录音的清晰性。

这一点非常重要。以往有一种误解，认为所谓实况听力，就是要训练学生在复杂的环境下听懂话语，就要给他们制造这种背景，比如汽车鸣笛声、周围各种嘈杂声，给听力增加一些难度。从我们的教学实践来看，效果不理想，人耳在接收信号时具有自然的选择性，不重要的成分会被过滤掉，而机器缺乏选择性，次要信息也被同倍放大，给听者造成负担。背景音或方言的干扰过大，无疑会挫伤学生的听解信心，给学生心理上带来不良影响。因此，切忌背景音喧宾夺主，造成纯粹的听力障碍。在选材上首要的条件就是要语音效果好。

三　新闻听力课的教学实践

（一）教学的组织

在一堂听力课开始前教师要做大量的准备工作，虽然语料和录音是预先准备好的，但仍要声文对照听一遍，所有的生词、惯用句式都要逐一查阅资料，以备做精练的讲解。新闻听力课的课时较少，要妥善处理好课时与教授量的矛盾、教授量与练习的矛盾、生词和语法讲解在教学中所占的比重等问题。我们听力课要把八成到九成的时间留给学生，给学生营造一个良好的听力环境。在听的过程中,学生边听边做练习,录音文本和练习必须是绝对分开的,录音文本只在这个专题的学习结束时才发给学生,避免了以往文本练习合一,学生上课之前就已经知道听力内容的现象。让每一堂听力课的内容都是靠学生自己来听懂。我们不要求学生预习,一般也不留作业,学生可根据情况对学过的东西进行复习,教师的责任更多的是提问和答疑。

(二)语速的掌握

新闻的内容很丰富,由于语速快,学生开始听很紧张,觉得很难把握,需要有一个适应期,比如,新闻联播的语速每分钟达到了 290—300 字,其他听力内容也都在每分钟 280 字以上,刚开始听的时候,学生精神高度集中,但仍摸不着头脑,这时我们不给他们提过高的要求,对所听的内容只要区分出每一条新闻摘要,并抓住某一点信息即可,听的时间不能过长,然后转入比较生活化的听力内容,让语速相对慢一些,这样学生有一个缓冲的时机,可以调整大脑的接受状态,便于继续学习。这样的方式重复几次后,便可逐渐加长时间,提高要求,引导学生一步一个台阶向上走。语速快的问题,在新闻听力课中是不能妥协的,因为不训练学生来适应这个语速,结果是永远听不懂新闻,那么新闻听力课就失败了。学生普遍反映,刚开始听什么也听不懂,但经过老师的讲解和提示,坚持听下来,慢慢适应了这种形式,听懂的内容越来越多,在课程进行到三分之二的时候,学生的听懂率已从 20%—30% 达到了 60%—70%,有的学生甚至能达到 90% 以上,除了一些背景知识造成的理解困难,基本上相当于普通中国人能听懂的水平。

（三）训练的强度

这是指要让学生大运动量地听，也就是所谓的“过度学习效应”，“心理学家曾做过实验，证明了掌握某种知识和技能仅投入适量的学习，效果不如过度的学习”。[①] 给学生提供充足的语料，保证一定程度上的重复率，才能使进入学生头脑中的信息从短时记忆转为长时记忆，达到牢固掌握的目的。我们在课上的训练注意题材的多样性，尽量让学生多听，我们把各类新闻、专题报道和其他题材的内容穿插编排，经常变换形式，努力使每次课都有一个新专题，一个专题最多不超过两次课，这样可以使学生始终保持兴趣，全部听的过程中不做过多的讲解，目的是提高单位时间里听解的利用率，我们在 30 课时内可以听完近 4 万字的语料。

（四）生词的处理

由于是高级班的学生，他们的词汇量和语言运用能力都具有相当的水平，因此对于生词过细地讲解无疑是浪费时间，而且通过对学生的调查了解，他们并不把生词对听力理解的干扰视为首要问题，他们觉得即便是生词多，也不需要对语料进行更动。因此我们对生词的处理是，不加中外对比注释，课堂上老师作简要的讲解，课下学生深入领会，训练学生用目的语消化的能力，这也是强化语感的过程，这样做的好处是有利于改善他们听得懂生词、句子却不能理解整体含义的局面。事实证明学生是完全能接受的，他们中很多人都能用《现代汉语词典》查阅生词。

① 参见邓恩明《编写对外汉语教材的心理学思考》，《语言文字应用》1998 年第 2 期。

（五）预听的运用

“预听”指在正式听之前通过提示和完整的听解给学生一个整体概念。为了使学生的听解过程更加有效，一方面我们尽量选取背景材料是学生容易理解的，比如在听科索沃历史争端的分析报道时，由于学生都知道和关心这一事件，人名、地名都可以通过发音猜到，所以他们听起来既轻松又有兴趣。另外一方面就是预听，也就是说，听前，给学生一些有关情节、关键词和背景知识的提示，听时尽量给学生一个完整的内容，不是为了急于让学生理解而一开始就将材料分割成很多片段，造成学生的被动。只有在完整地接受新信息之后，学生才可能根据自己的听解和判断，对听不懂的部分进行有效地预测，这种预测能力的训练是符合听力思维发展规律的，我们要充分调动这一潜能。所以无论一段录音有多长，我们第一次都是让学生完整地听完。

（六）课堂的讲解

我们认为在听力课上讲语法内容要有别于其他课型，因为我们的重点是听，不应在语法讲解上花费太多时间，出现的语法结构和惯用形式，给予适当的解释和例句示范即可，不过多地做练习，以保证足够的时间来听。但应特别注意对不规范、不合语法的地方要给予指明，这种现象在精心编写的教科书里是没有的。听力材料中属口语体范畴的内容占很大比例，如主持人主持某一专栏节目，表达方式是口语形式的，比较随意，因此会出现口语中常有的重复、颠倒、错句、表达不准确以及口语冗余现象等，这时候，我们要及时指明。我们要从正确的方面引导学生听，避免不规范性的东西对他们产生影响。努力帮助学生识别错误也是提高听辨能力的一个方面。

四　新闻听力课的效果与展望

以往我们依教材上听力课，遇到过一些困难，学生开始比较踊跃，由于采用的教材和方法不够得当，听了一段时间学生纷纷离开，到后来只剩下三个人。随后我们对这门课做了全面调整，采用以上谈到的方法和教材，学生得知后又陆续返回，他们认为这样的方式和听力内容非常解渴，对他们很有用，有的学生还把一些入系学习水平较高的同学或朋友也介绍来听。在我们后来的一项调查中反映，学生的满意率达到了 90% 以上。这门课后，学生回去听广播的人数和次数都比以前增多了。有的学生还兴奋地告诉老师，开设这门课之前曾听过的一些实况听力材料，模糊一片，什么也听不懂，经过这门课的学习之后，再去听那些录音，竟然基本听明白了。这个消息无疑令为此花费时间精力的教师感到振奋。

通过近一年的教学实践，我们深切感到要把课程建设搞好，非花大力气不可。面对对外汉语事业的飞速发展，面对 21 世纪新的历史时期的挑战，我们有责任对我们所做的工作进行认真地总结和思考。新闻听力课将来如何发展，有些问题还需进行研究和论证。首先我们认为，新闻听力课的教学实践是成功的，它适应了语言技能深入训练的需要和学生的需求，在选材编写工作上也大有可为，但是能不能有一本一段时期内比较稳定的教材呢？这个问题显露出十分尖锐的矛盾，花费大量心血编写的教材，在它出版之时，就可能意味着它要过时，要避免过时就要选一些时效长的内容，然而没有新闻效应，又怎么体现新闻听力的特色？因此，随编教材随上课是不是解决这一矛盾的唯一方法呢？其次，应该提高对新闻听力课的认识，不能把它看得可有可无，在课时量的分配上，还应有所增加。另外，应对听力课的教学方法进行进一步的研究，对授课重点、课堂讲解内容的把握、生词与大纲的矛盾等一些问题要做一个比较切实地评估，以使教师能有一个遵循的原则。

第二节 训练方法

壹 监控训练在听力教学中的运用①

一 问题的提出

短期速成汉语教学是一种高效率的教学，具有高目标、高强度的特点；要求学习者在短时间里，通过大输入量的有效练习，快速提高汉语水平和汉语交际能力；教学上应充分挖掘教学过程中学习者的各项潜能，以达到高效、强化的教学目的，在短时间里快速提高语言水平。学习者进入中高级阶段以后（我们这里所说的中高级指中级阶段后期和高级阶段初期，相当于 HSK 成绩在 6、7 级左右），已经具备了一定的语言能力，但由于学习高原期的出现，水平的快速提高受到限制，学习者常常出现焦虑

① 本节摘自毛悦、任丽丽《监控训练在速成汉语中高级听力教学中的应用》，《语言教学与研究》2004 年第 3 期。

的心态。我们试图通过一些训练，提高学习者的元认知能力，从而促进语言学习的进程。

元认知能力是指主体对自身认知活动的认知，其中包括对当前正在发生的认知过程（动态）和自我的认知能力（静态）以及两者相互作用的认知①。元认知是认知主体对自身心理状态、能力、任务目标、认知策略等多方面因素的认知，它是以认知过程和认知结果为对象，以对认知活动的调节和监控为外在表现②，其实质就是人的自我意识、自我控制和自我调节，即自我监控。自我监控就是某一客观事物为了达到预定的目标，将自身正在进行的实践活动过程作为对象，不断地对其进行积极、自觉的计划、监察、检查、评价、反馈、控制和调节的过程。学习者对自己学习情况的监控属自我监控。

我们设想在速成汉语中高级阶段听力课课堂教学中采用监控训练可以明确教学目的，使学习者有针对性地学习，提高学习效率，具有很强的时效性。我们想通过一段时间的外部控制训练（外部控制是监控主体与监控对象不是同一客观事物的监控，教师对学习者的调节控制过程为外部监控），有意识地过渡到培养学习者的自我监控能力，使学习者利用自我控制能力，高效地完成学习任务，实现教学过程的强化、速成。具体到中高级阶段听力课上，学习者可以利用自我监控能力在听前制订计划、听的过程中有效控制、听后检查归纳、修正错误，以快速准确地理解所听内容。

---

① 参见 Flavell, J. H. *Cognitive Development*. Englewood Cliffs, NJ: Prentice-hall. 1985.

② 参见陈英和《认知发展心理学》，浙江人民出版社 1996 年版。

二 研究方法

本研究采用实验法、问卷法，然后对数据进行统计分析。

(一) 研究对象

本研究的对象是北京语言大学汉语速成学院 D 班留学生（汉语中高级水平，HSK 成绩 6、7 级）。随机抽取 61 名学生，共 4 个班，女生 40 名，男生 21 名。

(二) 研究步骤

1. 实验法。

(1) 将 4 个班随机分成两组，任意取 2 个班为一组，每组 2 个班进行方差齐性分析，检验其组内被试的一致性。两个组随机指定一个为实验组，另一个为控制组。

(2) 在学期初对 2 个组的听力水平进行前测，得到前测成绩。然后对实验组给予听前提示，对控制组不提示，进行后测，得出后测成绩，比较两组成绩的差异情况。

(3) 在学期末再对两组被试进行无提示的听力测试，将成绩进行比较。

(4) 每次测试时间为 20 分钟，题目涉及听力理解策略的五个方面：第一，归纳文章的主要意思；第二，理解段落之间的关系；第三，分析句与句间的关系；第四，利用与文章有关的社会文化知识；第五，注意细节内容。题型为判断题和选择题，10 分制计分。

(5) 将实验数据用 SPSS 软件进行统计分析。

2. 问卷法。

对所有被试进行使用监控策略的问卷调查，即学习者在听力理解过程中能否有意识地运用相应的学习策略完成听力理解活动。问题涉及听文章时的以下几个方面：第一，尝试归纳文章的主要意思；第二，尝试归纳段落之间的关系；第三，尝试分析句与句间的关系；第四，尝试利用与文章有关的社会文化知识；第五，注意记住人名、地名、数字、方位、时间等细节内容。

问卷采用五级评价方式，即：(1) 从来不(计1分)；(2) 有时(计2分)；(3) 有时这样有时不这样(计3分)；(4) 经常(计4分)；(5) 几乎总是(计5分)。施测时要求被试严格按照实际情况对每一个项目作出评价。

三 研究结果与讨论

(一) 实验结果及分析

1. 学期初实验结果及说明。

表1 学期初实验组和控制组测验结果

	被试人数	最小值	最大值	平均数	标准差
实验组前测	29	1.00	5.00	2.5517	.9482
实验组后测	29	2.00	6.00	4.2414	1.2437
控制组前测	32	1.00	5.00	2.6563	.8654
控制组后测	32	1.00	4.00	2.6250	.7071

本实验选用内容和难度相近的听力材料对学生进行前后测，实验组、控制组前测平均数分别为 2.5517 和 2.6563，然后对实验组实施处理，即给学生进行五种听力理解策略类型的提示，最后实施后测，得出平均数，实验组为 4.4214，控制组为 2.6250。

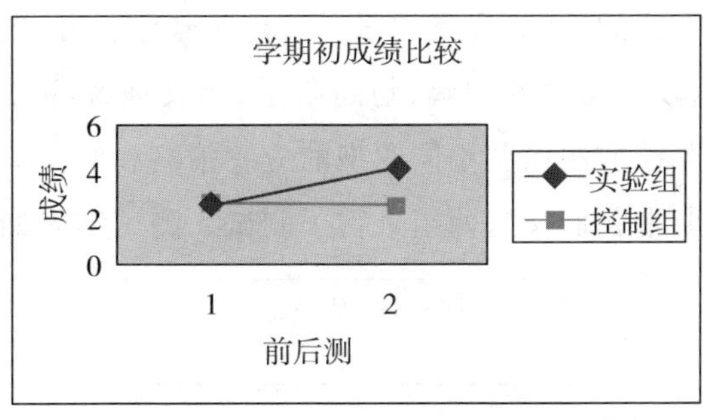

图 1

从图 1 可以看到,两组学生的测试成绩有不同的变化,实验组成绩呈斜线上升,而控制组成绩趋于平线,没有多大的变化,经过协方差分析,得出 $F(1,58)=52.186, P<.01$,即实验组的后测成绩高于控制组的后测成绩,且达到显著水平。这说明听前提示在很大程度上影响着学生的听力水平,也说明了听力训练过程中听前提示训练的重要性。在实际的听力练习过程中,听前提示常常是没有的。让学生学会自觉地带着问题去听,学会自我监控,正是听力教学的关键所在。在听力训练中,这种提示训练还不能仅停留在教给学生简单的听力技巧和一些学习策略,否则,学生仅是具备了一定的元认知知识,还没有形成能力。凡是技能,必须经过实践、历练,熟能生巧才能获得,因此必须使学生进行正确的模仿和反复的实践,并能够根据篇章内容和题型调整策略,听的过程中也要随时调整策略,对自我的听力活动进行监控。

2. 学期末测试结果及说明。

表 1 仅显示了一次听前提示的作用,为了证实听前提示对听力理解能力的作用,我们对实验组被试进行了一系列系统的

外部监控方式的训练，提高学习者的自我监控能力，包括文章内容的归纳、段落层次的理解、句间联系、句义理解等关于理解文章内容的监控方法以及不同题型的应答策略和监控方法。

在学期末我们又对两组进行了测试。测试结果如图 2。

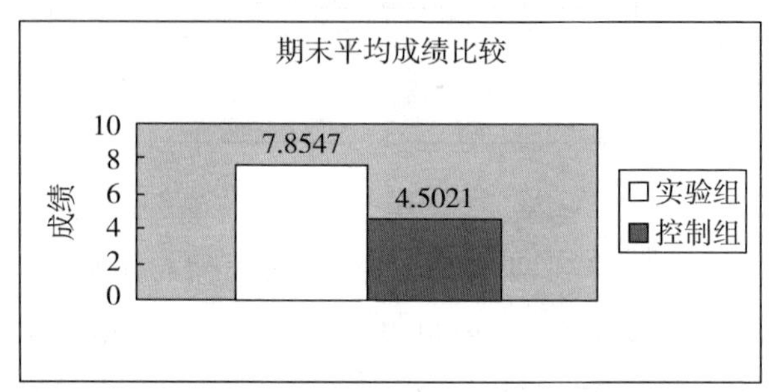

图 2

在学期末进行的测验中实验组和控制组均无提示，也就是说他们在听的过程中完全由自己进行监控，调整寻求解决问题的方案。图 2 的数据表明实验组的平均成绩高于控制组的平均成绩。经过独立样本 T 检验，df = 59，t = 2.606，得出在.05 水平上达到显著水平，说明听前提示的长时效应也存在，经过监控训练的学生成绩远远高于未经过训练的学生，且具有统计学上的意义。

以上实验数据充分表明听前提示及自我监控能力在听力理解中的作用。

（二）问卷调查结果及分析

表 2　实验组和控制组问卷调查各项目的平均数

	第 1 题	第 2 题	第 3 题	第 4 题	第 5 题
实验组	3.57	3.23	3.92	4.02	4.34
控制组	2.76	2.47	2.64	3.54	4.03

实验组的被试经过一段时间的外部监控训练后，听前计划性明显高于控制组，自我监控能力有所提高，知道有意识、有计划地运用概括、分析能力归纳出文章的主要意思和重点内容，并注意分析归纳语篇和语段的层次关系，体会文章的内在逻辑性。通过问卷调查后的访谈，我们还了解到，在听的过程中，回指式表达方式是外国留学生听力理解的一大障碍。回指式是指从语篇的某一部分或语境获得意义的表达式，包括共指前面某一意义的代词、省略指代前面某一意义的词语、用词语的重复来连接上下文，等等。学习者在听语段、语篇的过程中，往往对回指的意思把握不准而产生误听误解。控制组的被试对听时要快速分析句间关系、抓住上下文信息、有效跳跃障碍的自我监控能力明显弱于实验组。

"尝试利用与文章有关的社会文化知识"一项，两组平均分均高于前三项。控制组在这一项上分数的升高是由于自我监控能力的迁移性的影响。所谓迁移即指从某一领域中获得的知识和技能可适用于另一个领域的知识和技能的特征。由于自我监控具有这种性质特征，学生在听汉语时可借助母语学习中的学习策略，利用与主题相关的社会文化知识来协助理解文章内容。实验组的被试由于平时训练中教师对其进行了大量"根据主题猜测文章内容"的训练，被试在听文章时，激活已有的知识，这些已有的知识就能对说话人的话语产生一种预期，并能补充说话人所省略的一些话语，把这些因素综合在一起建立起意义表征，进而达到理解的目的。他们在头脑中快速搜索与主题相关的背景知识，运用自己的知识从意义上推导、衔接、联系，从而理解文章意思的控制能力较强。所以，在收听内容广泛、生词较多的语段、语篇时，实验组被试的理解能力高于控制组。

初级阶段听力课课堂教学很重视听细节的训练，因而到了中高级阶段，被试“注意细节内容”的意识很强，不论是实验组还是控制组的被试在听时都能有意识地搜索人名、地名、数字、方位、时间等细节内容。敏感性增强是个体自我监控发展的一个规律。学期末的成绩测试也说明，两组这类题目的成绩都处于相对较高水平。学习者到了中高级阶段以后，个体对问题情景中有关信息的觉察与认知已比初中级阶段敏感得多。实验组的成绩高于控制组，说明外部监控训练后，被试对有关信息更为敏感，能较好地知觉和分析。

四 结论及教学建议

（一）结论

1. 在短期速成教学中高级听力课堂教学中采用监控训练可明确教学目的，使学习者有针对性地学习，提高学习效率，增强学习效果。

2. 实验组与控制组的对照表明学习者的自我监控能力不是先天就有的，而是在长期的实践活动中逐渐形成、不断发展完善起来的。自我监控能力的训练与培养大致要经历三个阶段：教师让学生了解和认识监控技能；教师实施外部监控训练，反复实践和练习，让学生掌握监控技能；学生熟练和巩固监控技能，从而形成自我监控能力，养成自我监控的习惯。自我监控能力的发展呈现出从他控到自控、从不自觉经过自觉到自动化、从单维到多维、从局部到整体、敏感逐渐增强、迁移性逐渐提高的规律性。

3. 个体自我监控的过程和方式可以从一种具体的实践活动情景中迁移或运用到相同或类似的其他活动情景中去。中高级阶段听力教学中自我监控的训练，可以使这种能力迁移到其他学习过程中，如阅读文章、写作和叙述体讲述中，使学习效果快速增强，达到短期速成的教学目的。

（二）教学建议

监控训练具有很强的即时效应和长时效应。通过一段时间的持续训练可以使学习者的自我监控能力增强，体现出监控的长时效应。在中高级阶段听力教学中，我们可以尝试分专题对学习者进行监控训练，使他们增强自控意识。

根据汉语的语言特点和中高级阶段留学生听力理解的主要障碍，训练方法建议如下：

1. 听时，尝试归纳文章主要意思的能力训练。自我监控的计划性体现在听力训练中，表现为学生有意识地听后概括归纳段落、篇章中心意思的能力。听语段和篇章时，教师可以引导学生注意对重点句理解和抽取，并将它们联系起来，归纳出文章中心。经常进行这方面的训练可使学生增强听前计划性，有效实现自我监控。

2. 听时，尝试归纳段落之间关系的能力训练。教师可以根据汉语文章结构特点，理清文章脉络，对文章进行分类，如“总—分—总”式、按时间顺序叙述、说出对方观点—表示赞同或反对—阐述自己观点、提出问题—回答问题—具体论述说明，等等。同一结构的文章归为一类，引导学生体会结构特点，根据结构特征概括文章大意，以加深文章脉络在学生头脑中的印象，使他们在以后听的过程中能快速搜索并找到与之匹配的结构，加速对文章的理解。

3. 听时，尝试分析句与句间关系的能力训练。汉语的句间关系很复杂，是中高级阶段留学生听力理解的难点。句间的关联词语是训练的重点。在教学中强调关联词语，可以“让外国学生在头脑中建立起能唤醒注意的警觉点，那么他们听语段、语篇时就能比较熟练地捕捉超句子联系词来判别层次”①，理解句间关系和长句的意思。汉语里整个语篇不一定按照一个关系紧接着另一个关系的鱼贯式次序来安排语句，常是包容关系。做听力练习，特别是听长句、复句时，注意引导学生分析、理解句子之间的逻辑关系，让学生注意句间联系的形式化标志——关联词语，同时也应引导他们体会无标志的意合关系。可用听了上句预测下句、听下句猜测上句等方式练习，让学生体会汉语句子的连接特点和叙事方式，便于他们听懂并自觉养成听时注意句间关系的习惯。

4. 听前、听时，尝试利用与文章有关的社会文化知识的能力训练。在听文章前和听有关章节前，告知学习者所听主题，让学习者预测相关的内容、生词、观点等，主要目的是使学习者能将自身的社会文化知识运用到新的学习中，协助完成学习任务。此项训练采用的人较多，很多教材称其为“热身练习”。该训练如能坚持进行，会使学习者有意识地完成旧知识的迁移，在这一方面的自控能力显著提高。

5. 听时，注意细节内容的能力训练。此项训练在初中级阶

---

① 参见徐子亮《汉语作为外语教学的认知理论研究》，华语教学出版社 2000 年版。

段听力课堂教学已开始使用。训练方式包括：听录音，记录人名、地名、数字、方位、时间等细节；听后判断正误、听后填表、听后画图、听后讲述等。

总之，在速成汉语中高级听力教学中采用监控训练，可使学习者的学习活动从学习的无计划到活动实施有计划，再过渡到自觉的事前计划，从而有效地提高学习效果，提高听力理解水平。

贰 有声作业与听力教学[①]

听力课在对外汉语教学中占有相当重要的地位，如何把听力课上得更有特色，更加吸引学生，是大家所共同关心的。那么怎样才能上好听力课呢？是不是让学生听完一课书，并完成书后边的练习就算大功告成了呢？回答当然是否定的。在听力教学过程中，经常会遇到这样的情况：当听完一段录音材料后，教师让学生复述所听内容或让其回答问题时，有的回答说听懂了，但没有记住材料的内容；有的回答说内容听懂了，但不会用汉语表达出来。可见学生的障碍并不完全在于听力本身。正如杨惠元先生在他的《汉语听力说话教学法》中所说的，提高学生的听力水平更在于学生储存记忆能力、概括总结能力和语言表达能力等一些微技能水平的提高[②]。

如何才能更有效地提高学生的听力水平呢？毫无疑问，提

---

① 本节摘自浮根成《有声作业与听力教学》，《语言教学与研究》1997 年第 3 期。

② 参见杨惠元《汉语听力说话教学法》，北京语言学院出版社 1996 年版。

高课堂教学质量是最关键的。但仅仅依靠课堂教学或一本现成的教材是远远不够的,必须要让学生下了课有事做。然而目前的听力教学偏重于课堂,忽视课后的现象很严重。这样势必会造成课堂教学与课后练习的脱节。诚然,造成这种现象的原因可能是多种多样的,但比较明显的一点就是听力课具有不同于口语、阅读、写作等课程的特殊性,留什么样的作业,怎么样留作业是一个比较棘手的问题。听力教材上的练习大都是辨析、选择、填空、复述等,它们似乎更适合于课堂练习。鉴于此,有些教师索性就不给学生留课后作业,这种做法无疑是不利于听力教学的。众所周知,所谓教学指的是老师教学生学的双边互为行为。学生的学在一定程度上可以促进教师更好地教。从这一点出发,可以得出如下结论:听力课课后作业不是可有可无的,而是在整个教学系统中占有举足轻重的地位的。

由于听力教学自身的特点,书面形式的作业显然不够科学。那么给学生布置一些有声作业如何呢?所谓有声作业就是要求学生在每次上完听力课后,自己录制一段五六分钟的录音,以配合教师的课堂教学,它是课后作业的一种形式。有声作业的目的非常明确,即着重练习学生的听说能力,它可以作为课堂上使用的辅助听力素材,并以此来丰富课堂教学的内容。

为了更好地利用有声作业进行听力教学,有必要区分一下作为目的的听力教学与作为方法的听力教学这两种不同的听力教学。

作为目的的听力教学,重点在于纯粹地听,即让学生听记各种语音材料,对其书写形式、意义及其用法不作要求。正如儿童习得语言一样,他们虽不懂一些字词的书写形式、意义和语法规则，但他们的听说能力与成人相比却毫不逊色。作为目的的听力教学是听力教学的较低层次。

作为方法的听力教学，不仅仅要让学生听，而且要注意训练学生的储存记忆能力、概括总结能力和语言表达能力等一些微技能。就是要从听着手，以听为突破口，借助于听的方法，提高学生的综合能力。有声作业的设想意图就是想由此出发而达到“课堂练听力、课后练口语”的目的，从而使听和说有机地结合在一起。

对某一个学生来说，完成有声作业不仅锻炼了其口语表达能力及听的能力，而且因为把他的作业作为听力素材在课堂上使用，就会为其他同学提供练习听力的机会。这样一来，同学之间就形成了一个相互影响，相互作用的行为链。也就是说，每个学生都是这个链上的一环，他自己不仅仅要积极参与练习，而且他的练习结果还将成为别人练习的前提。这就形成了一个“自己说（课后）—别人听（课堂）—听别人（课堂）—自己说（课后）”的连续不断的过程。需要指出的是，在这个过程中，教师既是一个指导者，又是一个参与者。有声作业是课堂练习与课后练习相互连接的纽带，是沟通教师与学生的桥梁，是学生再学习的前提。由于参与者是学生本人，学生就会显出很高的热情和积极性。

下面就来谈谈教师作为指导者如何引导学生完成有声作业。

一 单向式命题有声作业

像写作中的命题作文一样，单向式命题有声作业是教师出题目，学生按要求独立录制五六分钟的录音，教师认真批改，提出自己的评价意见,在肯定其成绩的同时要重点纠正不正确的语音语调、错词错句及不符合汉语思维习惯的错误。具体做法是教师为每个学生建立一个“录音档案”,把对学生所录内容的评价和对错误的修正意见录在录音的后面,并配上书面的批语,以便学生可听可看。这样听和读也就有机地结合了起来。

这样做究竟有什么好处?至少有以下几点:

(一)避免了课堂上同学间的相互干扰,为爱面子的学生充分发挥自己的潜能留有较大的余地。成年人往往有很强的自尊心,爱面子怕丢人是阻碍学生进步的一大绊脚石。

(二)学生可将教师的录音点评作为听力材料来听,达到了师生相互沟通的目的。教师将学生的有声作业作为课堂教学的素材,能使学生明显地意识到自己的缺点与不足,尤其是对改正习惯性错误有较大的帮助。

(三)可大大提高学生的自学能力。要完成一段五六分钟的主题明确的有声作业,并非一件易事。为使自己的表达更为准确、流畅,不查字典,不请教别人,恐怕是难以做到的。由此看来,这不失为一个扩大词汇量的方法。

二　双向式命题有声作业

单向式命题有声作业固然具有很多优点,但同时又存在着明显的不足之处。即它是学生自己一人独立制作的,有很大的封闭性,缺乏与他人的相互交流。为此又设计了双向式命题有声作业。即改变单向式命题有声作业的不足之处,打破其封闭性,改变由学生独立录制作业的方法,用与别人对话的形式来完成作业。

为了让学生接触更多、更真实的汉语材料,感受不同中国人说话时的不同风格特点，变单向式为双向式，一个行之有效的方法就是让学生充当“记者”，采访除任课教师以外的中国人。为防止学生采访时的盲目性，教师应适当地加以引导，为学生规划一定的采访范围。由于每个学生看问题的角度及对某一问题的兴趣点不一样，必然会提出不尽相同的话题，而“被采访者”由于年龄、阅历、性别、身份、立场、观点等的不同，他们的回答也会不一样。

为什么要强调让学生采访除任课教师以外的中国人呢？因为有这样的一种情况：教师讲的汉语学生听得懂，学生讲的汉语教师也听得懂。学生自以为说的听的都可以了，但一走出课堂情况就远非如此。“外人”讲的汉语有很多听不懂，自己讲的“外人”也听不懂。这是因为长期的教学，使教师积累了一定的经验，知道怎样说学生才能明白，学生的发音甚至是不正确的发音和语调，教师也能听懂。正如一个牙牙学语的孩子说的话，很多是除了自己的父母以外，别人是不明白的，而孩子似乎也只能听懂父母的话。

学生在现实生活中，不是时时处处都会碰到说话字正腔圆的中国人的，让学生采访任课教师以外的中国人的一个目的，就是要让他们感受更加丰富、真实、自然的汉语。双向式命题有声作业由于是让学生充当“记者”的角色，又由于有录音时间的限制，采访前学生就应该精选自己要提出的问题，这样对提高学生的概括总结能力会有很大的帮助。

其次，采访过程实际也是练习听力的过程。

三 无主题有声作业

上面所说的命题有声作业，有一定的范围，也就是说，要受到一些条件的限制和制约。而无主题有声作业就是给学生充分的自由，让他们想到什么说什么，要让他们忘却错误对他们的约束和教师对他们的种种限制，使学生完全说自己的话，甚至应该允许他们在有限的时间内“海阔天空”、“东拉西扯”，让他们无所顾忌地说。

也许会有人产生这样的疑问，这样不是成了漫无目的了吗？漫无目的就是目的。其意图是让学生在有限的时间内摄取更多的信息，以此作为听力材料，主要练习学生的记忆储存能力和概括总结能力。总之，课下的有声作业可以促进课堂教学，其方法除了听力课上常用的判断、选择、回答、复述之外，还可以尝试以下几种：

（一）猜测法。这是一个简单但有趣的方法。听完学生当“记者”采访别人的作业后，可以让学生猜一猜说话者的身份、年龄、职业、爱好以及他们有没有习惯用语等。通过这种练习，可以锻炼学生比较敏锐的鉴别与判断能力。

（二）纠错法。使用这种方法的第一个步骤是让学生听完后指出其中有无错误，若有，是什么错误？是语音、词汇还是语法错误？然后自己来改正。有时学生所犯错误有一定的共性，自己找不出来。这时教师就要发挥作用，把学生错误改正过来，并使其了解自己所犯毛病的原因，避免以后一错再错。

（三）命题法。这是针对命题有声作业使用的一种方法。我们知道文章的题目往往就是该文的主题思想。在写作中学生常犯的错误之一就是文不对题，所以教写作课时，教师经常要讲怎样审题。有声作业命题法实际上是写作方法的一种移植，不过它与以文对题恰恰相反，它要求的是以题对文。如果一个学生没有较高的概括总结能力的话，他是无论如何也不会给一篇文章选择一个合适的题目的，所以让学生给文章选一个题目也并非易事。

（四）合成法。学生的有声作业都是单独完成的，互相之间本无合作。合成法就是把学生分成几个组，一组若干人，由他们自己把几个人的作业编辑、合成为一个新的作业。这样听起来可能会有新的感受，因而能促使学生不断深入地听下去。

利用学生的有声作业作为听力再教学的素材，它应该是听力教学的一种“副产品”，不可能占据整个课堂教学时间，但通过实践证明，这种方法无疑是行之有效的，待学生学习结束时，如果教师将学生的作业重新包装一下，并录下一段临别赠言，学生收到的不仅仅是他们的学习成果，而且还会是一件很好的礼物和纪念品。

叁　认知结构在听力教学中的作用①

听力教学的主要目的是提高学生的听力理解能力，而听力理解作为语言理解的一部分，是人类对语言的认知活动，在这一认知活动中，认知结构担当了重要的角色，认知结构是指一个人过去的知识经验。语言理解的过程，就是理解者的已有认知结构与理解者感知到的语言信息相互作用的结果，在这个过程中，理解者的理解活动是建立在自己的认知结构基础之上的，理解的结果也取决于认知结构的范围和内容，所以可以说，认知结构

---

① 本节摘自陈军《听力教学应调动和利用学生的认知结构》，《北京地区第三届对外汉语教学学术研讨会论文选》，2004 年。

是理解活动的一个重要因素。

听力教学的一个重要原则是“给学生以可懂输入”①，所谓的“可懂输入”是美国的心理语言学家克拉申（Krashen）提出的“i+1”语言教学的输入模式，i是指学习者的现有语言水平，i+1是学习者在现有的语言水平的基础上再提高一步的输入。在听力理解的输入过程中，是否是“可懂输入”，重要的要看输入的语言信息与学生的“i”的关系，如果输入的语言信息与“i”的差异太大，学生就很难听得懂，如果没有差异，再有“+1”的输入就是“可懂输入”。实际上，这里所说的“i”即是学习者的原有认知结构。学习者的认知结构在听力理解中的重要作用是不容置疑的，那么在听力教学中，作为教学组织者的教师如何引导学生调动和利用已有的认知结构参与听力理解，是听力教学需要面对的一个主要任务，本文将对此问题进行具体地讨论。

一　认知结构在听力理解中的作用

认知心理学对认知结构在语言理解过程中的重要性强调得比较多，对它在语言理解活动过程中的具体作用谈论得比较少，但是也有文章曾经讨论过这一问题。“言语理解是一个复杂的过程，理解者的认知结构在这复杂过程的各个阶段所起的作用并不完全相同，而是有所侧重”，特别值得注意的是他们将理解过程中的“信息知觉”作为理解过程阶段划分的中心，“将理解过程划分为知觉前、知觉时和知觉后三个阶段”，并指出“认知结构在这三个阶段中所起的主要作用分别是：预

---

① 参见杨惠元《汉语听力说话教学法》，北京语言学院出版社1996年版。

测、同化和补充"①。

预测作用是指理解者根据认知结构中的已有知识经验，对即将接收到的信息作出预测；同化作用是指理解者在知觉语言时，在认知结构中寻找到与新信息相同的有意义的知识，将新信息赋予意义的过程；补充作用是指理解者在信息知觉后，根据认知结构补充出语言信息中并未包含的那部分信息，达到对语言信息的完整理解。

听力理解是语言理解的一部分，是通过听的认知渠道对语音信息进行理解的过程，所以听力理解也包括听前、听时和听后三个阶段，这也是根据理解者语音知觉的过程进行划分的，那么认知结构在听力理解中也一定有这三种作用。本文根据听力教学的特点，将这三种作用定为"预设"、"消化"和"补充"。

为了达到听力教学的目的，提高学生的听力理解能力，需要对学生进行各种各样的听的技能的训练。同时基于学习者的认知结构对听力理解的重要作用，我们在听力教学中就应该积极地调动学生已有的认知结构参与到听力理解的过程中来，训练学生在听前、听时和听后利用自己的认知结构，对听觉接收到的信息进行迅速地反应、理解。因此，在听力的课堂教学中，教师应该有目的、有针对性地对学生进行调动认知结构的具体训练。这种训练不是单一的，而是和各种听的技能的训练结合起来的。

另一方面，在对外汉语教学中，听、说、读、写四项，听是非常

① 参见柳燕梅《认知结构在言语理解中的三种作用：预测、同化和补充》，《汉语速成教学研究·第二辑》，华语教学出版社 1999 年版。

重要的，但在实际的课堂教学中，“分技能设课教学以后，听力课作为一个独立的课型被认为是比较难上的课。这首先是因为‘听’基本上是被动的行为，学生的积极性、主动性难以发挥，课堂气氛不易活跃，师生提不起精神，往往上得枯燥无味”①。另外受课时等其他因素的限制，听力不像口语、阅读、写作等提高那么明显。因此在听力教学中一方面需要教师灵活使用教材，不断改进教学方法，充分利用现代化技术来辅助听力教学。另一方面从发挥学生的主观能动性出发，在听力教学中需要教师充分调动和利用学生的认知结构，它的重要和积极的意义体现在：

挖掘并发挥学生的学习潜能，变被动学习为主动学习。形成听前、听时、听后一个良性循环的过程，培养提高学生的听力理解能力。充分体现并发挥听力课的特点和优势，促进听力教学。

通过培养学生有效地调动和利用自己的认知结构，运用好听前听时听后的预设、消化和补充作用，帮助学生应对各类听力考试。

下面我们将对教师在课堂中的教学组织行为进行具体地论述。

二　认知结构在听力教学中的具体运用

听力课的教学环节不同于口语、综合等课程，要切忌直奔主题，不作热身，上来就听新课。或者只是让学生听录音，按照录

① 参见杨惠元《汉语听力说话教学法》，北京语言学院出版社 1996 年版。

音一项一项地听，然后做一些练习。这都会让学生觉得单调枯燥，上课没意思。实际上教师可以充分利用并发挥听力课的课型特点，按照听前、听时、听后三个阶段，引导学生调动和利用已有的认知结构参与听力理解，激发学生的学习兴趣，提高听力水平。

（一）利用预设作用作好听前指导

1.教师导入新课，明确本课的教学目的和要求。

从教师导入新课之始就可以采用预设手段。例如在学新课时，教师先引导学生听课文的题目，学生说出来后教师再板书。然后教师介绍本课的教学目的并提出要求，一是让学生明确本课的交际任务，一般是听懂某一话题。二是让学生了解本课要进行的各项听的技能训练。《速成汉语初级听力教程》（上、下）（杨惠元主编）这一点就做得非常好。录音文本第十四课“在学校里”，设定了两个教学目的：（1）训练学生听懂关于学习生活的话题；（2）微技能训练：提高学生辨别分析的能力、听后模仿的能力和联想猜测的能力。这样教师在介绍本课的教学目的时，可以就本课话题和训练项目作一些提示和暗示，激发学生的求知欲。仍以《速成汉语初级听力教程》为例。如录音文本第十四课“在学校里”，教师可提示学生到了学校以后，你们一般要先做什么？学生一般会回答要了解学校的情况，办住宿手续，买学习用品，了解入学考试和上课的情况等等。教师就可以把本课关于学习生活的话题串起来介绍一下，明确本课就是要听懂这方面的话题。最后教师再提出微技能训练的具体要求。这样就把学生认知结构中有关学校生活的知识加以定位，激活学生脑中的知识图式，促进学生对话题的接收理解。

2. 指导听的方法，提醒需特别注意的地方，预设可能出现的问题，消除学生的畏难心理。

听力课上，语音、词语、句子、对话和短文等练习都可进行听前预设。针对每项训练内容，教师在备课时要对教学对象听的能力和以往教学中学生容易听错、出错的地方做到心中有数。听以前教师先教给学生正确的听的方法，提醒学生需要特别注意的地方。指导学生预设可能出现的问题，想方设法消除学生畏难的心理障碍。例如：有时某个句子里有刚学过的生词，学生还没熟练掌握，可能会影响学生听懂这个句子。这时就可以重点提醒学生注意带某个生词的句子，或把生词写在黑板上进行提示。

3. 布置具体任务和次数要求，让学生带着问题和要求听，启发兴趣，使其精神饱满，注意力集中。

每项训练的具体任务要明确，一要明确地告诉学生带着什么问题去听，作好听前提示。如果是对话或短文，要提示学生：说话的人是谁？在哪儿？做什么？或者提出更具体的单一任务。例如有时某段课文里有个关键词，教师就可以提示学生，请学生找出这个词。诸如此类，课文中出现的某个重要人物、时间、地点和某个重要句子都可以采用这种方法。二要明确地告诉学生听完以后做什么。例如采取边听边填空、边听边问、听后模仿、听后回答问题、听后选择、听后转述或概述大意、听写练习等等。这两项任务还要和学生听的次数结合起来，要明确地告诉学生是泛听，听一遍；还是精听，听 N 遍。若是听 N 遍时，则要告诉学生粗听还是细听，要求听第一遍时注意什么问题，听完以后做什么。听第二遍注意什么问题,听完以后做什么。以此类推。如果教师的指导有效,学生的学习主动性充分调动起来,预设准确,接收到的信息就容易消化吸收,听并理解的目的就达到了一半。

(二)利用消化作用作好听时指导

在播放言语材料的过程中,教师也要以初学者的姿态,和学生一起来听。教师一般不进行干预,要通过察言观色了解学生听的情况。如果言语材料的难度不大,学生在准确预设的基础上,便会很快在已有的认知结构中调动可用的知识与经验去消化吸收,就是说新信息变成了可懂输入。如果言语材料的难度较大,教师要想办法尽快将它转化为可懂输入。可以采取以下几种方法:

1.调节语速,降低难度。

言语材料中有没学过的生词,有比较长的难句,或者语速较快,教师可将带生词的句子、较长的难句或某个段落先以较慢的速度说一两遍,降低言语材料的难度。给学生提供一个消化吸收的捷径,避免学生因输入的信息难度过大而拒绝接收。

2. 重点部分反复听或做板书提示。

课文中涉及汉语的一些习惯用语,如话中话、弦外音、暗示语,以及反语、讽刺语、委婉的告诫语等等,可以用重复键反复让学生听几次或做板书提示,便于学生理解消化。

3. 间接提示。

教师要全力调动学生的认知结构,寻找到与新信息相同或相近的知识或经验,将新信息赋予意义,便于学生消化并吸收,新信息也变成了可懂输入。例如:学生听不懂"看你说到哪儿去了"这句话的意思，教师可以举例：

A：听说汉语水平考试考了8级？

B：谁说的！

问："谁说的！"是什么意思？

学生就会说出是"你说得不对的意思"。再把"看你说到哪儿去了"替换到对话中，学生马上就掌握了其意。

听时过程是整个理解过程中最重要的阶段，理解者通过调动和利用已有的认知结构（有时需要依靠教师的指导），把声音信息转化为有意义的语言信息。

（三）利用补充作用作好听后指导

在经过听时练习的消化过程后，学生对信息有了具体的知觉，教师就要利用补充作用作好听后指导。主要是通过上文提到的各种听后练习检查学生理解和掌握的程度，对听的情况进行检查、评议、总结。对学生听不懂的地方给以解释；对学生理解错误的地方给予纠正，这即是利用认知结构补充出语言信息中并未包含的那部分信息。这时教师可以把有关的部分让学生再听一遍，使学生达到对语言信息的完整理解。听后指导要灵活处理。比如一段课文学生听完一遍后，教师通过检查发现学生听的效果不好，可以对本段课文的内容作一下方向性的指导，然后布置学生带着问题加听一遍。

听后指导在学生达到对新信息的完整理解后并没完全结束，教师还可以选择一两段重点课文用自然真实的语气、语调和较快的语速再说一遍，或找一段相关内容的补充材料让学生听。比如学完有关天气的课文后，可以从广播中录一段天气预报放给学生听。这样能使学生的听力理解能力在不断的量的积累上达到一个质的飞跃。

认知结构在听力理解中的这三种作用相互之间有着密切的关系。其中,预设作用是基础,也是最重要的。消化是预设的延续和验证。补充是对预设和消化的总结。三种作用互相依赖、互相影响、互相促进,形成听前、听时、听后一个良性循环的过程,使言语理解者能够准确、完整地完成理解活动。

为了使听力教学真正达到其目的,从事对外汉语教学的教师除了在教学方法上不断探索出新,在教学理念上也要不断学习更新。像上文所论述的那样,如果教师在听力教学中合理并有效地调动和利用好学生的认知结构,一方面可以培养提高学生的听力理解能力,另一方面可以充分体现发挥听力课的特点和优势,促进听力教学。

第五章

听力教材建设

第一节　三部汉语听力教材比较①

近年来，随着交际能力的培养在语言教学中的地位不断提高，教学法和教材也在培养听力理解的技能上作出了相应的调整，20 世纪 90 年代所出版的听力教材基本上是建立在交际性原则的基础上，听力理解微技能训练的特点越来越突出。同时，我们也看到，现有的听力教材在语料的长度、生词量的大小和练习的设计上都存在差异。听力语料多长为宜、生词应占多大比例，以及配有多少练习才合适？本文想就《初级汉语课本·听力练习》(3)(以下简称《听力练习》，北京语言文化大学出版社 1986 年版)、《中级汉语听和说》(以下简称《听和说》，北京语言文化大学出版社 1990 年版)和《汉语中级听力教程》(以下简称《听力教程》，北京大学出版社 1994 年版)三部教材进行分析比较，并提出自己的看法。

一　三部听力教材之对比

《听和说》是一本听力兼口语的教材，本文只就其听力部分

---

①　本节摘自胡波《三部汉语听力教材分析》，《世界汉语教学》2000 年第 2 期。

同其他两部教材进行比较。该教材不同于《听力练习》和《听力教程》之处是，它将听力理解训练项目分为精听训练与泛听训练。精听部分有一个短文体的课文，练习突出了微技能训练的目的，重理解、轻记忆、形式多样化、内容丰富。练习内容基本包括以下几方面：(1)语料大意的理解；(2)语用功能的理解；(3)重点句的理解，全文的概括总结。泛听训练部分有三个短文。练习形式为理解大意的判断正误练习和简答题等。不论是精听短文还是泛听短文，长度均控制在400—600字之间。精听课文的生词量也得到了较好的控制。一半以上课文的生词约占全篇词汇的10%左右。

《听力练习》每课分为三个部分。(1)单词理解；(2)对话理解；(3)短文理解。前两部分检查学生词语的掌握情况及对语用功能的理解，内容有一定难度，问题提得巧妙。但是短文部分显得比较薄弱，主要有以下两个问题：(1)文章的长度失控，长课文(指600字以上的短文)占的比重比较大，而生词量又很小，80%的课文只含有2%的生词；(2)练习多为检查记忆的效果的题，且相对那么长的课文来说，练习数量又明显不足，因而语料的实际信息和得到反馈的信息有些不成比例。

《听力教程》的教材设计比较新颖。首先它将课文的体裁分为短文和对话两种，每课由一篇短文和一篇对话组成，短文有故事、报道、启事、广告等多种题材。上册长语料的长度大多控制在500—600字，下册有的比较长。对话中的生活语言比较多，口语性强。该教材的第二个优点是多数课文中所包含的生词量相对另外两本教材比较大一些，有一定的理解难度，但又在学生可接受的限度内，这也是它区别于另外两本教材之处。前两本教材沿袭的是听力教材编写的一贯原则，只给学生少量的生词，而《听力教程》则打破了以往的做法。生词数量有所突破，约70%的课文的生词量在6%—14%之间。所以学习这套教材时学生必须做到课前预习，在有准备的情况下听。由于突破了生词的局限，所以编者在编写课文内容时相对自由一些，较易编出题材新颖、内容丰富的短文，使学生听后不仅训练了听力理解能力，同时也学习到了很多新知识。对于提高学生的学习兴趣有一定促进作用。第三个优点是，这套教材的练习比较丰富，形式比较活泼，多数练习都是围绕训练听力微技能的核心而进行。北京语言文化大学汉语学院基础系曾对使用过该教材的教师作过调查，大家均反映该教材的听力理解训练的特点非常突出，是一本非常好用的教材。但是该教材也有缺点，即第二册的部分课文太长，有的超过了1000字，有些长课文采取了分段听、分段练习的方式，有些没有分段，给教和学增加了很大难度。下面是三部教材的一些统计数据：

表1 超长语料对照表

教材	《听力练习》	《听和说》	《听力教程(上)》	《听力教程(下)》
600字以上	40%	4.5%	2%	65.6%

表2 生词所占比例对照表

教材 生词量	《听力练习》	《听和说》	《听力教程(上)》	《听力教程(下)》
15%以上	0	12.5%	6.4%	15.5%
10%—14%	0	12.5%	33.3%	17.2%
6%—9%	10%	54.2%	35.4%	51.7%
3%—5%	10%	20%	25%	13.8%
2%以下	80%	0	0	1.7%

表 3　题型数量对照表

教材	《听力练习》	《听和说》	《听力教程》
题型数量	5	30	20

二　语料长度和生词比例的确定

(一) 语料长度的确定

在表 1 中,笔者将 600 字以上的语料定义为超长语料,其根据有三个,第一,著名心理语言学家 Hammerly 认为,如果学生连续听 2—3 分钟,大脑就容易疲劳。如果我们以 220 字/分钟的速度朗读一篇汉语文章的话,2 分钟可读 440 字,3 分钟可读 660 字,3 分钟已达到了连续听的最高时限,故将 600 字以上的语料视为超长语料。三部教材中都有 700—800 字,甚至1 000 字以上的语料,这显然缺乏科学性。第二,TOEFL 和 HSK 测试中,听力语料长度一般也不太长。TOEFL 听力练习题中,最长语料不超过 500 词,多数为 300—400 词。HSK 听力练习的长语料也在 400—500 字之间。虽说学习和测试可以有所不同,教学用的语料可以适当长一些,但也不能不考虑听者的记忆负荷。第三,从笔者以及其他教师的经验中也可得出这样的结论,遇到长课文时,学生的反应不是听不懂,而是记不住,听完后边忘前边,甚至有时听到后来,大脑因过度疲劳,出现抑制,使得信息无法继续输入,最终放弃听完的打算。在这种情况下,有些练习不得不反复听几遍,最后即使勉强听完,其效果也是大打折扣的。

因此,笔者认为听力语料应尽量控制在 600 字以内,在这个范围内,学生可以比较顺利地完成听力课上的各项教学任务。

如果不可避免地出现了长课文，也应该将文章分成几段进行，不可一次从头听到尾。

在控制使用长语料的同时，还应适当选用短语料。长短不一的课文正好为训练各种听力技能服务。快速反应训练、抓主要信息的训练等都以较短的语料为宜，例如听一则寻人启事、一条广告等。而记忆存储能力和概括总结能力的培养，则相对长的语料比较合适。

值得提出的是学生学习语言时间的长短并不能完全与听力语料的长短成正比。并不是说学过两年的人所听的语料长度就要比学习一年的长，三年的又要比两年的长。因为一个人一次能记住多少，是人脑的记忆存储能力所决定的，这是不能违背的自然规律。所以中级教材课文越编越长是不科学的。无论如何，这还只是听力理解训练，并非听讲座。

（二）生词量应该适当加大

以往的听力教材在生词量上控制得很严，一般精听课文生词不超过 6%，泛听课文不超过 4%，《听力教学规范》规定进修阶段听力语料的生词量为 4%—7%。在强调听力理解的交际性原则时，这样的生词量不能满足学生实际交际的需要。外国学生在与中国人交谈，以及在中国留学期间与社会接触时，会听到各种无法预料的信息，其听力障碍之大，是可想而知的。所以听力课上，应该让学生有一定的训练机会，应该允许听力课文中埋伏一些障碍，让学生学会跳跃障碍，学会联想猜测，这些障碍一部分就可来自生词。当生词量比较大的时候，不能全部掌握是正常的，但掌握的总会是绝大部分，少数没掌握的生词，也不会给听力理解造成完全的阻碍。另外，现在学生常常反映我们的教材内容太少，以进修班所用教材为例，精听、阅读和听力加起来，一周也不过学习120—130个生词。如果我们能把听力课也看作是学习语言知识的一种途径，增加其信息量，就可以弥补现在教学内容不足的缺憾。

增加生词量后会不会影响听力效果？通过教授《听力教程》的切身体会，我们认为不但不会影响，反而会收到良好的效果。在所比较的三套教材中，这套教材的生词量是最大的，有近35%的课文生词量在6%—9%之间，近33%的课文达到了10%—14%。为证实这个生词量是可行的，笔者做了两个实验，实验结果也证明这种担心是不必要的。

两次实验所选的语料都来自《听力教程》第一册，且生词都超过了10%(生词表中有些已学过的生词未计入)。实验语料是根据内容选定的，一篇是火车站和机场的通知，为学生不太熟悉的内容。一篇是谈购物心理的，为学生比较熟悉的内容。实验对象为学完《初级汉语课本》第三册的学生。实验1参加的人数为42人，实验2参加的人数为29人。实验时一篇语料按照平时上课时的练习方式进行，最后统计每次听音后的理解情况；另一篇则加大难度，采用听第一遍后回答问题和听第二遍后完成句子的形式，调查学生在提示比较少的情况下的理解情况，以及生词障碍对理解的阻力有多大。

实验1的录音文本为《听力教程》上册第一课，内容为火车站和飞机场的有关通知，字数253字，生词15个，占词汇量的11%。实验形式为：(1)听后简单回答问题；(2)完成句子。所以对这篇语料采用比较难的形式，是因为这篇语料为学生不熟悉的内容，学生听不懂的话很难猜测，因而实验结果更加真实。以下是实验 1 和实验 2 结果的统计情况：

表 4 第一遍听录音后的课文理解情况

理解率	人数	占总数	生词浮现率
100%	2	5%	80%以上
80%—90%	6	14%	60%、70%、80%
70%—79%	4	10%	60%、70%
60%—69%	9	21%	30%、40%、60%、70%
50%—59%	6	14%	80%、70%、30%
40%—49%	4	10%	60%、70%
40%以下	11	15%	10%、50%、70%

注：生词浮现率指实验对象在完成实验内容时所使用生词的比例。

表 5 实验 2 理解情况

遍数 \ 人数	40%	50%	60%	70%	80%	90%	100%
第一遍	7	10	14	52	10	3	
第二遍		10	10	56	14	10	
第三遍	3	17	10	38	28	3	

从统计结果可以发现以下问题：(1)听一遍录音后实验 1 和实验 2 的理解情况都比较理想，正确率达 50%以上的分别为 64%和 93%；这说明这个比例的生词量是合适的，不至于给理解造成太大障碍；(2)实验 2 的理解情况明显好于实验 1。原因可能来自两方面，第一，实验 2 的内容学生比较熟悉，第二，判断和选择的题目比笔答的题目容易；(3)理解的效果跟听力任务有很大关系，任务具体，得到提示的障碍容易跳跃，理解率就高，任务不具体，得到提示的障碍多，其理解率就低。实验 1 的提示少，难度大，理解率相对低，实验 2 的提示多，难度小，理解率相对就高；(4)理解效果的好坏与生词的浮现率基本成正比，但也有例外，有些人虽然第一遍听的效果并不太好，但他们在听第一

遍后回忆起的生词却很多，这说明两遍之间理解程度可以有比较大的差别；另外一些人听第二遍或第三遍后，理解的程度反而比第一遍时差，这种情况一般发生在第一、二遍听的效果不错的人身上。

应该指出的是，上实验课时，生词不可能提前预习，在教师领读一两遍后，学生马上就开始听者，其难度应该比平时大。但即使这样，我们看到学生的理解情况还是很不错的，实验后从与学生的交谈了解到，学生并不觉得所听的语料比平时难多少，这说明语料中出现百分之十几的生词量是可行的。

实验结果中有一个值得注意的问题，即理解水平为中等和较差的实验对象在完成实验内容时，生词的浮现率与理解水平并不一致。中等理解水平的实验对象中，有相当一部分人在回答问题时使用的生词不多，而理解水平较差的一部分学生中，却有一部分人使用的生词比较多。这个情况从一个侧面告诉我们，生词并不是构成听力障碍的主要因素，重要的是学生对听力语料的背景知识的了解，以及语言知识的掌握情况。

（三）练习量应该充分、形式多种多样

练习内容如同对听者发出的指令。心理学家发现在做听力理解时，听辨句子和语段有无目的以及目的的不同都会对理解和回想产生不同的影响。从以上两个实验中我们可以看到，由于指令的不同，以及指令多少的不同，学生的理解情况也不同。用发出指令的办法可以改变他们处理句子的焦点和深度。而且人们对句子理解的程度越深，回想的内容就越多①。另一方面

---

① 参见桂诗春《心理语言学》，上海外语教育出版社1985年版，第136页。

英国教学专家玛丽・安德伍德认为听力语料的难度也可以通过所给的交际任务和练习的难易来调节，对简单易懂的文章，可以加大练习的难度；对复杂难懂的文章，则可以降低练习的难度。练习的最后一个功能才是教师检查学生理解情况的依据。因此练习是教材的核心，练习的好坏也是评判一套教材优劣的标准。

听力课是技能训练课，不是测验课①，各种技能训练的目的都是通过练习得以实施的，因而不能忽视练习题的编写。听力理解的任务很多，除了记忆存储能力的培养外，还有抓关键信息、跳跃障碍、联想猜测、快速反应、语境理解和概括总结等。就一篇语料而言，它可以有多重任务，对每一堂听力课而言，则必须结合不同的训练任务而进行。因此，练习的形式必须丰富。盛炎先生在《语言教学原理》②中举出的听力练习的形式有 22 种，《听和说》和《听力教程》的练习形式都达到了 25 种之多（其中口语部分的练习形式未计在内）。练习形式多，教材是否就会显得杂乱无章呢？其实不然。上述两部教材虽然都采用了 20 多种练习形式，但是有两三种基本形式贯穿在每一课中，其他形式则是根据每课语料的特点增加或调整的。

不仅练习形式要多种多样，而且练习的数量也应该充分。对同样一篇语料提出 5 个问题和提出 10 个问题，其要求理解的深度当然不同。每篇语料的内容虽然有限，但是如果从不同的训练目的去挖掘其内容的话，就会发现可供训练的东西比较多。相反，如果只满足于检查学生的记忆情况，那么可出的题目就很

---

①　参见 Susan Sheerin，吴可飞译《听力课：训练还是测验》，《国外外语教学》1988 年第 4 期。

②　参见盛炎《语言教学原理》，重庆出版社 1996 年版。

有限,《听力练习》就存在这样的问题。语料的长度和练习量很不谐调,语料长,而练习量小。原因之一就是该教材是把记忆存储能力视为听力理解训练的主要任务,多数题目是为检查情况而出的,技能训练的练习比较匮乏,限制了听力微技能的全面培养。

三　对编写新教材的启发

以上只是对三套汉语听力教材的优劣作了粗略的比较,经过比较使我们对听力教材的编写有了一些新认识。我们认为一部好的听力教材除了选材好以外,还应注意以下问题:(1)语料长度适宜,切忌过长,长语料应限制在600—700字以内,如实在不可避免要选用长语料,应该采取分段听策略,同时还应有计划地安排一些短语料;(2)精听课文的生词量应该适当加大,理想的生词量为10%左右,上限控制在15%。泛听课文应该隐含一些生词,生词量应该比精听课文的小,即使有生词也可以不全部给出,给学生留有一定的跳跃障碍的机会;(3)练习的体例不可统得过死,但应根据语料题材和体裁的不同,稍作变化。练习数量应该充分,应遵循由浅入深,先粗略,后具体,先语段,后句子的原则,使听力任务的难度随着听的次数的增加而增加;泛听课文的练习数量可以比精听的少,形式可以不固定,但应考虑各项技能训练的相互照应,整个教材应该体现出各项听力微技能的训练任务;(4)为避免教学过程中不必要的浪费时间,录音应该按照听的顺序录制,即每一遍都将课文和相应的练习全部录下来,对有些比较难懂的课文,可以采取分段录制的办法。

新的听力教材编写如果能继承发扬以前教材的优点,同时又能在以上几方面加以改进的话，将会更好地体现听力理解的独特性，更能适应新时代对听力教材的需要。

第二节　教材编写实践

壹　初级听力教材①

《速成汉语初级听力教程》是《速成汉语初级教程·综合课本》的配套教材，亦可单独使用。教学对象为零起点的或略有汉语基础的初级水平的学生。全书上下两册共四本。即每册两本，学生用书和录音文本各一本。上册 30 课，下册 20 课，总共 50 课。以每周 4 学时、两学时完成一课计算，每学期有效教学时间为 18 周，零起点的教学班可学完第一课至第三十课，B 班（所掌握词汇达 800 个以上）学生可学完第十一课至第四十课，C 班（所掌握词汇达1 500个）学生可学完第二十一课至第五十课。

《速成汉语初级听力教程》是训练和提高学生聆听理解能力的专项技能训练教材。编写这套听力教材，我们吸收了有关汉语速成教学和听力训练的最前沿的理论研究成果，并且将其作为指导思想贯彻到教材编写的每一个环节中去。

我们认为，只有实行“强化＋科学化”的训练，才能达到速成

---

①　本节摘自杨惠元主编《速成汉语初级听力教程》前言，北京语言文化大学出版社 2000 年版。

教学的目标。所谓“强化”,就是进行大运动量的训练:一是在单位时间里给学生输入大量的语言信息,二是在单位时间里提高语言信息“输入输出”的次数。在第二语言教学中,必须进行大运动量的训练,学生才能把获得的语言知识作为“经验成分”储存在大脑当中,进而完成“从语言知识到语言技能”和“从语言技能到语言交际能力”的两次转化。所谓“科学化”,就是在进行听力训练的时候“强化”得恰到好处,不做无用功。为此,编写听力教材必须遵循聆听理解的规律,贯彻“可懂输入”和“从分到合”的原则,控制语言信息输入量的多少和难易的程度,注重微技能的训练和聆听方法的指导等等,使学生能够举一反三,闻一知十,全面提高聆听理解的能力。

提高聆听理解的能力,关键是提高接收语言信号的速度和进行解码的速度。怎么样提高接收、解码的速度呢?一是积累和增加头脑中经验成分的数量,通过聆听不断吸收和储存语言信息;二是提高听觉器官的灵敏度和解码操作的熟练程度。

教材应该为课堂教学提供训练的内容和方法,并且服务和服从于提高学生聆听理解能力这一教学目的。从训练内容上讲,我们编写课文尽量降低内容的难度,增加内容的容量,让学生尽可能多地接触真实自然的语言材料。考虑到学生有比较强烈的速成愿望,《速成汉语初级教程·综合课本》和《速成汉语初级听力教程》共出词4 085个,其中甲级词1 033个。《汉语水平词汇与汉字等级大纲》的甲级词全部出齐;乙级词1 642个,占《大纲》乙级词总数的 81.4%;丙级词 643 个,占《大纲》丙级词总数的 29.8%;还有丁级词和超纲词 767 个。我们出这么多词,其理论根据是现代汉语中的通用词汇有 4 万(根据北京航空航天大学《现代汉语词频统计》),为了应付日常的交际,我们必须有控制地帮助学生扩大词汇量,教材应该为学生创造机会,让学生跟尽可能多的重要词语见面(第一次见面和反复见面)。有的词语学生一时记不住没有关系,学过一遍,以后再听到它或读到它跟从未见过面的生词就不一样。如果教材提供的确实是常用的重要词语,重复率一定很高,学生会比较容易地记住它。

因为是配套教材,《速成汉语初级听力教程》在内容方面跟主干教材既有共通之处,又有区别。我们尽量从学生的角度选择主干教材中最实用的话题,放在不同的情景当中展开,使学生感到似曾相识,又不雷同,而具有新鲜感。另外,我们又增加了不少新的话题和内容,比如传统文化、风土人情、思维方式、人际关系、当代国情、社会状况、休闲娱乐、贸易会谈、旅游地理、科学常识、看电视、听广播等等。根据我们的调查,这些都是学生感兴趣的话题和内容,是他们喜闻乐听的。前十课基本上是一课听力课配一课综合课,便于跟语音阶段的考试保持同步。此后听力课增加了十一、十二两课补充内容,从此听力课比综合课滞后两课(听力课第十三课配综合课第十一课),以便更好地贯彻"综合课打头,分技能设课"的教学原则。听力课的生词和语法点尽量重复综合课的内容,语法点绝对不冒新的,每课出生词不超过 20 个。

从训练方法上讲,我们设计了以听为主、听说结合、听读结合、听写结合、听做结合等几十种训练方法,先输入后输出,反复地输入和输出,帮助学生理解和记忆。反复地输入就是用语言的声音信号反复地刺激大脑,把它作为经验成分储存起来;反复地输出就是反复地从大脑中提取语言信息,提高听觉器官的灵敏度和解码操作的熟练程度。

听力训练的一个重要原则是给学生“可懂输入”。听力教材为学生提供的语言材料一定要让他们能够听懂。学生听懂了，理解了，才会有收获，输入的语言信息才能作为经验成分储存在学生的大脑中。

按照“系统论、信息论、控制论”的观点，世界上的万事万物皆成系统。一个大的系统由互相联系的若干子系统构成，一个子系统由若干更小的系统构成。一个人的语言能力由听说读写四项基本的技能构成，每一项基本的语言技能又是由更小的微技能构成。要提高语言能力，就要从更小的微技能入手。听力训练的理论研究成果表明，听力训练的重点是提高学生聆听理解的微技能；聆听理解能力由辨别分析、记忆储存、联想猜测、快速反应、听后模仿、边听边记、检索监听、概括总结等微技能组成。教材应该为技能训练服务，把各种微技能有计划、有控制地分散到各课中去练习，设计的每一个练习都应该具有明确的目的性，要为训练和提高学生某种微技能服务。教师应根据教材在每一堂课重点对学生进行一两个微技能训练，然后有意识地把本课所训练的和以前训练过的微技能综合运用于听懂整篇的语言材料。这样，各种微技能提高了，就能从总体上提高听说读写的能力。这就是听力训练的另一个重要原则——“从分到合”的原则。

《速成汉语初级听力教程》在贯彻“可懂输入”和“从分到合”的原则方面做了有益的尝试。跟已经出版的各种听力教材相比，本教材在以下几个方面有新的突破：

一、每一课中，我们首先向教师提示本课的教学目的。教学目的从两个方面考虑：一个是语言知识方面，明确训练学生听懂哪个方面的话题；另一个是技能方面，明确重点对学生进行哪个或哪几个微技能训练。各课的教学内容和练习方法都跟本课的教学目的一致，设计的每一项练习都是为了训练某一项微技能，为实现教学目的服务。

二、每一课我们都根据课文的内容设计了听前练习、听时练习、听后练习和泛听练习四个大的教学环节，为教师备课和上课提供了方便。

听前练习是为听时练习做准备的教学环节，要帮助学生扫除听时练习的各种障碍。凡是可能影响学生听懂语言材料的因素，都在这个环节中进行处理。在每一课我们都设计了辨音辨调练习、词语练习、句子练习等等。做了以上的准备和铺垫，就可以降低学生理解课文和做听时练习的难度，排除他们的畏难情绪，并且激发他们的学习兴趣。

听时练习是整个训练的核心。听时练习是一边听课文一边做练习，听的单位不是句子而是语段或者语篇。训练学生在语流中抓重点段、重点句、重点词语，理解主要的意思。在这个环节中，注意引导学生有目的地听，学会听什么和怎么听。在听时练习部分，每听一遍课文，我们都提出一些提示性的问题，告诉学生听的时候注意什么、带着什么问题去听，使学生听时有一个注意的方向。每次都进行这样的练习，久而久之，学生就会自己悟出来：听对话时注意什么、听叙述的文章时注意什么、听议论的文章时注意什么。学生掌握了听的方法，就可以迅速提高听的能力。

听后练习目的在于巩固听时练习的成果，是聆听理解的深化阶段。我们设计的练习常常是概括总结本课的要点，复述主要内容以及快速回答问题等等，有时编写一段跟课文类似的语段或语篇，让学生辨别两篇课文的异同，用对比的方式加深学生对课文的理解和记忆。

我们设计听前练习、听时练习和听后练习，一方面充分考虑了教材内容和课堂教学的实际，使老师便于操作，便于在课堂上完成；另一方面也考虑到对课堂教学起到规范的作用，使课堂教学沿着标准化、科学化的轨道运行。

泛听练习可以在课上完成，也可以作为家庭作业，让学生在课下完成。为便于学生独立完成，泛听的练习方式大多采用笔头的自测形式；内容也更贴近学生的生活，更有意思，以便引起他们的学习兴趣。

三、为了避免学生提前预习课文或者看着课文听录音做练习，《速成汉语初级听力教程》沿用录音文本跟学生用书分开的办法。以往的教材不发给学生录音文本，只发学生用书，学生没有完整的课文部分，课后不能复习。为解决这一难题，本教程的每一课都设计了“填空练习”。填空练习有的可在课上做，有的可在课下完成。只要做完了填空练习，就等于有了完整的课文，为学生及时复习提供了方便。

四、前十课为语音部分，为了有效地训练学生辨别声韵调，于录音文本第十课后编写了附录“语音练习材料”，为教师备课提供了方便。这个“语音练习材料”量大、全面，而且排列有序，教师可以根据学生的难点，选择其中的内容练习。

五、为了帮助学生熟悉 HSK 考试听力理解部分的题型和解题方法，于第二十课、第三十课和第五十课后附上“HSK 听力理解模拟题”。这些内容可以作为课堂教学的一部分，也可以作为学生自测练习题，课下独立完成。

本听力教程1996年完成初稿，在北京语言文化大学汉语速成学院进行试用。我们亲自参加试验，同时认真听取学生和其他任课教师的意见，反复进行修改、加工。3年的试用，收到了令人满意的积极效果。以1997年2月入学的速成系A班为例，零起点的学生学习20周，期末20个日本、韩国学生参加HSK考试，达到HSK各分数等级的情况是：7级1人，6级5人，5级4人，4级6人，3级1人，2级3人。按照速成学院的教学大纲通过3级为达标，结果17人达标，达标率85%。其他班级的成绩也与此大体相当。这个成绩说明除了学生和教师的因素以外，使用这套教材后，学生的进步非常明显，学习效果非常突出。在进行总结的时候，老师们一致认为，学生学习这套教材接触的词汇量大，接触的语法点多，并且重复率高，是取得良好成绩的重要原因之一。

贰　中级听力教材[①]

《新中级汉语听力》上册旨在为中级听力课堂教学提供丰富的材料及多样的练习手段，使学习者在听力水平、听力技能以及总体语言能力方面得到进一步提高。学完本书，学习者可学到524个常用词汇，熟悉近300个常见的表达法，理解准确率得到

---

① 本节摘自刘颂浩、马秀丽《新中级汉语听力》编写说明，北京大学出版社2005年版，第1—8页。

提高，并且能更适应速度较快的语流。

上册包括课文（含作业部分的文本）和生词、练习（含课外作业）等两本教学用书，以及课文、作业的录音磁带共7盘。《上册》共10单元，依主题编排；每单元（不包括课外作业）需要4—6课时。按每周4课时计算，可用一个学期。适用对象为学过基础语法、词汇量在1 500左右的汉语学习者。在中国开始学习汉语的人，一年之后（程度好的半年之后）即可使用本书。

编写时，我们充分吸收了对外汉语教学界关于听力研究的成果，考虑了学生的个体差异和课堂教学的规律。全书材料丰富，练习设计灵活多样，内容安排伸缩性强，便于根据班级的具体情况决定和调整进度。

一 编写原则

本书的编者认为，编写语言教材时，最重要的原则是难度合适；听力教材也是如此。在对现有的中级教材的诸多批评中，难度过高是常常提到的一点。怎样做到难度合适？最常用的办法是控制词汇和语言点。本书精听部分共出生词524个，其中乙级词178个（34%），丙级词172个（33%），丁级词113个（22%），超纲词61个（12%）。精听部分课文的生词率略高于4%。控制了词汇级别和课文生词率，就可以保证语言难度基本合适；对那些仍然较难的词汇和语言点，则通过例句或单项训练，事先予以疏通。读到这里，熟悉"简化"（simplification）和"繁化"（elaboration）对立的老师可能会认为，本书所用的材料是简化的产物。这种推断有道理，但不完全。简化和繁化，是相对"基准语料"（baseline data）而言的。本书部分课文是编者根据有关材料(基准语料)重写的,重写时考虑最多的确实是语言的简化问题。不过,书中大部分课文是我们自己专门为本书写的,这些文章没有基准语料可资对比,也就不存在简化或繁化问题。

在保证语言难度合适的情况下,本书力求体现学习型听力教材的特点。这一点,和《汉语初级听力教程》(北京大学出版社,上册 1999 年,下册 2000 年)的编写思路是一致的。学习型听力教材是和传统的复习型听力教材(即听力教材作为主干课的辅助部分)相对而言的。简言之,我们认为,听力课毫无疑问需要和其他课型相配合,但这种配合不能通过降低听力课的主体地位来实现;实现的途径是遵循大纲要求,使教学材料适合特定阶段学生的语言水平和需要。听力课上,需要学习的不仅仅是听力技能,还必须包括语言要素,甚至以语言要素为主。

将上述两点结合起来,就是本书编写的总原则:通过聆听难度合适的汉语材料,学习语言知识,在聆听活动中培养听力技能,从而达到提高汉语听力及综合语言水平的目的。

教材的趣味性最近受到了越来越多的重视,可以说成了教材研究方面的一个热点问题,不少研究者对此发表过意见。我们在编写过程中,也非常关注趣味性。教材编写的每一个环节,比如框架的确立、内容的筛选、语言的处理、题型的选择等,几乎都可以和趣味性挂上钩。在这些环节的具体处理上,当然要考虑趣味性。比如,在课文内容上,我们有意加进了一些夸张性的句子,像"他做梦都想变成有钱人,所以改名叫'梦有'(第三单元课文二)"、"最近我的照相机老出问题,……上次洗出来的一张照片,我竟然长了两个脑袋,让人哭笑不得(第五单元课文二)"

等，相信这样的句子能增加教材的趣味性。再比如，教材为口语活动设计了一些专门的练习，像“听后记住问题，然后和同桌做问答练习”，其中有些问题故意表达一些“怪异”的想法，也是意在引起学习者的兴趣：“男尊女卑是社会分工的结果，你同意吗（第六单元课文一练习四）？”、“情书写得好，恋爱就一定成功吗（第八单元课文一练习三）？”除此以外，还有一点值得特别提出来，那就是：无论是改写还是自创，都力求体现现代汉语的内在美感，用语言的魅力来吸引学生。现代汉语的内在美感是什么？这是一个很复杂的学术问题，我们无意，也没有能力来深入探讨，更不用说在一本听力教材中来探讨了。但作为本族语者，力争使自己的文章具有一定的美感，还是可以做到的。就我们的体会而言，现代汉语美感的一个重要方面是讲究节拍。节拍分明，朗朗上口是好文章的一个显著特点。下面几个例子可以看出我们的努力：

(1)一天晚上，老王买了三个西瓜。他回到家里，点上蜡烛，打开一个西瓜，发现是坏的，只好扔掉。他打开第二个，发现还是坏的，只好又扔掉。他很生气，想了想，把蜡烛吹灭，然后把第三个西瓜吃掉了。（第二单元课文一片断）

(2)我喜欢雪天。下雪时，雪花在天空中飘呀飘呀，天地一片洁白，多美呀！下雪后，人们在雪地上跑呀闹呀，堆雪人，打雪仗，多开心呀！另外，我也喜欢雪后潮湿的空气。

(3)我喜欢晴天。灿烂的阳光，是大自然给我们的最好礼物。看着窗外明亮的阳光，即使是最无精打采的人，情绪也会好起来。阳光下的人，是最可爱的人；阳光下的世界，是最美丽的世界。

(4)我喜欢雨天。最动人的故事，一定发生在雨天；最浪漫的爱情，一定有雨伞陪同。有人说："不经历风雨，怎么能见彩虹?"说这话的人忘了，风和雨跟彩虹一样美丽！(2—4为第四单元"语言练习二"的短文，要求是：三个人在谈自己喜欢的天气，听后说出你支持他们中的哪一个)

二 体例

本书共10个单元，单元题目都是一个成语。该成语也提示了单元内各课文在内容上的联系，当然，这种联系有时并不十分紧密。10个单元分别是：升堂入室、酸甜苦辣、应接不暇、春暖花开、何去何从、余音绕梁、闻鸡起舞、神秘莫测、梅妻鹤子、独在异乡。题目下面都有"题解"，简单解释题目的含义("春暖花开"除外)。

每单元都分精听、泛听和专项练习三部分。单元内部的结构如下：课文一及练习、语言练习、课文二及练习、课文三及练习、专项练习。前面三部分是精听内容，是一课的核心，其中"语言练习"的重点是两篇精听课文(特别是课文二)的词汇。这种设计，是为了巩固和深化课文一所学的词汇，对于课文二则起到疏通难点、降低难度的作用。课文三是泛听。专项练习的第一部分是一篇文章或对话，也是泛听内容，主要介绍跟该单元主题有关的表达法和词汇；第二部分是专门的技能练习。

在体裁上，精听主课文(即课文一和课文二)既有对话，也有短文，以对话为主；泛听课文基本上全是短文。对话和短文并不严格对应于口语语料和书面语料，但本书口语语料的比重要大一些。本书理解的口语，大致相当于大学生这个层面上的人物在日常生活中所使用的语言。语料长度，每篇课文基本上控制在500—700字之间，个别泛听课文稍长；短语料则视具体情况，从几十字到上百字不等。听力材料应控制在500—700字左右，这是研究者在听力语料长度方面的普遍看法。

除生词表以外，本书对词汇还采用了两种特别的处理方法：(1)在课文一前边，配以若干和课文有一定联系的例句，目的是帮助学生把词语和课文联系起来，降低理解难度；课文二的前边，则有“语言练习”，重点练习课文二中出现的词汇，也能起同样的作用。(2)在每一单元最后，先用词类再用语义把该单元的词汇重新排列，目的是帮助学生组织记忆词汇。

三　特点

本书的特点，可以概括为“六个结合”：课内与课外结合、精听与泛听结合、中速与快速结合、语言学习与内容理解结合、吸收与创新结合、主观题与客观题结合。

(一)课内与课外结合。目前流行的中级听力教材，全都缺乏配套的课外练习；而听力训练需要录音，且常常要男女声配合。因此，听力课的作业问题就成了老师的一个难题。要么根本没有，要么选择一些跟所学内容关系不大的材料，很难和课堂教学配合。本书为每一单元配备了课外练习材料，录音时间8—10分钟，约为课文录音的三分之一，基本上可满足课下复习提高之用。

(二)精听与泛听结合。不少研究者都认为，精听与泛听结合是提高听力技能的重要原则。但奇怪的是，不少初级听力教材配备了泛听练习，中级听力教材却普遍缺乏这个环节。这样就难以进行跳越障碍、抓大意等与泛听有关的训练。而对中级学生来说，这些技能同样需要训练。本书每一单元都有精有泛，两种材料在数量上差别不大。但泛听要求低，速度也快。从训练时间上看，精听约占3/4，泛听占1/4。

（三）中速与快速结合。在录音磁带的处理上，精听部分的两篇课文都用两种速度录音：中速和快速，一遍为男声，一遍为女声。中速略低于正常语速，快速为正常稍快语速。课文练习都在中速录音后完成；快速录音只需聆听，没有具体任务。这种设计的目的是：(1)增强适应正常语速的能力；(2)训练快速反应的能力。这种中速与快速相结合的做法，是听力教材编写中的一个新的尝试。

（四）语言学习与内容理解结合。本书采取内容为纲的编排形式，但在练习上却十分注意语言训练和理解训练的有机结合。精听课文后边的练习，都既有理解方面的，又有语言方面的；"语言练习"更是以语言为主。专项练习中的课文，则要求在理解的基础上学习表达法；或者在学习表达法之后体会它们在课文中的用法。

（五）吸收与创新结合。本书在练习形式上，体现的是依据训练目的来设计题型的精神。从题型上看，既有广泛流行的多选题、判断正误、跟读句子、填表等类型，也采用了对比听写、无反应聆听、完成句子、理解关键词后再听、看文章听解释以及听后评判等以前教材中不大常见的形式。

（六）主观题与客观题结合。客观题答案唯一，容易操作，适合用来检查理解情况。主观题往往没有明确的对与错的标准，但能增加学生的参与程度，活跃课堂气氛；在听力课上使用主观题,还能缓解连续聆听造成的疲惫感。本书根据课堂训练的特点,将这两类练习有机地结合在了一起,使得课堂教学能够方便地"以听为主,听说结合"。

四　教学建议

下面提到的内容,只是编者的设想和建议。使用本书的任课教师需要根据学习者的具体情况,做出自己的选择。

(一)强调预习,提高效率。学生在上课之前,应该进行预习。这样上课时才能有备而来,教师也才能保证课堂教学能够高效率运转。因此,上课之前进行预习,是保证教学效果的关键。需要预习的主要是语言方面的内容,包括:课文一、二前面的"词语"和"课文背景",以及课文一前边的"句子"。

(二)明确目的,区别对待。从教学要求上,精听内容要求准确掌握,理解率在90%以上。泛听部分(课文三和专项练习课文),材料的难度比精听部分要大,对这两部分的要求可以灵活处理:程度差的班级或学生,要把重点放在精听部分,泛听只要求听懂大意,理解率达到或接近70%就可以了;程度高的班级或学生,对这两部分的理解要求可以高一些。从另一个角度看,本书的练习分为主观题和客观题两类。判断正误、多项选择、填表等为客观题,答案比较唯一。讨论、问答、听后理解词语等,往往需要根据个人的情况进行回答,没有对和错的区别。比如上面提到的一个练习:三个人在谈自己喜欢的天气,听后说出你支持他们中的哪一个。教师在提供反馈时,要注意这两类问题的区别。

关于多项选择题,有几个问题需要特别提出来。首先,如果选项出现的是课文没有涉及的内容，就归入错误答案。比如第六单元课文一的一个问题：

他们谈到的电视剧有什么特点？

A. 演员漂亮　　　　B. 音乐好听

C. 情节简单　　　　D. 非常幽默

课文中没有谈到演员的长相和电视剧的音乐，所以 A 和 B 肯定不对。其次，在为个别题目设置选择时，更多地考虑了词汇的重现问题，比如第六单元语言练习的一个问题：

女：波导公司的手机销售量突破了 1000 万台，真是太不可思议了！

男：是啊，别的公司都很眼红。

"别的公司都很眼红？"是说别的公司都很：

A. 幸运　　　　B. 规矩

C. 开心　　　　D. 羡慕

选项 A 和 B 放在这里，其实不太符合常理。之所以这样做，是因为"幸运"和"规矩"是这一单元的生词，让它们作为选项出现，给学生提供了再次接触该词的机会，能起到巩固词汇学习效果的作用。如果学生能够看出这两个选项有悖常理，就达到了练习的目的。不过，这类选择题目在全书中占的比例很小。另外，本书的一小部分主观题采用了客观题（多项选择）的形式，这部分题目的题干中都有"你认为、你觉得、你的看法、是不是你希望的"等字眼。比如第一单元课文二的一个问题：

你觉得这篇课文想告诉我们什么？

A. e-mail 比写信更好　　B. 不应该离开女朋友
C. 女人都不能相信　　D. 邮递员的工作很好

既然是“你觉得”，学生的看法就都可以接受。根据我们的经验，在讲解这些题目时，让持不同意见的同学发表各自的看法并说出原因，是学生很喜欢的一项活动。

前面提到，本书精听部分的两篇课文均有中速、快速两种录音。快速录音只要求聆听，没有其他任务，是一种“无任务（反应）练习”。在听快速录音时，要提醒学生心情放松，将重点放在文章整体意义以及语调、语气等的理解和把握上，而不要被某些自己还没搞懂的词汇、语法结构所困惑。如果教师希望提些问题，可以是“两种速度的录音哪个人的声音更好听？你更喜欢哪个？”等宏观性较强的问题。重要的是引导学生学会欣赏和批评，欣赏和批评的既包括文章的内容，也包括表达内容的韵律形式。后一点是听力课独有的特征，值得好好把握。“用欣赏和批评的态度来聆听”这一策略也适用于其他课文，特别是进行复习性聆听时。另外，许多老师喜欢在听力课上给学生听听歌曲、看看电影，欣赏和批评的策略此时也很合适。

“专项练习”的第一部分是一篇泛听课文，主要介绍跟该单元主题有关的表达法和词汇。比如第九单元专项练习一要求“听文章‘树’，理解下列跟树有关的表达法”，列出了文章中提到的“独木不成林；荒山变绿山，不愁吃和穿；栽树栽树，不愁不富；三分种，七分管”等 11 个表达法。对这些表达法和专门词汇，有两种处理方法：一是老师先讲，一是学生听后再讲。具体如何处理，要看学生的水平。如果水平较高，可以让学生先听；否则老师先简单地讲解一下会更好。因为练习中所列表达法和词汇较多，讲解时，注意不要做过多延伸，只要学生能理解它们的基本意思就行了。

（三）以听为主，听说结合。听力课当然要以听为主，听的内容包括课文材料和老师讲解。由于连续听是一件非常耗费精力的活动，因此，听力课需要辅以一定时间的口语练习。口语练习能起到一定的调节作用；同时口语活动也是检查、促进理解的一种有效手段。每一节课的流程大致可以这样（以每课50分钟为例）：前25分钟以学生听为主，老师的讲解起穿插组织作用，下面10分钟以老师讲解为主（包括课文难点的串讲、语法点的说明与提示、练习答案的说明等），接下来的10分钟以学生分组口语活动为主。剩余的时间，用于回答学生的问题并做总结。教材为口语活动设计了一些专门练习，比如"听后记住问题，然后和同桌做问答练习"、"谈谈你对下列观点或现象的看法"、"听后判断谁的介绍更有意思"等。需要注意的是，除了内容以外，这类口语练习也跟当课学习的词汇或语言点有联系。比如第五单元课文一练习四中（"记住录音中的问题，然后和同桌做问答练习"）的两个问题：

（1）感觉**空虚无聊**时，你一般怎么样？

（2）走路时**蹦蹦跳跳**，是不是说明这个人很**开心**？

这个题型，一般有5—6个问题，首先要提醒学生，不用逐字记录，写下关键词就行了。其次，这个练习的重点是对句中黑体字（本课生词）的理解，学生的答案本身也许并不重要。

（四）及时提醒，前后连贯。新知识的加入，会改变原有的知识结构；新旧知识的联系越密切，对新知识的记忆效果越好。语言知识的学习也是如此。同一单元不同课文之间，不同单元之间，可以用多种方法联系起来。在上课时，用简单的几句话将这些联系提示出来，能够有效地复习原有知识，同时使新知识和原有知识快速地联结在一起，增强记忆的效率。在提示内容方面的联系时，如果能够使用已学过的语言点和表达法，效果会更好。

叁 高级听力教材①

尽管有人曾经呼吁"三年级增设高级听力课"②，但目前我们的对外汉语教学中，进入三年级的汉语专业生，以及 HSK 考试达到 7—8 级的进修生基本不再开设听力课。一般认为学生这时听、说、读、写四项技能中，最不成问题的是"听"，学生也对听力最有信心。可是认真考察一下高级听力应涉及的内容，注意一下这个水平的学生听力中的实际问题，进而探讨一下高级水平的学生采取的学习方法与他们采取这一方法之后所获得的实际汉语水平之间的关系，我们也许会得出这样的结论：高级听力训练是必要的。

本文打算就以上问题作一初步探讨，也想谈一下《汉语高级听力教程》编写当中的一些思考，以求方家指正。

一 高级听力训练是必要的

(一)从 HSK[高等]听力考试所涉及的内容及要求看，只靠

---

① 本节摘自幺书君《高级听力训练的必要性及其教材编写尝试》，《中国对外汉语教学学会北京分会第二届学术年会论文集》，2001 年。

② 参见《中高级对外汉语教学论文选》，北京语言学院出版社 1991 年版，第 76 页。

听别的课或学生自己努力，不一定能解决高级听力的问题。

由于直到目前，HSK 大纲仍是唯一对教学、考试内容所做的较为科学的规范，而且 HSK 考试已经在国际上具有了相当的影响，我们在这里姑且以《中国汉语水平考试大纲[高等]》作为标准，来看高级听力的内容及要求。

HSK 大纲[高等]听力理解有关内容的具体要求如下：

“能正确理解必要的修辞手段和语言策略，听懂对方的真实语义。能听懂带有个性特点的谈话，从谈话人使用的不同语气和口气，推断出说话人的身份、态度和感情倾向。能听懂口语中常用的成语、俗语、惯用语等。对口语里不完整或不规范的语句，能正确理解语义，不发生误听。对较长的对话或讲话能抓取主要信息，掌握谈话的主旨，也能捕捉所需的具体信息。”①

从《大纲》的要求，我们不难理解，第一，高级听力涉及的修辞手段、语言策略等，是初、中级阶段很少或基本不涉及的内容。第二，实际交际中人们常常使用的用语气表达特殊意义、言外之意、直言婉说、正话反说等等语言手段难以进入高级口语、精读、阅读等教材，因为这些手段的运用通常要依靠特殊语气，而语气的载体是声音，而非文字，这些问题应该或最好在听力中解决。第三，高级听力要求的是一种整体能力，检验的是对实际交际中人们运用的全部语言手段的感受、领悟能力。若是其中的部分内容不进入课堂教学，只靠学生自己去慢慢揣摩、提高，将是困难的。

---

① 参见《中国汉语水平考试大纲[高等]》，北京语言学院出版社 1995 年版，第 7 页。

（二）从 HSK 考试达到 7—8 级的学生的实际情况看，他们“听”的主要困难就是《大纲》中划定的内容。

我曾对高级视听说课中学生的问题做过些统计，下面仅以三段课文及练习结果为例，看一看学生的听力理解情况。例一：

李艳萍：我当时看了皮尔·卡丹的表演以后哇，我觉得法国人可以搞，那我也可以搞，因为我学的是这个专业。而且我觉得中国的服装非常的漂亮，有五千年的文化史，我们的民族服装，55 个少数民族，挖掘出来，要是，如果把它设计成时装，我觉得是非常非常漂亮的。很多国外的著名设计师都到中国来吸取营养，到少数民族地区去挖掘这些东西，那么，作为中国的服装设计师，就在家里边，也可以搜集到取之不尽的“营养”，那么，用在服装上以后，那我觉得这样的时装拿到国际上去，一定会受到欢迎的。所以，我很自信，我觉得我会成功。（选自《东方之子——服装设计师李艳萍》）

这段 200 字左右的材料涉及丙级词 3 个，丁级词 6 个，级外词 2 个，专名 1 个，其余均为甲、乙二级词。参加统计的学生共 2 个班，28 人，其中个别人上这门课之前已得到 8 级证书，大约一半的学生已达到 7 级，有的学生没考 HSK，但一起上课并不吃力，教师对全班水平感觉整体差不多。

课文共有 5 道判断题：

(1)李艳萍觉得皮尔·卡丹的衣服没什么了不起。

(2)李艳萍觉得中国的衣服不比皮尔·卡丹的差。

(3)外国服装设计师觉得，中国少数民族地区的食品有营养。

(4)李艳萍觉得,少数民族服装就是时装。

(5)李艳萍说,外国人都喜欢中国少数民族的衣服。

5个题的判断结果都应该是“×”,但判断为“√”的,第(1)题有20人,第(2)题有23人,第(3)题有5人,第(4)题有22人,第(5)题有13人。例二:

李艳萍:成功的女性我觉得什么都应该成功,说我事业成功了,我家庭不成功,我孩子学得不好,我觉得你并不成功,你是个不称职的女人。你比如我在日本留学的时候,那个时候我就想,我天天都在牵挂着孩子和丈夫,但是又没有太多的电话费,我只有用100日元,扔在那个电话亭子里边,我举起电话,我只有听到我的女儿说一声“喂”,这个时候我就觉得非常安慰。

记　者:李艳萍说生活中她喜欢做女人的感觉,但工作起来她又喜欢像男人那样风风火火,她要使人们的生活丰富多彩,她要使自己设计的中国服装走向世界。

李艳萍:我觉得呢,人都有所追求,我也有我的追求,我也有我的奋斗目标,而且我觉得起步就要高,如果有火箭的话,我愿意坐火箭,同样到达一个目的,我为什么不缩短时间呢?我很珍惜,我要做更多的事。(选文出处同“例一”)

这段文字大约涉及丙级词4个,丁级词2个,级外词6个,专名1个,其余为甲、乙二级词。其中一个班的13名同学做过以下3道判断题:

(1)李艳萍工作起来像个男人。

(2)李艳萍认为，成功的女人一定有一个好家庭。

(3)李艳萍喜欢坐火箭，不喜欢坐飞机。

题目的判断结果同样都应是“×”，但13人中，第(1)题、第(2)题分别有7人，第(3)题有4人判断为“√”。

从以上二例我们可以看出，影响学生做出正确判断的原因包括：不能准确理解话语的确切含义，如例一的(1)(2)题和例二的全部3个题。而这5个题目学生做出错误判断的原因又有不同。前3个题目是因为学生不能准确理解课文及题目的确切语义。例二(2)学生认为，他们判断为“√”很有道理，因为“一个女人什么都成功，当然就有一个好家庭”，学生做出的是推理判断，但这一推理判断并不一定正确。而例二(3)是因为学生不理解课文中兼有假设、比喻的表达。其次，要想正确理解课文，必须有在听懂一段话的基础上，提炼出说话人思想主旨的本领，否则例一的(3)(4)(5)当然不能做对。

例三仍选自《东方时空》，是记者采访王海和另一个雷锋式的义务打假者——郭振清的一段谈话，其中郭振清有这样几句话：

郭振清：那共产主义，一人戴个墨镜，一手拿个秤。买东西都得拿个秤量，准不准？这兜里还得装个验钞机，是不是真钱？是不是啊！出去都得防啊，是不是啊！这促使人与人之间特别冷漠，钱与钱的关系就促使人与人之间的关系特别冷漠。

这一段的判断题是“郭振清认为到了共产主义人人都会戴墨镜”，做错了题目的学生约有三分之一。这段话中说话人说了许多反话，谈话中传递说话人确切语义的不只是我们记录下来的这段文字，更重要的是靠说话人语言的声音，靠的是说话时我们可以直接借助的抑扬顿挫、轻重缓急及语言的声音能够包含的说话人的好恶情绪等语音手段。做错了题目的同学显然不能理解这一点。

从以上有限的课堂练习中我们看出：不能准确理解对方的话语；不能从整段话中提炼出对方的思想主旨；不能正确理解对方通过修辞手段表达的准确语义；不能理解说话人通过特殊语气表达的确切语义及情感等等，都是高级听力中实实在在存在的问题，同时也是 HSK 大纲[高等]中划定的内容。

（三）“高级听力训练”既是一门课，也可以看作是达到最终培养目标的一个手段。

“高级听力”要求的内容在初、中级阶段教学中多不涉及。从 HSK 大纲初、中级和高级听力理解的要求可以看出，对初、中级和高级的要求是完全不同的。如果说，对付初、中级听力还有一些“策略”的话，高级就很难找出某种“策略”，因为高级听力的内容几乎囊括了我们日常交际中所运用的一切表达手段。高级听力作为全新的内容，在课程设置上若留有空缺，不能不说是一个缺憾。

另外，杨翼先生曾对部分参加了 HSK[高等]考试的学生的学习成绩及学习策略进行过调查，结果显示，采取了大量收听广播、看电视、广泛阅读这种学习方法的学生的 HSK 成绩大大优于采取其他学习方式的学生。其中的原因或许是因为采取大量泛听、泛读这一方法的学生逐渐有了对汉语的感受、领悟能力，或许可以说他们有了较强的语感。

什么是语感？有人这样解释：“对语言进行理性的分析当然

也是必要的，但是言语行为，特别是口头的听说行为（例如对话），往往是临场随机发生的、即时性的，不允许、不可能、也不需要完全诉诸理智的思考。决定需要的，倒是那种在共有的话语背景下，借助语境的主客观因素，说话人一触即发，脱口而出即能表情达意的本领，听话人瞬间感知、直接洞察话语实在意义的能力。这种本领就是敏锐的语感。”① 应该说，语言习得最理想的结果是建立起很好的语感，因为只有具有语感，才能准确地理解、自如地运用这一语言。李泉先生曾经提到，我们的“中高级阶段的对外汉语教学还应该有一个培养学生汉语语感的任务”②。“可是语感这个东西教不了，讲不清，它是一种感悟，有时甚至是意会的能力，语感不能靠灌输，只能在实践中习得”③，“语感作为一种悟性是‘涵泳’的结晶”④。语感是学习者在对各种各样、大量的言语作品深入领会的过程中习得的。因此可以说，“高级听力”作为一门课，除了可以弥补我们设课中的缺憾以外，提供给学生大量的、内容丰富的听力材料，还可将它视为提高学生汉语能力的一个手段。

二 《汉语高级听力教程》的编写尝试

（一）《汉语高级听力教程》的使用对象

《汉语高级听力教程》（以下简称《教程》）的使用对象为

① 参见伊道恩、李中立《论语感的认识性品格》，《天津师大学报（社科版）》1995 年第 1 期。

② 参见《中高级对外汉语教学论文选》，北京语言学院出版社 1991 年版，第 43 页。

③④ 参见伊道恩、李中立《论语感的认识性品格》，《天津师大学报（社科版）》1995 年第 1 期。

HSK 考试已达到 7 级或 8 级的外国留学生。

（二）《教程》的内容

《教程》篇目的确定是在学生广泛参与的基础上完成的，也就是说决定内容是否有趣、是否有用的主体是学生，目的是尽量避免中国人认为文章脍炙人口，学生却不喜欢或认为学了没用的现象。

注重课文知识的放射性原则也是《教程》决定课文篇目的一个重要因素。所谓课文知识的放射性原则指学生不是学了一篇课文就只知道课文中讲述的这一点点事情，而是希望他们能由此联系、联想到许多相关现象，即启发学生、诱导学生，使他们逐渐具备联想能力和独立解释问题的能力。例如《从"阴阳"说开去》一文。"阴"、"阳"本来就是个名词，意思单纯、明了，后来，古代思想家借它来表示事物对立的两方面，之后儒学家又将它引入了儒家思想，有了这一系列变迁，"阴"、"阳"不再是一个简单的名词。我们很希望通过这篇课文能使学生了解一点汉语的构词方式，对古代哲学思想、儒家思想也略知一二，这本身也是一种地道的中国文化，如果学生还能有其他收获，那当然更是我们的意外之喜了。

《教程》的课文对自然知识、科技知识都有涉及，与今天的经济生活相关的内容更是大量的。这些内容我们尽量不孤立地谈，因为孤立出来就有可能成为较为专业的知识，我们尽量把这些内容放在生活中，使学生接受起来自然，感到有趣、易懂。

（三）《教程》的文体形式

《教程》部分课文选自电视节目中的采访、对话、谈话等节目，因为说话人的身份、职业、思想、修养、性格、心境以及那个具体的谈话环境都将决定说话人将要采取的言语策略及整段话语的语言风格，脱离具体的语境、气氛、上下文，就难以创造出那种风格的语言。而不同的说话人在同样的语言环境中也会采取不同的谈话方式，使语言具有因说话人不同而不同的个性色彩。不脱离语境的语言才是有的放矢的语言，才是活生生的、富有生命力的语言，基于这样的考虑，我们部分地选入了电视节目中的采访、谈话、对话等节目的文本，目的是使人物语言更富有个性，语言风格更加多样，使学生更多地接触到人们日常交际中采用的语言手段。

(四)《教程》的练习

听力教材练习题的设计直接影响甚至主导着学生听什么和怎么听，因为听力教材的练习本身就是课堂教学的内容。《教程》练习题的形式与其他听力教材没什么不同，只是不管哪一种题型，做具体题目时，都在遵循一个原则——理解，而非死记。

设计具体题目时，我们着力考虑的是以下几点：

第一，培养学生的概括总结能力。

一段话大致讲了什么问题或几个问题；这段话给我们留下的最深印象是什么；整段话表达了说话人什么样的观点、意见；说话人的态度、倾向、情绪、基本语言风格等等。能够从一段话中提炼出以上内容，应该是高级阶段学生具有的能力。

第二，培养学生理解说话人确切语义的能力。

采用不同的说法表达相同的意思，到了高级阶段应视为学生学习中的一个重点。因此，我们大量的练习题需要学生在把握住课文原意的基础上，对多种不同的表达方式所表达的确切语义作出准确的判断。我们尤为重视的是，提高针对整段话语提问的概率，因为有时语段中几组连词的使用、几个起承转合的变化，学生就糊涂了，或者只抓住其中的只言片语，不能领会整段话语的真实思想。特别是我们这部教材，人们日常生活中使用的讽喻、幽默等语言手段都出现了，根据成段话语，正确领悟说话人的意思，就应成为教学的一个重要内容。

第三，以听为主，兼顾其他。

杨惠元先生曾说过："听说读写是四种既有联系又有差别的技能，在学习和使用过程中常常是你中有我，我中有你，互相依存，互相促进的。某一项技能的获得绝不能孤立地单纯地进行训练。听基本上是被动的行为，听力训练如果只限于听和做一些应试性的练习，既不能活跃课堂气氛，难以发挥学生的积极性、主动性，也不能全面提高学生的交际能力。"[①]《教程》注重较多的是听和说的结合。高级阶段的学生，词汇量、语法都不应成为表达的障碍，对各种问题提问、讨论、评论，总之，任何形式的听说结合，都欢迎在我们的听力课上出现，因为通过这种课堂发言，既可检验学生听的结果，又可使学生加深对课文的理解，还能提高学生的交际能力。

---

① 参见《第三届国际汉语教学讨论会论文选》，北京语言学院出版社 1991 年版，第 182 页。

后　记

本书所汇集的20多篇论文是从收集到的近百篇听力教学研究论文中筛选出来的。经过编者的初选、拟定提纲初稿，又在书系主编层次中多次讨论、修改，最后确定提纲，纂辑成书，希望能够把这一领域最好的研究成果奉献给大家。

关于选文原则和提纲体例的确定，有以下几点需要说明：

1.我们力求通过对本书所选文章的汇集、编排，勾画出听力教学研究的大致脉络，初步建立起这一领域研究的体系框架，为今后本领域的研究铺设一条符合汉语作为第二语言教学原则的道路。为此，系统性是本书章节目录确定的重要因素。

2.选文的确定以是否具有代表性为出发点，以是否具有理论指导意义为主要原则，目的在于展现出近十年来从研究内容到研究方法都有特色的成果。因此，针对同一个问题的讨论可能会有完全不同的观点的文章入选。我们这样做，是希望能给读者以继续思考和深入研究的空间。

3.入选文章的参考文献、脚注、尾注等，为了书系整体体例的统一，均已改为脚注。个别文献因原文著录不全，我们虽多方查证仍未能全部补上，请读者谅解。

为了编好本书，北京大学的刘元满做了大量的工作，从相关资料查阅，文章的初选、整理和分类，综述内容的讨论和撰写初稿，到最后确定提纲，纂辑成书，付出了很多辛苦的劳动，在此向她表示感谢！

在本书即将面世之际，我们还要特别感谢商务印书馆，谢谢他们为本书的编辑和出版所做出的努力。

由于水平所限，本书的不妥之处敬请批评指正。

编　者

2006 年春